天

Borderless

下

博稽古今 融汇天下

论法学研究方法

陈瑞华 著

法律出版社

作者简介

陈瑞华

北京大学法学院教授，博士生导师，教育部长江学者奖励计划特聘教授。主要研究领域是刑事诉讼法学、证据法学、司法制度、程序法理论。曾获中国法学会“十大杰出青年法学家”称号，系“百千万人才工程”入选者以及国务院政府特殊津贴获得者。主要著作有近二十部，代表作有《刑事审判原理论》《刑事诉讼的前沿问题》《刑事证据法的理论问题》《刑事诉讼的中国模式》《司法改革的中国经验》《论法学研究方法》《程序正义理论》《程序性制裁理论》等。

工欲善其事，必先利其器

第二版序言

2010年,笔者出版了一部名为《论法学研究方法》的著作,里面收录了自己多年来有关法学研究方法的演讲和对话,也将自己散见于各部著作中有关法学方法的序言进行了整合。该书面世之后,引起了法学界同行的注意,也受到了法学研究生们的欢迎。迄今为止,有二十余所法学院系将该书作为研究学习论文写作的参考书或教科书。笔者也先后受到十余所法学院系的邀请,为法学研究生和青年教师教授法学研究方法。

这部著作之所以受到青睐,根本原因在于我国法学研究正在经历深刻的方法转型,传统的规范法学方法受到越来越普遍的质疑,而新引入的实证方法也因为没有显著的效果而名声受损,面对中国社会转型期层出不穷的法律问题,法学界呼唤着一种更为科学的法学研究方法。而笔者作为一名部门法学研究者,从攻读研究生以来,已经在法学研究领域“摸爬滚打”了近30个年头,在读书、做研究、写论文、出版专著的过程中,经历过艰难而痛苦的学术转型,最终找到了一条“从经验上升为理论”的社会科学研究道路。在该书的字里行间,笔者将从事法学研究的各种体会都通过一种非学院式的表述方式进行了记录。如果说笔者所分析的问题和所得出的结论可能印有特定的学科烙印的话,那么,笔者所运用的研究方法则远远超越了学科的界限,成为几乎所有从事法学研究的学人所共同关注的话题。

由于所收录的主要是演讲、对话和序言,本书难免存在一些重复、不精练和不严谨的问题。不过,与传统的学院式风格相比,本书所具有的鲜明的口语化特点以及特有的概念化总结,可能要比一些相关学术论著更容易给读者留下深刻的印象。甚至在一些场合,有关研究方法的心得已经具有了“格言”的风格。这里可以简要地列举如下。

该书告诫法学研究者要“区分学术和政治”。在一篇演讲中,马克斯·韦伯曾经特别强调要将学术和政治区分开来。中国法学的最大误区是将学术和政治不加区分,学者不是从事客观的学术活动,而是动辄将自己的政治观点强加进自己的学术研究之中。唯有区分学术与政治,研究者才能进入理论的世界,发现制度变迁的规律,提出创新性理论。

该书提醒研究者应“区分法学和法制”。法学家应当逐渐与立法专家发生职业上的分离,法学家应当成为一群以学术为业的职业法学研究者,立法工作也应当更多地由民意代表、政治家以及那些职业立法专家来担当。

该书特别强调“问题是一切科学研究的逻辑起点”。当一个反复发生的现象挑战了某个现有的理论时,一个理论问题便已呈现。我们搜集资料的目的并不是在论文中堆积材料,而是研究西方现有的理论,看它们对我们研究的论题是否具有解释力,如果没有解释力,那么我们的论题便成为一个理论上的问题。

该书对“问题”的三层含义进行了区分。“问题”在方法论上具有三层含义:第一个层面的“问题”(questions)是一种浅层次的“疑问”;第二个层面的“问题”(problems)是制度或实践中存在的“缺陷”或者“不足”;第三个层面上的“问题”(issues)则是存在于经验事实背后的“理论问题”。动辄强调发现问题、分析问题和解决问题,这是中国人做学问的传统,也是无法做出理论创新的方法论根源。唯有将“制度问题”转为“理论问题”,才能从理论层面上讨论问题。而不善于将一个个制度问题转化为理论问题,这是中国法学不成熟的主要标志。

该书建议研究者“小处入手、大处着眼”。也就是要选择一个可操作的题目来开始我们的研究,但选择的小题目要能与一个大理论进行学术对话。

该书借用语言学家王力先生的说法,强调“先归纳后演绎”。“先归纳”意味着从个别到一般,这是提出理论假设的过程;“后演绎”意味着在提出假设的基础上,对理论进行验证的过程。

该书指出,研究者应当培养一种“概念化”的能力。任何社会科学都强调研究经验事实,但同时又重视从经验事实中提出抽象的理论。法学研究者应当具有将问题“概念化”、提出新理论的能力。

该书借用经济学家张五常的说法,认为“一个最蠢的学者,往往去研究没有发生过的问题”。什么是“没有发生过的问题”?用社会科学的语言表达,就是那些没有出现在经验事实中的问题。对于这些问题,研究者既无法通过考察经验事实来进行“可操作性的描述”,也无法从经验事实出发提炼出任何富有说服力的理论命题。

该书强调理论应当来源于经验，但要高于经验，也就是"从经验到理论"，面对一个主流的理论，研究者从经验事实中提炼出了新的理论，发现了该项理论的例外；这种理论的例外慢慢地累积起来，便形成了一种新的理论。

该书认为，研究者要做出理论创新，就必须经历从经验到理论的"惊心动魄的跳跃"。任何开创性的法学研究都应具备两个基本特征：一是敏锐地发现中国本土的法制经验，并对这种经验作出深入的总结和概括；二是在总结中国法制经验的基础上，提出一般性的概念和理论，从而对这种经验的普遍适用性作出令人信服的论证。从经验事实、问题、中国经验到基本概念和理论的提出，这是一种"惊心动魄的跳跃"，也是社会科学研究所要达到的最高境界。

该书强调"证伪"的重要性，认为这是保证理论具有客观化的基本条件。任何科学理论都必须有确定的外延和边界，也就是要有明确的适用范围。对于研究者来说，清楚地了解其理论对于哪些场合和哪些对象是不适用的，这是标志着理论具有客观性的重要一点。所谓"没有放之四海而皆准的真理"，"真理往前再走一步，就是谬误"，说的都是这个意思。

该书还反复提醒研究者"理论创新"的重要性。真正的学术大师绝不仅仅是立法建议和改革对策的提出者，而更应是法学思想的提出者和基本理论的创立者。当一位著名法学者不再仅仅满足于担当"某某法之父"，而是努力成为"某某理论之父"时，我们距离出现法学大师的时代就不遥远了……

"工欲善其事，必先利其器"。面对层出不穷的中国法律问题，面对浩如烟海的法学文献，研究者要想在法学研究中做出理论上的贡献，就必须保持开放豁达的胸襟和与时俱进的精神，改善自己做学问的方法，逐步学会从社会生活的经验中发现规律、提出理论的方法。“磨刀不误砍柴工。”对于那些正在尝试进入法学之门的青年学子而言，对各种法学方法都加以了解，并进行相应的学术尝试，从而发现一条适合自己的研究路径，是进入法学研究世界的必由之路。

承蒙读者厚爱，《论法学研究方法》一书有其特有的生命力。也承蒙法律出版社不弃，该书终于迎来了推出第二版的机会。在这个版本中，笔者在对文字表述进行适度调整的基础上，增加了几篇最新的方法论作品，并将其整合和收录到文稿之中，以便使读者了解最新的方法论动态。笔者要感谢法律出版社学术分社的孙东育女士和高山先生，没有他们的慧眼和支持，本书的第二版是不可能如此顺利面世的。笔者要特别感谢法律出版社的韩向臣先生，作为本书的责任编辑，他认真负责，对文稿进行了全面的加工编辑，展现了一个法律编辑的才华和智慧。

本书也是国家“2011 计划”司法文明协同创新中心资助的科研成果，感谢该中心的支持。

陈瑞华

2016 年 7 月 22 日记于北京大学中关园

第一版序言

本书是一部有关法学研究方法的学术著作，记录了笔者八年来在这一问题上的所思所想。

笔者平素治学，主要涉猎刑事诉讼法学、司法制度、程序法理论、证据法学等法学领域。这些领域既与国家权力结构、宪政体制等问题没有太大关系，也很少直接涉及法理学、法哲学中的宏大主题，而显得有些“技术化”和“细节化”。用一些法理学者的话语来表述，笔者属于一个从事部门法研究的“工匠型学者”。既然如此，为何要出版这部名为《论法学研究方法》的著作呢？按照常理，“法学方法”这一题目应当由法理学者来写。坊间不是已经有两部《法学方法论》出版了吗？它们的作者分别是我国台湾地区学者杨仁寿和德国学者拉伦茨。这两部《法学方法论》都具有浓厚的理性思辨色彩。在很多法学论著之中，诸如“法学方法”“法律方法”“裁判方法”的问题，都已经被融入法理学的理论体系中，成为“法律人思维方式”的重要组成部分。一般说来，只有那些学贯中西、有着深厚理论积累的学术大家，才有资格谈论这类法理学问题。

尽管始终有着"如履薄冰""如临深渊"的感觉,但我还是向读者"隆重推出"了这部著作。本书原来定的题目是《论法学方法》。但经过责任编辑曾健先生的善意提醒,为避免读者误认为这是一部法理学著作,我最终将题目改为《论法学研究方法》。"法学研究方法"与"法学方法"尽管只有两字之差,却具有迥然不同的意味。本书所要表达的是笔者从事法学研究的一些心得和感悟,向读者传达的是研究方法,也就是如何做选题、列大纲、找资料、做论证和提出思想的方法。简单地说,本书所要研究的是"如何做研究""如何写文章"的问题。对于这一问题,一个法学研究者不论从事哪一个研究领域,只要学有所思、学有所得,就都有资格发表自己的看法。

从大的角度来说,中国法学经过近三十年的发展历程,已经到了反思研究方法的时候了。身处正在发生剧烈社会转型的中国社会,法学家们有责任总结中国的法制经验和法制教训,发现中国问题的深层结构,寻找中国法制建设的基本规律,做出自己的理论贡献,并与世界法学进行平等的学术对话。而这些都需要法学研究者掌握更为科学的研究方法。就笔者本人而言,从读硕士研究生开始算起,迄今也有二十个年头了。其间,笔者曾出版过十余部个人专著,发表重要学术论文也接近一百篇。作为一个以学术为专门职业的学者,笔者似乎也到了总结过去、反思当下和展望未来的时候了。通过对研究方法问题的反思,笔者可以将过去的经历当作一面镜子,通过方法论的转型,向社会提供更有生命力的作品,贡献出更多的带有原创性的理论,从而促成职业法律学术团体的形成,使学术与政治、法学与法制保持最低限度的独立性。而透过笔者的学术反思,那些有志于从事法学研究的人士,可以吸取经验、总结教训、避开笔者走过的弯路,从而发挥自己学术上的"后发优势"。

作为一个在法学研究领域苦苦跋涉了近二十年的学者，笔者深知研究方法对于初学者甚至年轻学子的重要性。回想当年，在研究生学习阶段，经常就论文选题问题处于茫然的状态，经常在论文的谋篇布局上陷入不知所措的境地，也经常在论文的论证方面误入歧途……那时候并不知道“从经验事实中提炼出理论”的道理，既没有深入实践调查研究的机会，也对司法程序的运行状况缺乏兴趣。那是一个崇尚高谈阔论的年代。无论是年轻的法律学者，还是初入法学之门的研究生，都将做出“原创性的理论贡献”作为自己的学术目标。曾几何时，法哲学被普遍看作最为高深的学问，探讨“法理”“原理”和“理论基础”，被视为法学研究的最高境界。但是，法哲学并不是凭空产生的，部门法中的理论体系也不可能从天而降。当时，法学研究刚刚起步，本土法学家们还大多忙于法律注释工作，不可能提供某种成型的基本理论。年纪不大、涉世不深的研究生们，只好钻到西方法理学论著之中，寻找理论上的启发和灵感。从港台舶来的著作、大陆学者翻译而来的作品，一直到外文原版著作，都成为青年学子们进行玄学思辨的参考依据。于是，很多带有“法理学”色彩的作品纷纷面世。但这些作品普遍缺乏对本土法制经验的关注，也没有最基本的问题意识，所引用的也几乎都是西方法学的文献，就连概念、范畴、理论框架、论证方式等也都借鉴西方的法学论著。有些论著甚至还具有对西方法学理论进行“文献综述”的性质。当然，如果说研究者没有做出自己的贡献，这似乎有欠公允。研究者所做的除了借鉴和引进以外，还有就是根据逻辑法则和经验法则，对一些略显“极端”的西方法学理论进行“中庸化的改造”，或者进行一种“合乎中国逻辑的梳理”。结果，很多结论都以“某某价值与某某价值相结合”“某某原则与某某原则要兼顾”“对某某理念与某某理念要加以权衡”等中庸化的面目出现。这种玄学思辨的风气流传至今，仍然以“价值分析”甚或“法哲学研究”的面目体现出来。

这种“纸上谈兵式”的法理思辨，一经遇到活生生的法律实践，就很容易暴露出问题和不足，并最终被研究者所抛弃。其实，象牙塔上垒起的学术阁楼，是经不起来自法律实践中的任何风吹浪打的。随着人生阅历的增加和对中国法制状态的深入了解，笔者后来转入到对中国法制问题的关注，但由于潜意识中仍然坚持很多来自西方的原则和理念，所以当时的不少论著都以“批评现实主义”的面目出现了。当然，很多研究者不可避免地有着改造法制的冲动，力图促使法律制度朝着符合某种基本原理的方向发生改革。可以看出，从“批判法学”到“对策法学”，也就是从价值评判到规范建构，这里所体现的仍然是研究者心目中的所谓“人文关怀”。只不过，对于不符合价值标准的制度和实践，就作出价值上的否定评价；对于立法对策和司法改革，也要努力促使其沿着某种价值目标而展开。迄今为止，很多初步运用了数据统计、个案分析、个别访谈等社会学方法的研究者，很多从事实证研究的学者，甚至很多通过“改革试验项目”来考察法制改革问题的人士，都有意无意地具有这样一种情怀：有效地解决中国法制中的问题，推动各种立法进程，推进司法体制的改革，是法学研究者责无旁贷的使命。那么，实现这种使命的动力之源是什么？仍然是20世纪80年代后期对西方法学理论的引进和借鉴。人们似乎普遍以为这个世界存在某些“放之四海而皆准”的真理，存在某种带有普适性的价值标准和价值目标，甚至存在某种法律制度的“共同趋势”或“标准模式”。而中国的法制建设，无非处于走向这一标准模式的进程之中罢了。中国的法学研究者除了推广和引进那些来自西方的法学理念，从而进行所谓的“启蒙”以外，还有就是督促中国法制向着这种理念目标迈进。这就是中国学者所推崇的“批判法学”和“对策法学”的理念之源。

经过长期的观察、思考和摸索，笔者终于找到了一条新的学术道路。这便是本书所说的“从经验到理论的学术道路”。相对于那种以西方法学和法制为中心的研究以及以中国本土问题为中心的研究而言，这是法学研究的“第三条道路”。当然，这种学术转型过程经过长达八年多的时间，其间经历过无数次的犹豫、彷徨、怀疑和磨难，更多的时候是处于由自我否定所带来的痛苦之中。尽管如此，笔者仍然是在怀着苦尽甘来的欣慰来向读者讲述方法论的转型问题，并真诚地告诫未来的法学研究者：不要再走笔者经历过的弯路，社会科学方法终究是一条将法学与其他社会科学密切联系起来的研究方法。

社会科学方法强调从经验事实中提炼出理论来，实现一种从经验到理论的“惊心动魄的跳跃”。这种方法遵守价值无涉、价值中立的学术原则，不对研究对象作出善与恶的价值判断，对于所有问题，甚至包括价值取向问题本身，都只做解释意义上的分析，揭示的是某一事物的模式和某一问题发生的原因。对于法律规范，这种研究方法只关注规范的性质及其实施的社会效果，而不做“应然”层面的判断。对于法律应当如何修改、司法体制应当如何改革、法律制度应当走向何处去的问题，社会科学研究者都一概不问。

“工欲善其事，必先利其器”。未来的法学研究者如果有着学术上的志趣和抱负，就要反思原有的研究方法，重新掌握一套更为科学、更为实用的研究方法。对于社会科学方法在法学研究中的运用问题，以及对于本书所主张的“从经验到理论的法学研究方法”，读者可以通过对各部分的阅读来慢慢体悟。这里就不再予以赘述了。笔者期待着越来越多的青年学者走向科学的法学研究之路,在法学研究中做出更大的贡献!

本书的成书过程得到了诸多人士的支持和帮助。在我的主持下,中南财经政法大学的博士生陈虎与我的博士生一起,参与了长达近十小时的学术对话,整理出了文采飞扬的对话录。本书的很多部分还是笔者学术演讲的讲稿。其中,褚福民对本书第三、第四部分的整理,做出了贡献;汪贻飞对本书第五部分的整理,付出了很多辛劳。他们认真负责的工作,不仅有效保证了本书的学术水平和出版质量,而且使本书的行文风格具有多元化的色彩。甚至在一定程度上,他们的文稿整理工作本身,就具有再创作的意义。在此,对他们一并表示衷心的感谢。作为一个有关方法论问题的阶段性总结,本书将笔者以往发表过的有关法学方法论的论文、序言、采访等都收录其中,以使读者对笔者的方法论思想有一个完整的、立体化的了解。在此,特向长期支持笔者学术活动的北京大学出版社、中国人民大学出版社、法律出版社、中国法制出版社、《政法论坛》编辑部等表达诚挚的谢意。笔者还要感谢蒋浩先生和曾健先生,他们独具慧眼,欣然将本书列入他们的出版计划当中。本书的出版意味着我们的合作刚刚开始。

陈瑞华

2009 年 1 月 7 日记于北大中关园

目录

法学方法的基本要素

——关于法学研究方法的对话之一

法律方法与法学方法

陈　虎： 近年来，我们欣喜地看到，法学界对于方法论问题的关注和讨论日益丰富了起来，甚至很多学科在这种方法论的指引下还开始了艰难的学术转型。但是，坦率地说，仍然有部分学者对方法论抱有极为强烈的偏见，比如拉德布鲁赫教授就曾经在其名著《法学导论》中说过这样一段话："就像因自我观察而受折磨的人多数是病人一样，为本身的方法论而费心忙碌的科学，也常常成为病态的科学。"陈老师，您认为方法论问题在学术研究中究竟扮演了一个什么样的角色？对它的关注和讨论会使法学成为一门病态的科学吗？*

陈瑞华： 当然不会。相反，如果没有方法论作为研究的指引，法学才会真正走向病态，它不是已经承担了这么多年"幼稚"的恶名了吗？如果

* 这是我与当时的中南财经政法大学博士生陈虎就法学方法所作对话的第一部分。对话的整理工作由陈虎完成，他不仅忠实地记录了我的观点，而且还有创造性的发挥和总结。参与这一对话的还有时为北京大学法学院博士生的褚福民和汪贻飞。特此向他们表示衷心感谢。本版在第一版的基础上做了修改。

说若干年前法学研究尚在起步阶段,所谓的学术研究更多地强调资料整理和观点梳理的话,那么现在,随着互联网和数据库技术的日益发展与普及,随着国际学术交流范围的不断拓展,可以说,获取任何国际前沿的研究资料都不再是十分困难的事情了,这个时候,靠对资料的占有和翻译而占据学术研究的制高点的时代已经一去不复返了。在一定意义上,运用何种方法对相同的经验、数据和文献进行研究,就成为判断学术研究境界高下的一个重要标准。我想,我们应该慎重地对待这样的言论。从我个人的学术经历来看,我越来越感觉到,每一位研究者都应该具有方法论的自觉。

陈　虎: 我想,对于处在学术殿堂之外,不得其门而入的很多年轻学子而言,恐怕也都知道研究方法的重要性。但是,在我们平时的阅读视野中,经常会碰到一些冠以"法学方法"的著作,而里面论及的内容又多与研究方法没有什么关系,多是一些法律解释和法律推理的规则和技巧,比如杨仁寿的《法学方法论》、拉伦茨的《法学方法论》等,这是不是意味着在法学领域,至少存在两种意义上的"法学方法"呢?

陈瑞华: 是这样的。在正式进入我们的探讨之前,很有必要对这两种意义上的法学方法做一个简要的区分。简单来说,法学方法就是研究法律现象的基本方法,它往往就是某种社会科学的研究方法在法学领域中的具体运用,因此只有法学方法才能够跟社会科学方法进行对话。法学方法是使我们成为法学家的必由之路,也是把法学与法制、学术与政治加以区分的一个重要标准。政治家也有一套思维方式和推理方法,但那绝对不是学术方法,而学者所做的社会科学研究与政治是有一定距离的,因而,法学方法本质上属于学术问题。相反,法律方法又称裁判方法,它是指导法官在作出司法裁判时如何进行法律解释和法律推理的方法，充其量只是司法裁判体系构建中的一个环节，因此，就本质而言，法律方法实际上是法制问题、政治问题，而不是法学的问题。因此，法律方法与法学方法不是一个意思。一些民法学者所说的“法学方法”，或许称为“法律方法”更为合适。那种以为只要法律方法处理得当，就能够从事法学研究的观点，我个人是不敢苟同的，法律方法做得再好，也无法形成一套研究的范畴体系和理论体系，最终只能是服务于法官裁判的一套技术性工具。因此，我一直以来都在努力倡导构建一种以学术为中心、以法学研究为归宿的法学方法论体系。

对策法学的弊端与社会科学方法的引入

陈　虎：在您看来，法学方法不仅仅是一种从事研究的方法，它还承担了区分学术和政治的独特功能，也就是说，法学方法本身能够使学术具有真正的独立性，使其不受政治逻辑的干涉。但是回顾我国法学界，往往是“政治口授，法学执笔”，大量学者甘于充当立法顾问，忘记了学者最应该坚持的揭示因果律、提出新理论的学术使命，这种现象或许正是我国法学研究迟迟不能出现重大理论突破的症结所在，它从根本上消解了法学方法捍卫学术自主性的作用，问题不可谓不严重。您怎么看待这一现象呢？

陈瑞华：如果我们不将法学研究视为具有独立逻辑的学术活动的话，就很容易沦为政治和立法的附庸，而形成一种有争议的法学研究方法，我个人把它称为“对策法学”方法。对策法学是我们这么多年法学研究中最值得反思的问题之一。我个人把对策法学概括为以下两个要素：(1)对策法学以改进立法、推进司法改革和促进某一个制度的改变作为研究的目的和归宿。这种方法对一切研究素材都抱有实用主义和功利主义的态度，以“洋为中用”作为比较考察的研究目的，以“古为今用”作为历史分析的研究归宿。比如说，很多研究法制史的人，总喜欢用中国古代的死刑复核制度作为改革和完善中国当代死刑复核程序的标准，还有人把中国历代设定的法官责任制度，作为我们今天建立业绩考评和法官责任制度的基础。甚至还有个别学者根据当年朱元璋处置贪官的一些极端的做法，提出了很多反腐败的建议。(2)对策法学往往采取一种教科书体例式的研究模式。这种研究方法在探讨一个制度的时候，总喜欢从概念到性质，从历史沿革到发展动向和趋势，从比较法的考察到中国的问题，最后总会落脚于对中国立法的建议和对策。

而对策法学的弊端，简单来说有以下两点：(1)对策法学受其研究目的的限制，不太可能提出一条理论红线，因而不可能有理论上的推进和创建。(2)对策法学提出的对策未必能够真正解决中国的问题，有时甚至会加剧问题的严重性。所谓对策是指能够有效解决问题的建议，它的本质和生命在于“有效”。而具有讽刺意味的是，有些时候，从事对策法学研究的人往往最不懂得“对策”的真正含义，提出的许多立法对策往往无法解决他们本来意欲解决的问题。比如，过去有很多人都呼吁和主张确立非法证据排除规则，这一对策研究后来取得成功，促成了 2010 年以后非法证据排除规则在我国法律中的确立。但是，经验表明，这一规则并没有得到令人满意的实施，法院真正排除非法证据的案例真是少之又少。再如，我们的审判方式改革一直被认为是对策法学在 1996 年修改刑事诉讼法时取得的最大成果。当时几乎所有从事刑事诉讼法学研究的学者都鼓吹引进对抗制，甚至乐观地认为这一改革将从根本上改变中国法庭审判流于形式的问题。但非常不幸的是，二十几年来中国审判方式运作的效果却表明：审判方式的改革并没有取得预期的成功，法官依然充满了预断和偏见，法庭上的被告方依然是没有防御能力的一方，法庭审判仍然流于形式而没有得到根本性的改观……可以说，对策法学已经陷入一种山穷水尽的境地。这些都不能不让我们反思：我们的对策法学，为什么总是面临“种下龙种，收获跳蚤”的尴尬局面？难道我们不应该反思对策法学的研究方法吗？

陈　虎： 是的，理论是从经验事实中提炼出来的一般性命题，而政策则是在无法控制变量的情况下进行的社会实验。学者很容易在提出立法建议时将学术的逻辑与政治的逻辑混同，著名经济学家曼昆在当选美国总统经济顾问委员会主席一职前后，作为学者和作为官员两种身份发表的观点差异就十分的明显，这可以作一个很好的佐证。但是，陈老师，作为一种长期存在并将继续延续的法学研究模式，对策法学是否就一无是处了呢？对策法学是否是一种应当摒弃的、过时的研究方法？它有没有可能经过改造成为法学方法多元化中的一极而发挥其应有的作用呢？

陈瑞华： 当然，对策法学本身也有不同的境界，我们应当区别对待。我觉得对策法学要想克服其本身的弊端，必须要满足两个十分重要的条件：(1)对策法学的研究应该建立在基本理论研究比较发达的基础之上。我记得有一位西方学者说过这样一句话：“一场伟大的社会变革，必须有一个伟大的思想和理论作为基础。伟大的思想不一定会引发一场伟大的社会变革，但是任何一场变革，如果缺少伟大理论的指引，即使兴起也会归于失败。”这句话非常具有启发意义。我们所有的立法和司法改革都必须建立在发达的、立足于本土的基础理论取得突破的情况下才可能有所发展。我习惯于将对策法学比作“工程科学”，我们今天推动司法改革，推进一项制度的立法改革不就像是在推进一项工程的进行吗？但是理论的研究，则可以用物理学、数学等基础学科来作类比。我们都知道，如果基础学科不发达，工程学是不可能发达的，它必须建立在坚实的理论基础之上。而中国法学面临最大的一个问题恰恰就是基础理论不发达,其标志就是我们没有自己独立的概念和理论体系。比如刑事诉讼法学,这门学科最前沿的理论都还没有真正超越贝卡里亚的程序法思想。而在基础理论不发达的情况下,技术性的对策法学又能取得多大的成功呢?(2)对策法学要想有所成就,必须从自生自发的改革经验当中吸取营养,开展一场法律发现运动。必须承认,今天中国的对策法学之所以没有取得很大的成功,甚至陷入一种困境,一个很重要的原因就是我们往往站在司法实践和立法的外部来推动制度的变革,每一个研究对策法学的人都把自己塑造成先知先觉的智者,似乎掌握着绝对的真理。其实这些所谓的真理无非就是西方的理论和制度,甚至只是联合国公约里的条文和理念,而我们往往用这些东西来对中国的司法改革和实践进行"轰炸式的改造"。我认为这是中国20年司法改革中最大的悲剧。我们为什么不能转换思路,对中国实践中自生自发的改革经验进行总结,分析它的思路,掌握它的规律,将那些行之有效的成熟经验上升为法律的规定呢?在法治经验中吸收灵感,提出对策,不是更容易取得良好的效果吗?

陈　虎:也就是说,对策法学应该一只脚站在坚实的理论基础之上,一只脚站在丰富的实践经验之中。但是很可惜,现在的对策法学这两点都没有做到。我个人感觉,发达的对策法学所要建立的这两个前提,其实质就是要从自生自发的改革经验当中提炼出一般理论,而这需要另一种完全不同于对策法学的研究方法才有可能做到。当我们沿着这条路径提出更多的理论时,我们才能对纷繁复杂的现象世界提出真正有效的理论上的解决方案,做更高境界的"对策"研究。

陈瑞华:我个人正是从对"对策法学"的反思中慢慢地开始研究方

法的转型的。我也越来越意识到,旧有的研究方法已经不足以为我们的法学提供足够的动力,需要在方法论上进行一次革命。你刚才提到的——如何从经验事实中提出理论,并进而对问题提供理论上的解决方案——可以说就是我思考的核心问题,用学术的语言说,就是要在法学研究中引入社会科学的研究方法。

陈　虎: 那您所谓的社会科学的研究方法究竟指的是什么? 它的引入有助于解决现有法学研究中的哪些问题呢?

陈瑞华: 其实法学之所以一直以来被人讥笑为一门幼稚的学科,与它自身没有独立的研究方法不无关系。但是作为社会科学的一门分支,它无疑可以分享社会科学的一般研究方法,其原理是共通的。我们不要狭隘的把社会科学研究方法理解为就是社会学的研究方法,它其实是指经济学、历史学、人类学、法学、社会学等一切社会科学都可以共同使用的方法。我所理解的社会科学研究方法至少包括"两性"和"两化"这四个特点:也就是"客观性"和"经验性"、"概念化"和"模型化",其最高境界就是在经验事实的基础上发现既有的权威理论无法解释的现象,提出概念化和模型化的理论,经过严格的证伪过程对新理论的适用边界予以科学地界定,最后形成新的理论。

问题意识

陈　虎: 对于一个学者而言,方法论的感悟和心得更多的是从长期的学术研究中逐步提炼出来的,我想,您对于社会科学研究最高境界的领悟一定不是一蹴而就的,一定也有产生、发展、修正和逐渐成熟的过程,陈老师能否和我们分享一下这方面的感受呢?

陈瑞华：如果将我做博士学位论文时算作学术生涯起点的话，迄今为止我从事学术研究也已经走过了十几个年头了。这十几年中，学术思想的发展当然不可能是一条直线，但大体说来，还是可以把它划分为五个阶段。第一个阶段，我比较强调问题意识。其标志性的文字应该是《问题与主义之间》这本书的序言，当时我提出了“中国的问题、世界的眼光”这一方法论命题，在法学界也引起了一定的反响。今天我还一直坚持这一观点，并把它视为对社会科学方法的最初认识。它最大的贡献是突破了三种研究方法的局限性。(1)它挑战了没有任何问题意识的法理学分析。我们过去很多研究没有任何问题意识，不知道中国的问题为何物，整个研究没有站在中国的土地上去发现问题、分析问题、解决问题，而乐于进行所谓的抽象思辨，这难免会让人产生隔靴搔痒、不知所云的感觉。部门法和法理学一样，都是这种研究方法的重灾区。(2)它挑战了抽象的、不针对中国问题的比较研究。很多研究者总以为只要我们把世界各国的理论、制度做好了比较考察，把各国的问题搞清楚了，好像就做出了知识上的贡献。这种方法过于强调资料的整理，而没有理论上的推进。(3)它挑战了过于盲目的对策研究。我们过去的研究往往对实践中出现的问题急于提出所谓的解决方案，比如实践中有刑讯逼供的问题，我们就提供确立沉默权的方案；有非法取证的问题，我们就提出非法取证排除规则的设想；有证人不出庭的问题，我们就提出确立传闻证据规则的建议。尽管不能说研究者没有最起码的问题意识，但他们所关注的仅仅只是浅层次的立法或司法问题，没有去思考这些现象背后的深层结构，没有找出真正的理论问题就匆匆忙忙的投入到问题的解决之中。

陈　虎：您将问题区分为立法问题、实践问题和理论问题，并认为只有理论问题才是真正的问题，这个观点非常重要。但是我们也发现，很多学者也并不缺乏理论问题意识，但在学术理论的建构上却未必做出了多么重大的贡献，可见，提出一个具有理论意义的问题，还远远不是成功的社会科学研究的充要条件，在具备了理论问题意识之后，还需要靠什么来指导我们的学术研究活动呢？

陈瑞华：是的，仅仅提出理论问题并分析该问题，还远远不能算作完整的社会科学研究。因为问题的存在尽管是客观的，但是在揭示问题发生的原因时却有一个理论层次的高低问题，研究者仅仅提出问题不能说没有一点贡献，毕竟发现问题是解决问题的前提，但是我们却不能止步于此，而必须分析问题发生的更深层次的原因，并最终上升到概念化和理论化的高度。以这一标准来衡量我早期的《刑事诉讼前沿问题》和《问题与主义之间》这两部著作，应该说当时的研究把相关的问题分析得都比较透彻，但却没有完成这最后的一步。

比如我发现了法院任意变更指控罪名的问题，但是在研究中却就事论事，仅仅得出这种做法违反了程序正义理论、法官成为第二公诉人、剥夺了被告的辩护权等结论，没有继续往前推进，这是一个很大的缺憾。可以说，在第一阶段，我格外强调问题意识，但是在如何区分司法问题和理论问题上，认识还不是很清晰。当然，比起当时学界和自己之前的一些研究，毕竟还是突破了那种无病呻吟的研究态度。这是一个进步。但是，现在看来，当时的这种学术追求还不能说是完整的。最近，在对《刑事诉讼的前沿问题》进行修订的过程中，我把原版收录的一些章节删掉了，因为我发现这些研究无非也是为立法对策提供的一个素材而已，而没有提出理论和模型，没有自身独特的理论贡献。

证伪方法

陈　虎： 您思想的第二次转变是否也与这种认识相关？

陈瑞华： 当然有关。后来在强调问题意识的基础上，我又进一步关注论证的问题，意识到了研究应该提出假设和理论命题，强调证伪的功用。其标志性的文字应该是发表在《政法论坛》上的《刑事诉讼法学的研究范式与方法》这篇文章。我觉得这一阶段对我个人的学术研究而言，产生了十分重大的影响。(1)当时已经意识到研究必须要有假设，也就是通常所说的"理论命题"。我第一次意识到，所有法学问题的研究，都不能以在立法上解决该问题作为研究最后的归宿，那只是立法专家们做的事情，一个学者，要从理论上做大的贡献，必须提出一个假设性的理论命题，对这个问题做理论上的解释。(2)我还意识到对假设进行证明的重要性。我比较强调从两个方面对理论命题加以证明，一方面是理论上的证明，也就是运用现有的理论在原理上对假设加以证明；另一方面是运用经验事实、案例和数据从经验上进行证明。(3)我提出了证伪的概念，意识到了证伪对研究结论的检验作用。这一观点是受到了两位学者的启发形成的。一个是英国的科学哲学家波普尔，另一个就是香港经济学家张五常。波普尔是我们都很熟悉的学者，他在科学哲学史上最大的贡献就是提出了证伪的理论。他认为，任何科学的理论，都不能得到证实而只能得到证伪。坦白地说，我第一次接触这一观点的时候，理解得并不是很深刻，以为证伪就是由研究者证明自己的理论不能成立。其实今天看来，所谓证伪，其实包括了两个方面的内涵：(1)要尽量证明自己的理论不被推翻。也就是说，你在正面的证明一个理论成立之后，研究者需要证明它不能被推翻或者尚未被推翻，要反驳其他学者已经提出的或可能存在的对该理论的挑战，而只有能做到这一步，理论才会具有客观性，成为暂时成立的科学理论。(2)证伪的意义就是要界定理论的边界和适用范围，也就是要证明自己的理论在哪些范围里能够成立，而在哪些场合是不成立的。意识到这一点以后，我对自己早期从事的程序正义的研究进行了很大的发展。其实，程序正义并不是放之四海而皆准的真理，在有些场合它是不适用的，比如在效率价值占主导地位的简易程序中，在以和谐为主导价值的刑事和解程序中，程序正义的实现就有了内在的限度。再如，在一些授予利益的场合，程序正义都是没有多大适用空间的，它只是在剥夺利益的场合才会有更大的需求。因为程序正义本身就是给败诉方和利益被剥夺的一方设置的价值标准，它具有"吸纳不满""减少对抗"的功能。通过这个例子，我们可以发现，证伪在论证和发展理论过程中具有十分重要的作用。

陈　虎： 为自己的理论设定边界，这是学者从"致命的自负"中走出的一剂的清凉剂，毕竟，我们需要在真理面前保持必要的谦卑，而不能认为理论就是真理本身，用僵化的理论对多变的现实生活发号施令。1985年，美国社会学家科恩在《美国社会学评论》杂志上发表了一篇文章，专门讨论了理论的"限定条件"的问题，作为对波普尔证伪理论的重要补充。其中有一句重要的论断和您的观点十分相似："任何一个理论都必须具备相应的限定条件……一个理论定律的限定条件越窄、越严格，则越难以被证伪"。可以说，只有在限定条件的范围内，理论才可能具有普适性。

陈瑞华： 我同意这一观点。刚才提到了英国科学哲学家波普尔，还有一个对我影响很大的学者——香港经济学家张五常，他因为自己的留学经历，受芝加哥大学经济学正统学术思想的影响比较大。**他有两句关于学术研究的格言，我一直非常认同，第一句是："一个最愚蠢的学者，往往去研究没有发生的问题。"他非常强调对经验事实的关注而反对进行**

抽象的理论思辨。第二句是:“理论研究的最终目的,不是论证理论的成立,而是证明理论尚未被推翻。”我们可以看到,作为一名经济学家,张五常教授得出了和作为科学哲学家的波普尔一致的结论。

陈　虎:所以说,大家在各自不同的研究领域分别得出了相同的结论,这恰恰说明,证伪是各门学科可以通用的一种研究方法,您在这一阶段也有了与这两位学者相似的感悟,的确让人十分感慨。当然,学术思想都是不断发展的,那您觉得在第二个阶段中,您的研究方法有没有什么现在看来需要反思的地方呢?

陈瑞华:当然是有一些缺憾的。我觉得,第一个方面的缺憾,就是当时还不太清楚面对一个已经相当成熟的理论体系应该如何提出挑战。还是以程序正义的研究为例,关于这一理论我已经研究了十来年,一直想写一本书,但就是不敢动笔,后来的心态与最初进行学术研究时已经大不相同。其原因很大程度上就是对方法问题没有想清楚。毕竟,西方学者已经提出了很多系统的程序正义理论,在这样一个已经十分成熟的理论大厦面前,如果我们还只是停留在对别人理论的介绍、概括和归纳的层次上,这样的理论研究还能算作我们自身的贡献吗?我们究竟应该从何处入手和切入,以提出属于我们自身的程序正义理论呢?回顾我早期进行的程序正义的研究,可能并没有做出独特的知识贡献,而只是对西方理论进行了较为系统的梳理而已,程序正义理论并没有因此而打上陈瑞华的烙印,确实让人汗颜,但是,经过长时期的摸索和思考,再加上波普尔、张五常教授证伪理论对我的启发,我现在认为,程序正义的适用范围和限定条件可能将是我为这一理论大厦做出的具有独特价值的贡献。

陈　虎:那第二个方面的局限呢?

陈瑞华：第二个方面的局限在于，当时我的确十分强烈地意识到了证伪方法的重要性，但是却对证伪方法适用的前提没有理解透彻。现在看来，证伪方法的运用必须要以原创性理论为前提，如果你提出的理论根本就不是新理论，而是一个没有创新和突破的旧理论，只是进行了概括和归纳整理的工作，即使进行了证伪，也无法取得任何理论上的推进效果，而至多只是某一西方理论在中国寻找验证的工具而已。换句话说，就是以西方的理论为大前提，以中国的经验为小前提，最后得出西方理论适合或者不适合中国的简单结论，这是没有任何意义的。而我当时就处于一种对理论如何进行创新还没有完全研究透彻，就急切地期望通过证伪方法来加以验证的阶段，可能有些本末倒置。

大胆假设

陈　虎：根据我的理解，您关于方法论问题的思考，第一个阶段解决的是如何选题的问题，第二个阶段则解决的是如何对一个理论问题进行科学论证的问题，而按照您刚才所说，您似乎在还没有做到理论创新的前提下就开始运用证伪方法，那是不是意味着您的第三个阶段将迈向如何提出创新理论的思考上了呢？

陈瑞华：不错。通过对研究方法的深入思考和广泛阅读，加上自己写文章不断地进行实践，我有了第三个阶段的认识，这个阶段的想法集中体现在《北大法律评论》上发表的我对法学博士生所作的一个演讲——《社会科学研究方法对法学的影响》。这个阶段我的主要想法，如果用一句话来概括的话，就是理论要想取得重大的突破，必须首先提出一般理论的例外，然后用经验事实对这个例外加以证实，之后再将其确定并概念化，最终提出自己的理论。那篇演讲除了重申问题意识以外，特别强调“先归纳后演绎”的方法。我当时受王力和黄宗智两位先生的影响很大,王力先生认为科学的方法是“先归纳后演绎”。我对这句话的理解是,所谓的归纳方法就是要从个别现象到一般理论。我们过去理论不能创新,没有新的概念,没有新的理论,一个最大的教训就是习惯于用演绎的方法,所以经常以西方理论作为大前提,以中国经验作为小前提,最后得出西方理论适合或不适合中国的简单结论,演绎推理具有一种从一般到个别的这样一种发展方向,但是非常不幸的是,从一般到个别的推理论证方式非常不利于提出一般性的概念和理论。这种推理往往只能起到验证某种理论或对某种理论加以运用的作用而已,而难以做出理论上的创新和突破。我们可以看到,西方的理论铺天盖地,在这些理论的包围之中,我们唯一能做的就是从中国的经验出发,发现西方理论不具有解释力,也解决不了的问题,提出一个大胆的、能够挑战一般性理论的假设,然后对其加以论证。这也验证了胡适先生的一句格言:“大胆假设,小心求证。”在大胆假设之后,还要注重用演绎式的逻辑推理论证自己的观点。比如大家都熟知的那个经典的例子,学者发现一万只天鹅是白的,于是提出一个理论认为“所有天鹅都是白的”,而我们现在却发现了某一个天鹅是黑色的,于是,我就得出了一个新的理论,修正了原来的“所有天鹅都是白色”的观点。其实,黄宗智先生提出来的“从经验到理论”的命题,也有异曲同工之妙。他也强调新提出的理论应该具有更为普遍的解释力,能够从理论上解释事实,对事实进行模式化或者说是类型化的解释。这就是理论的功能所在。

模式化分析与因果律的揭示

陈　虎:社会科学的研究从韦伯开始就极为重视理想类型的建构,重视进行模式化的分析。我个人认为，社会科学之所以普遍盛行这一研究方法，是由社会科学的本质所决定了的，因为和自然科学不同，社会科学无法控制社会经验事实的变量，因而只能在理念世界中抽象出若干理论要素，对某些变量予以忽略，而对另一些变量则加以特别的强调，以达到类似自然科学实验的研究状态。这种对模式化分析的倡导在社会科学领域内可以说引起了一场划时代的革命，也使社会科学得以最大限度地走向客观化、科学化。但是这一方法在国内的刑事诉讼法学研究中似乎还没有得到足够的重视和运用。

陈瑞华：只要我们希望社会科学的研究走向深入，模式化的分析就是绕不开的一种研究方法。如果说有了发现才算科学的话，那么有了解释人们才能够评价这门学科成就的大小。因为社会科学最大的特征就是描述和解释，而模式化的分析可以帮助我们最大程度地了解“是什么”的问题，最有利于达到社会科学的理论任务。实际上，在西方刑事诉讼法学研究中，一些学术大家已经运用这一方法做出了很多重大的理论贡献。比如大家耳熟能详的犯罪控制和正当程序模式理论、争斗模式和家庭模式理论、同位模式与阶层模式理论等，再如已经被普遍接受的弹劾式诉讼与纠问式诉讼理论、职权主义与当事人主义模式理论等，都是运用模式化分析而得出的具有重大理论价值的分析性框架。两位德国民法学家所写的《比较法总论》专门论述了样式研究的基本方法，对我启发很大。但是，我们也应该看到，在国内刑事诉讼法学研究中，运用这一方法的成功范例还不太多。可能最大的困难在于：模式化分析需要明确划分模式的标准，对这一标准或者说模式要素的把握是问题的关键之所在。我在博士学位论文写作中，就曾经运用这一方法对职权主义和当事人主义这两大诉讼模式的划分标准提出过与前人不同的观点，当时我提出的划分标准有以下三个：首先是该审判制度在历史上的发展渊源；其次是其主导性的价值理念；最后则是控、辩、裁三方对诉讼程序和结果的控制程度。这三个划分标准在一定程度上超越了前人的认识，于是一个理论就呼之欲出了。理论其实就是这样一步一步发展出来的。

陈　虎：这种对经验事实进行理论剪裁并最终提炼出模式化的概念和框架，应该就是您在《刑事诉讼的中国模式》一书序言中所提出的“惊心动魄的跳跃”吧？这是不是可以看作您在社会科学研究方法转型中的第四个阶段呢？

陈瑞华：可以这么说。这篇序言可以看作这一阶段我思考和研究心得的一个总结，也是第四个阶段的标志性文字。当时我提出“惊心动魄的跳跃”其实有两层含义，一层就是指提出一种理论模式和类型，但是我觉得，仅仅达到这一步仍然不够，在这个过程中最惊心动魄的跳跃，是对因果关系的分析，这是从经验上升到理论的第二个境界。在社会科学研究中，对因果关系的分析是最难的，也是最具有挑战性的，但是一旦在这方面取得成功就意味着一种理论或者一个定理的出现。模式理论最多能解读“是什么”的问题，它的解释力是有局限性的，而因果关系的分析一旦要是能够取得成功，解释力就会出现革命性的变化。

陈　虎：那怎样才能进行比较成功的因果关系的分析呢？

陈瑞华：第一，不能用事实解释为什么发生另一个事实。事实不能成为因果关系中的因，这是在社会科学因果关系研究中非常值得注意的一点，否则很容易出现循环论证。因为在很多情况下，两个事实之间都是互为因果而无法分辨。比如，我们在研究刑讯逼供发生的原因时，就不能用另外一个经验事实——中国历史上也曾经存在过刑讯逼供——

来解释这一问题。正确的做法应当是用模型化的理论去解释事实。第二,要把解释事物成因的理论概括出若干变量。其实变量的提出就是理论的提出,往往一些变量就是研究中核心命题的辅助命题或次命题。变量的提出意味着一个研究提出了一组命题群,这种理论就将是一个内部逻辑谨严的体系,能够使理论达到最大程度的客观化和科学化。由于学科性质的不同,我们无法、也没有必要在社会科学研究中处处使用数学模型分析问题,但是如果我们提出的变量能够被大家普遍接受,同样可以做出高度精确化的社会科学研究。

陈　虎: 在您最近的研究中,有没有运用这一方法比较成功的范例呢?

陈瑞华: 比如,我在《刑事诉讼的中国模式》一书中专门研究了中国法庭审判为什么流于形式这一问题,当时那篇论文的标题就是《案卷笔录中心主义》,副标题是“法庭审判是如何流于形式的”,后来自己觉得有点刺耳,就换成了“中国刑事审判制度的重新考察”。在这篇文章中我有意使用了变量概括这一研究方法,感觉到在解释问题的深度和力度上有所突破。过去人们研究法庭审判为什么流于形式,总是归结到中国的审判过于接近大陆法的职权主义,法官过于主动的展开职权调查,最终导致先定后审、法庭审判流于形式。但问题的关键是:这样一个前提假设在《刑事诉讼法》修改以后其实已经不存在了,但是法庭审判照样流于形式,这就充分说明当初我们概括出的变量解释不了今天法庭审判流于形式这个问题,我们需要做进一步的研究。我通过观察大量法庭审判,也认真地阅读反思了很多审判笔录、案卷笔录,提出了一个假设——案卷笔录中心主义是一个能揭示中国目前法庭审判流于形式的重要原因。“案卷笔录中心主义”是对一种审判方式的理论概括,它有以下几个变量:(1)法庭审判直接宣读笔录,没有证明力的审查,尤其是没有对控方证据证明力的审查;(2)法庭上没有对证据能力的审查;(3)法庭上没有证明活动,而完全被法官发现真相、庭外的调查核实给湮没了。既然中国的法庭不存在对证据问题的严格审查,法庭审判当然就被架空了,这样的几个变量的提出,在一定程度上解释了问题的深层原因。

其实,这只是一个已经完成的研究实例而已,运用因果关系的分析方法可以研究中国其他大量的问题,做出我们自身独特的理论贡献。比如看守所的归属问题,学界普遍认为,应该将看守所交给司法行政机关,但是这种改革方案忽视了一个重大的问题——看守所在侦查中承担着十分重要的发现余罪、发现同伙、破获犯罪这些侦查的需要,将看守所从公安机关划出以后,谁来替代这一功能?检察院自侦案件的批准逮捕权问题近年来也闹得沸沸扬扬。最高人民检察院主张把批捕权交给最高人民法院,但最高人民法院却拒绝接受。我们学者不是一直在呼吁建立令状主义、确立司法审查的原则吗?但是为什么法院却不领情呢?原因就在于,一旦批捕权交给法院,会带来两个后果:(1)法院一旦批捕,案件最后被检察院作出不起诉处理,或者被法院作出无罪判决,都要承担赔偿责任,个人业绩考评会受到严重影响,批捕这一本来属于程序上的决定却带来了实体上的处分;(2)批捕权交给法院后,法院刑庭的法官,一个批捕、一个审判,能够保证批捕的中立和客观吗?会不会因为他们之间存在的各种利益关系而导致批捕和审判发生某种冲突呢?我们发现,学界提出的令状主义和司法审查原则的呼吁其实都没有找到问题的病因,因而开出了错误的药方。取保候审的问题也是如此,实践中这种强制措施已经不再是一种替代羁押的手段了,反而成了办案机关处理疑难案件和可能判处缓刑案件的一种手段,有的地方甚至利用取保候审进行刑事和解，作为对那些认罪且犯罪行为不太严重的犯罪嫌疑人给予的一种宽大处理，使得取保候审成了“坦白从宽”这一刑事政策的制度兑现了。在以上几种制度的功能都发生异化的情况下，我们提出的改革建议能够取得预想的成功吗？这些例子足以说明：今天就事论事地研究司法改革和立法，已经到了山穷水尽的地步，我们必须研究看守所、批捕权和取保候审背后的深层原因，只有这样，我们才会发现：真正的问题在于这些制度都发生了功能的异化。这才是问题的关键所在。当我们作出这种概括的时候，就从一个小问题一下跳跃到理论层面了。所以，我认为，社会科学研究要想实现惊心动魄的跳跃，必须透过现象看到问题的深层结构。不要轻易以为自己发现的问题就是问题本身，有时候那只是一种现象，而不是真正的理论问题。

与最前沿理论进行对话

陈　虎： 我想，具备了问题意识、论证方法、理论创新以及理论模型之后，一个新理论基本上就呼之欲出了，您关于社会科学方法的探索到此也应该可以算作暂告一段落了吧？

陈瑞华： 还不能完全这样说。在中国做学问，尤其是我们做刑事诉讼法的研究，时常有一种自说自话的感觉，难以找到理论上的对话者。如果我们把在本土研究中发现和提炼的一系列概念和理论比喻为火车车厢的话，那么前沿和权威的西方理论就应该是这些车厢的火车头，法学研究应该走出法学、走出国门，寻找社会科学最前沿的西方理论，与之发生联系，并进行对话，甚至发现本学科领域最前沿、最权威理论的例外，对其进行理论上的挑战，并最终形成一个新的理论。所以，我认为，当我们提出一个理论的时候，一定要明确：方法上的革新和新理论的提出本身都不是目的，这些最多只能算作社会科学研究中一种比较低层次的境界，社会科学是在理论的竞争和对话中前进的，对话才是学术研究的本质和归宿。既然如此，一个理论的提出只能看作完成了一个前提，我们必须将其置于更广阔的理论背景之中，通过对话，将问题的原因和现状解释得更加深刻，形成更多的共识，并最终推动社会科学范式的进步。

陈　虎：是不是可以这样理解，在研究者提出一个理论的时候，就应该在心中树立一个理论上的假想敌，对其理论的可适用性和适用的边界提出挑战，并完善甚至是修正权威理论？

陈瑞华：是的，比如我上面提到的功能异化论，我们就要问自己，提出这个理论是要挑战什么理论？要和什么理论进行对话？是要对谁的理论做出一点例外的论证？这个问题一定要明确。如果不首先问自己这样的问题，就会导致提出的理论自说自话，注定不会产生重大的学术价值。但是很遗憾，当前国内法学研究很少见到这种理论层次上的对话和学术批评。尽管也时常能够在各种刊物上看到商榷类的文字，但究其实质，这些争论最多只能算是一种法制层面上的争论，比如甲提出应该怎样改革，乙又提出另一套改革方案与甲商榷。但是，在立法层面上进行的这种探讨，其相互之间的境界能有多大区别？所以，我一直觉得，法学和法制、学术与政治无法截然分离，二者经常缠绕在一起。我们不像经济学家，可以做纯粹的学问，更不像历史学家，可以摆脱现有制度进行研究。法学家经常面临法治和法学交织、学术和政治杂陈的局面。而要想提出纯粹的理论命题，做出重大的理论贡献，我们必须要为学术创造出一个独立的空间，摆脱世俗的制度层面上的探讨，直接进入理论核心。

陈　虎：其实，从您的学术研究的脉络中，我们也能感受到这种学术思想的裂变。早些年的《问题与主义之间——刑事诉讼基本问题研究》更为关注对中国问题深层原因的研究，比如未决羁押问题，法院变更指控罪名问题等，但是到了最近的《刑事诉讼的中国模式》一书，我们已经明显感觉到您在学术努力上已经开始呈现出另外一种不同的面相，也就是更为关注模式化、概念化，甚至在一些章节当中还对西方的权威程序理论提出了根本性的挑战。

陈瑞华：的确如此。我想，从我这么多年的学术经历来看，能够达到或者接近这个境界的可能就是这两年做的刑事诉讼模式的研究。比如在研究刑事和解问题时，我就挑战了从启蒙运动时期以来一直被整个西方世界奉若圭臬的贝卡里亚的程序理论。在他看来，程序应该具有最基本的公正性，一系列诸如严禁刑讯逼供、无罪推定等思想都包含在他那本著名的小册子当中，但是，我在对他的思想进行研读的过程中却发现，贝卡里亚的理论对于今天的刑事和解运动和辩诉交易制度几乎没有任何解释力。为什么会这样？我认为根本原因在于，贝卡里亚的理论其实有一个十分明确的前提预设，就是司法程序是具有对抗性的，他以国家和个人利益的对立作为整个理论的前提而提出了一套程序理论。今天中国的刑事司法改革很大程度上走的就是对抗性司法的路线，从沉默权到非法证据排除规则，从证人特权规则到程序正义理论，从证明对象到证明责任乃至证明标准等，无一不以国家和个人之间的对抗式竞争关系为理论预设，我们追求的无非就是使这种对抗更具有理性化和平等化而已。但在刑事和解和辩诉交易制度中，控辩双方却没有利益的对立和诉讼立场的对抗，他们的诉讼地位本质上恰恰是非对抗性的。对于这样的制度，有的研究曾经提出过"协商性司法"的概念，但我认为这个概念更适合解释辩诉交易制度,而很难用来解释刑事和解,后者以被害人和被告人达成谅解、被告人放弃无罪辩护为前提,这里面其实并没有协商,通常说的协商是在国家和个人之间进行的。而在刑事和解中,被害人和被告人一旦达成协议,国家就对这一结果予以尊重,与辩诉交易相比,我觉得把它概括为"私力合作模式"更为贴切。与之相对应,我把国家和个人之间的协商称作"公力合作模式",并将其进一步分为"协商性的公力合作模式"和"最低限度的公力合作模式"两种类型。我觉得,我在这方面研究的一个最大的突破就是把贝卡里亚的程序理论设定了一个例外,因而提出了一些崭新的理论概念和命题,修正了贝卡里亚的理论,明确了它的适用边界。

陈　虎: 合作性司法概念的提出,对于刑事和解问题的确有了更大的解释力,也拓展了刑事诉讼的理论视野,这一概念的提出正如您所说的那样,是在既有的权威理论不能解释的现象上找到了理论发展的突破口。其实,通过这种研究,它不仅挑战了贝卡里亚的程序理论,对至今仍在世界范围内具有重大影响的帕克的模式理论也提出了十分重大的修正。

陈瑞华: 对,所谓的犯罪控制就是更为强调国家的利益,而正当程序则更为强调被追诉人的权利,其实质仍然是以国家和个人的对抗为前提预设的。

陈　虎: 帕克的理论在西方产生的影响是怎么估计都不为过的,加拿大有一个学者叫肯特·罗奇,他就曾在一篇文章中说过这样一句话:"尽管也有许多学者曾试图取代或是修正他的学说,但仍无人能够提出像他那样成功而具有生命力的模式理论。当然,在对其学说进行重构方面批评者们却颇有建树。"

陈瑞华：这话说得很到位，比如格里菲斯就是一个典型的代表。他是一个天才型的学者，他非常敏锐地发现了帕克模式理论最致命的缺陷，他认为，所谓犯罪控制和正当程序其实都只是一种模式的两个侧面，都是国家和个人争斗的一种方式而已，因此都可以概括为"争斗模式"。

陈　虎：只不过一种是温柔的惩罚，而另一种是严厉的惩罚。

陈瑞华：对，格利菲斯对帕克模式理论破得非常彻底而且极有创意，抓住了帕克理论最致命的缺陷，但他在建立新理论的时候却没有取得完全的成功。他在帕克模式的基础上提出了一种"家庭模式"（the family model）。这一模式非常强调关爱和特殊保护，但是非常遗憾的是，这一模式只对少年司法制度具有解释力，那种将国家视为未成年人最大监护人这样的理念都可以被纳入这一理论框架中来。但是家庭模式对少年司法以外的其他制度却没有可信的解释力。比如，辩诉交易制度里就没有关爱，有的只是一种妥协，一种经济理性人的妥协。再如，西方世界盛行的恢复性司法也无法用家庭模式予以解释，它只是一种对社会关系的修复过程，防止传统的对抗性司法对社会关系再一次的破坏。中国的刑事和解也不能用家庭模式来解释，它不把赔偿问题当作最主要的关注对象，而是让被告人和被害人就民事赔偿问题达成协议，确保被害人能够得到在附带民事诉讼中无法得到的高额赔偿，以民事和解的途径达到刑事和解的结果，其实并非典型的刑事和解，这一制度用家庭模式就无法予以完满的解释。正是由于这些既有理论具有共同的局限，所以我才提出了"私力合作""公力合作""最低限度的合作模式"等一套概念体系，而这套理论对这些现象是有一定解释力的。我认为合作性司法建立在实用主义哲学基础之上，也就是说，这种合作并没有多少崇高的目标，而更多地着眼于对问题的解决，达到利益多赢的结果。在这一研究中我还提出了"基于合作的司法正义理论",提出了应由诉讼双方协商选择诉讼的结局,达到诉权行使的最高境界——对实体结果进行直接处分。最后,我还在内在价值、外在价值和经济效益价值之外提出了第四法律价值——社会关系的修复价值,我们也可以称它为"和谐"价值。当然,关于这一问题的研究还可以继续进行,我举这个例子的目的只是想说明在研究当中应该如何追求社会科学研究的最高境界。对于这一境界的追求,我也正在路上。

陈　虎:《中庸》里有句话,"行远必自迩,登高必自卑。"只有对"道"领悟透彻之后,才可能在"术"的具体问题上有所受益,我想,正是对这种境界的不断追求才能使我们的研究更加契合理论研究的本质,使我们的研究产生巨大的理论价值。

陈瑞华:是的,孔子也说"下学"的同时还要"上达",必须要有对最高境界的追求,我们才能走得更远,走得更好。回顾十余年的学术研究道路,我个人是逐步通过这样几个阶段走到今天的。应该说,这几个阶段不是相互排斥的,它代表我对社会科学方法认识走过的五条道路、五个阶段和五个里程碑。也就是说,一个完整的社会科学研究,这五个阶段是不可或缺的:第一,研究者要具有明确的问题意识,要从经验事实出发,发现、提出并解决理论问题;第二,要学会提出假设;第三,要运用科学方法对其加以证明,特别要注意证伪方法的使用;第四,要学会如何从经验事实出发,运用归纳的方法,从个别到一般,提出概念化、模式化的理论,进行因果律的分析;第五,就是要跟最前沿、最经典、最权威的理论进行对话,发现这些理论的例外,反思甚至挑战它的权威性,到最后,例外累积起来,或许就是一种理论的创新。

如何对待经验事实

陈　虎：虽然看起来，您刚才似乎只是在谈个人学术思想发展的五个阶段，但我们却完全可以将它们看作一个完整的社会科学研究所应具备的五种要素，您的历时性的感受完全可以被读者做一种共时性的理解。但是，在理解的过程中，我也有一些困惑，提出来请陈老师予以解答。

陈瑞华：愿闻其详。

陈　虎：您十分强调从经验到理论的跳跃，但是我们也知道，社会科学的主要任务就是描述和解释，围绕着这两个任务，产生了不同的学术派别和学科。例如有的学科就以描述为己任，甚至明确拒绝对经验现象进行解释，强调"让理论在材料中自我呈现"，比如杜赞奇就曾经专门写过一篇文章论述过历史学反理论的特征，法学为什么不能固守于对经验事实的分析呢？

陈瑞华：法学与历史学、人类学等学科不同，必须以理论为导向，其实，即使是强调描述的学科，也都要在一定理论指导之下进行叙事，"历史三峡说"和"数目字管理"不就是历史学家提出的概念和理论吗？我之所以要强调从经验到理论的跳跃，是因为对经验事实的分析从逻辑上是得不出任何理论结论的，经验研究即使进行得非常细致、非常深入，也不可能作出理论上的提升，必须要进行逻辑上的跳跃。比如对于刑事和解，我们即使研究得再透彻，对实践中的做法再熟悉，发生的原因再清楚，也无法导出来"私力合作"的概念，这个概念本身就是一种理论上的概括，一种惊心动魄的跳跃。通过这种跳跃我们的研究才可能从此岸世界走向彼岸世界。这个过程往往不是苦思冥想得出来的，而是在长期积累的基础上偶然得之，突然意识到某一个模型或标签能非常恰如其分地、准确地说明这个问题，能解释这种现象和经验，颇有点像禅宗里的顿悟。

陈　虎：著名经济学家弗里德曼认为政府干预经济会导致崩溃，摧毁繁荣，但新加坡却成为了他理论的一个反例，他无法解释这一现象，于是就认为新加坡不是一个国家，而是一个根据市场经济原则来管理300万居民的企业。新加坡政府对此种观点当然非常恼火，进行了严厉的驳斥。弗里德曼实际上错过了一个发展其理论的绝佳机会。这个真实的故事实际上反映了我们现在很多学者的心态，在经验事实与既有理论不一致的时候，究竟是发展理论来解释这些悖反现象，还是让现实经过剪裁来符合和适应理论？

陈瑞华：这个问题非常好，也非常具有挑战性。很多西方经济学家，甚至一些获诺贝尔经济学奖的大师级的人物，都对中国经济并不看好，有人甚至危言耸听地提出中国经济要崩溃的预言，甚至进行了很详细的论证，他们认为中国经济的发展违背了西方经济学的几个假定。但事实证明，中国经济并没有崩溃，可见，西方理论在很大程度上是否能够直接适用于中国是值得认真反思的。林毅夫教授在他《论经济学方法》一书中就提到过这一现象，最初他也受到过这种问题的困扰，但是后来他变得很自信，我觉得他有两点学术态度值得我们法学研究者借鉴：(1)一种理论跟现实不一致的时候，应当反思理论而不是让现实迁就理论。西方的理论是在西方的经验事实基础上提炼出来的，它对解释西方的经济生活是有说服力和解释力的，但却不一定能用来直接解释中国的现象，而我们很多人都把西方的某种理论当作放之四海而皆准的真理了。林毅夫教授认为，我们不应在理论和实践不一致的时候削足适履，而应该反思理论，并作出立足于本土的修正和完善。(2)林教授认为，19世纪全世界的经济中心在英国，所以英国的经济生活就是大家研究的中心，英国出经济学大师的机会就可能比较大。20世纪以来到现在，美国是世界经济的中心，研究美国经济又成了一个显学，所以美国出诺贝尔经济学奖的学者就会比较多。林教授很乐观地认为,21 世纪将是中国的世纪,中国的问题将会成为世界级的中心问题,那个时候中国出现经济学大师的时代就会来临。过去因为在西方经济面前的不自信导致我们在西方理论面前也很不自信的局面应该会得到一定的转变。

陈　虎: 那林教授的这些观点对于法学研究有什么样的启发呢?

陈瑞华: 应该说,用理论剪裁现实的现象在经济学里并不罕见,而在法学中这个问题还不是特别突出。因为我国的法学跟西方理论对话的可能性还不大,中国法学还不成熟,没有系统的理论,我们处于移植西方制度的最初级阶段,整个法学现在都依附于法制的建设而无暇顾及自己的理论构建。但是,林毅夫教授的这些观点对于我们做法学研究的人而言,仍然可能有如下的启发:在一个国家法律移植、重建法制的初期,不可避免地会出现对西方理论和制度的崇拜现象,当时不管是老一辈学者,还是中青年学者都是言必称英美法、言必称大陆法,甚至言必称日本法;在本国极为缺乏法学理论和制度积累的情况下出现这样的研究方法是不可避免的,毕竟,法制重建需要大量的资料翻译和介绍。但是我们也不要忘记,今天的中国已经有了自己的法律框架,也随之产生了大量的法律问题,而在这些问题里面,有很多是用移植来的西方理论解释不了的现象。比如美国的对抗制审判方式移植到中国以后立即就被架空了,无罪推定原则写入刑事诉讼法之后,实践中证据不足而无罪释放的判决反而越来越少。可以说,几乎每一种西方制度在中国法律中得到确立之后,在实践中都会立即遭到被搁置和被规避的命运。但是,我们不去反思西方理论的适用性,而总是认为实践出了问题,所以我们的态度就是对实践不停地进行批判和轰炸式的改造。这种本末倒置的研究态度值得我们认真的反思。

陈　虎：是的，程序法研究中有一个很奇怪的现象，就是很多教条化的理论似乎是不容挑战的，比如程序正义、无罪推定、保障人权，正是由于我们的研究中充斥了这些无法证伪的价值信仰，导致程序法学几乎无法展开正常的学术批评，自然也就无法推动理论的进步和更迭。

陈瑞华：在这些权威的理论面前，我们是把它们做意识形态化的理解，甚至奉为永远不能挑战的信仰，还是通过我们的研究为其设定若干边界和适用条件，对此我们必须作出选择。可是，要将信仰问题转化为逻辑问题，又谈何容易！我前几年曾经参加过一次关于刑事和解的研讨会，当时与会的很多刑法学者都批评刑事和解破坏了罪刑法定，而一些刑诉法学者也都批评刑事和解违反了程序正义。整个会议呈现一片倒的局面。我在发言时就提出一个观点：刑事和解在实践中产生了那么好的效果，能解决这么多的问题，如果它真的如大家所言一无是处的话，它又怎么会在实践中自生自发地出现并不断发展呢？我们对实践难道永远都持一种批判的态度吗？鲁迅曾经说过：世上本没有路，走的人多了，就成了路。我们本来没有理论，只不过因为能解决问题，大家都公认和接受了一种制度逻辑，后者慢慢就变成了理论。从这一次会议开始，我就经常反思理论本身的可适用性问题，而不是动辄批判实践，在这种思路的指引下，我先后写了两篇文章，不再对刑事和解进行就事论事的分析甚至批判，而是对我们固守的几个理论假设和前提展开研究、对理论本身进行批判。于是才出现了后面的顿悟，提出了与对抗制司法相对立的新的诉讼模式理论——“合作性司法”。所以，我的感受是，我们过去总是根据一个理论来反思现实，提出立法对策。我们今天要反其道而行之，根据一场成功的改革试验来反思理论是否具有普适性，是否存在例外，并最终发展成新的理论。如果在这条路上往前走一步的话，就可能做出巨大的理论贡献。而如果没有这个意识,可能我们就和理论创新擦肩而过了。就像你刚才所说的弗里德曼的故事一样,难道我们不该为他感到惋惜吗?

陈　虎:您举的这个例子对我本身也有很大启发,我们大部分研究刑事和解的论文都是采取了第一种学术立场,用西方的理论来剪裁中国的实践,研究刑事和解应该怎么完善,如何按照西方恢复性司法的理念改造我国的刑事和解制度,而从来没有想过可以反其道而行之,用实践来指导理论的提炼。这的确是一个很好的思路。

陈瑞华:西方的恢复性司法强调社区是被害人,强调被害人和被告人心灵上的沟通,精神上的倾诉。而中国的被害人只在乎实惠,首先希望得到民事赔偿,而不是心灵上的抚慰,这一点绝对无可厚非。我们有自身的民族性格,不可能走上以宗教为背景的恢复性司法的老路。我们不能整天批判中国的刑事和解太过庸俗,过于讲究经济效益,而没有超验的追求,这种对实践的批判太不公允了。按照这个逻辑,中国没有证人宣誓制度,是不是也要按照西方的理论给中国创造出一个宗教信仰出来呢?如果一种研究试图彻底改变中国人的生活方式,用西方的思维格式化中国人的头脑,这种对策可能实现吗?刑事和解运动这些年呈现出很好的发展态势,适用范围和地域都在不断扩展,可以用"星星之火,可以燎原"加以形容,甚至在那些可能判处死刑的案件中,如果被害人能够得到较高的赔偿,并谅解了被告人的话,也有可能对被告不再判处死刑。我们不能对刑事和解在实践中取得的巨大成功视而不见,我想,其成功的原因主要有三个:(1)刑事和解满足了诉讼各方的利益,是一个利益多赢的制度设计;(2)刑事和解可以最大限度地化解矛盾,使因犯罪带来的紧张社会关系得到修复;(3)刑事和解符合了目前政治家提倡的和谐社会的理念。基于以上三点原因,刑事和解很自然地走入了中国的司法实践之中,成为一种壮观的司法改革运动。但是,这一改革完全是一种实践中为解决自身问题而自生自发的一种改革措施,我们对策法学的研究者为什么不能对这种刑事和解运动进行总结和概括,把可取的精华提炼出来,转化成一个未来的立法方案呢?我们为什么总是对已经被实践接受的改革方案嗤之以鼻,而热衷于制定一些往往会被实践搁置和规避的改革措施呢?

陈　虎: 如果我们都可以通过这样的研究提出立法改革的对策,相信法律条文一旦颁布就被搁置的局面就会得到很大程度的改善。看来,以往的对策法学是走错了方向,以对真理(truth)的激情抓住了假相(untruth),那么,中国现在进行的自生自发的改革,除了刚才您提到的刑事和解以外,还有哪些改革蕴含着进行理论创新的可能呢?

陈瑞华: 这种成功的自生自发的改革经验是很多的,随便举几个例子。比如,少年司法制度的改革。这一改革没有学者关注,也缺乏必要的理论支撑,更没有现成的改革方案,完全是以实践的效果为依据,摸着石头过河的产物。十多年以来,少年司法改革取得了一些显著的成功经验。(1)圆桌审判制度逐步得到了确立。这一制度改变了对未成年被告人的传统审判模式,强调非镇压式的圆桌布局,让被告人产生一种在课堂和家庭中的感受。从法庭布局上,它还能吸收被告人的法定代理人、监护人、合适成年人以及其他被告人所信赖的人到场一起参与审判。圆桌审判最大的亮点就在于设有专门的法庭教育阶段,与法庭审判有机结合起来,而这在传统审判模式中是不存在的。(2)社会调查报告制度得到逐步推广。对少年案件的量刑必须有调查报告。被告人的家庭出身、教育状况、社会关系、有无前科、品格证据都会被纳入其中,为将来量刑的风险评估提供一个直接的事实根据。大部分的社会调查报告都是法官亲自调查并加以制作的。但是我们也注意到,一些地方的社区矫正人员参与了社会调查报告的制作,另一些地方则出现了专门的社会工作者从事社会调查工作。这些社会调查员既不代表控方也不代表辩方,而是受法官委派和指定进行社会调查,具有一定的超然性和独立性。调查报告完成后要在法庭上宣读,并接受质证和辩论,然后作为量刑的直接依据,在这样一个制度中,风险评估、量刑基准和量刑情节都会成为辩论的内容。而反观我们的普通刑事诉讼程序,量刑基本没有任何程序保障,往往是法官以办公室作业的方式,通过阅卷来决定量刑。既然社会调查报告制度在少年司法制度的实践中已经初具雏形,为什么不能参考这一制度为今后成年人诉讼程序的改革提供立法参照呢?(3)庭后帮教制度逐渐建立起来。法庭审判结束以后,很多法官继续对未成年人进行跟踪,庭后延伸帮教,为其寻找一个合适的学校或工作单位,并与其定期交流,帮助他们回归社会,这一制度在实践中已经取得了良好的效果。

陈　虎: 学界对于少年司法问题一直不太关注,实践中的改革也几乎没有任何理论支撑,更没有西方国家理论的引导,甚至没有一个预设的理论改革方案,但是却取得了良好的实践效果,走出了一条与国际公约中规定的少年司法制度不尽相同的新路子,这些的确都值得我们好好地加以研究。据我所知,少年司法改革中还针对犯罪的未成年人和在校学生设计了暂缓起诉制度,陈老师能否谈一谈这一改革措施的意义?

陈瑞华: 以取保候审制度为例。近年来,很多地方都对取保候审的适用做出了一定的改革。例如,以取保候审带动轻刑化的发展。我们都知道,可以适用取保候审的条件,是以量刑较轻为前提,比如说可能判处三年以下有期徒刑的案件,但是,即使是法定刑在 3 年到 7 年之间的案件,有时也可以在3年有期徒刑以下进行量刑,从而适用缓刑。这就意味着它的适用范围可以延伸到7年以下有期徒刑。这就说明,取保候审的适用还可以带动轻刑化的发展。这是一个很重要的动向。比如中国辩诉交易第一案——孟广虎案件,被告人的犯罪行为造成了重伤害的后果,法院可以对其判处3年以上有期徒刑,但最后仍然适用取保候审,并最终判处缓刑。再比如说,将取保候审与刑事和解相结合。也就是说,对那些达成民事赔偿协议,并且被害人得到足额赔偿的,检察机关和法院可以作出取保候审的决定。这种做法可能会有一定的争议,但是,不能否认的是,它对减少羁押,促成被害人得到足额赔偿还是有积极意义的。很显然,取保候审制度在实践中所发挥的功能与立法者所预想的目标非常不同,出现了功能异化的现象。取保候审不再是替代羁押的一种制度设置,而演变成为对认罪者的奖赏,成为落实和谐社会政策的一个标志。我们可以看到,实践中创造的这些制度如果符合刚才这几个条件,一旦上升到立法,允许其适用取保候审,中国将有相当多的被告人和犯罪嫌疑人不再被羁押。难道这些不应该成为我们研究和关注的问题吗?

陈　虎: 这些改革有没有什么共同的特点呢?

陈瑞华: 有的。第一,中国目前进行的刑事司法改革往往都是以被告人放弃无罪辩护作为前提的。被告人一旦做有罪供述,对抗性司法的基础也就不复存在了,也就是说,这些改革都是以合作性司法为根基的。第二,所有的改革都极为重视被害人的权利。我之所以反对把美国的辩诉交易原汁原味地照搬到中国,就是因为一旦被害人既不能充分地实现复仇的欲望,也不能得到很好的民事赔偿,这将意味着司法制度对他构成了第二次伤害,最终迫使被害人走上艰难的申诉和上访之路,所以中国目前的司法改革都特别凸显被害人的需求,否则的话,任何改革都很难取得成功。第三，所有的改革都没有将改造犯罪人的任务单纯地放到某个阶段当中去完成，而是放在整体的诉讼过程当中进行。传统司法只把执行阶段作为改造罪犯的阶段，但是，发生在刑事和解、少年司法、取保候审、暂缓起诉等环节的改革措施都承担了一部分促使犯罪人回归社会的使命，这样就可以修复社会关系、化解社会矛盾的效果。正是由于这些自生自发的改革经验都吻合了这些特点，契合了中国刑事司法的内在需求，才使这些改革措施具有旺盛的生命力。因此，我们有必要对这样的实践给予足够的重视和尊重。永远不要忘记，法律的生命在于实施而不在于颁布。如果法律在颁布之后最终都被架空，个个都被规避，条条都被搁置，我们的立法就是失败的，这是我们司法改革之所以难以取得成功的主要原因。所以，我个人的观点是，对策法学绝不是一无是处，关键是我们过去既没有基础理论的指引又对实践缺乏必要的尊重，对实践经验缺乏一种发现的眼光，总把自己打扮成一个充满理性掌握真知的智者，对实践动辄指手画脚，动辄轰炸性的批判，这种与实践格格不入的立法对策，要么无法转化为法律规则，要么在转化之后因为遭到抵制和排斥而难以得到实施。

陈　虎： 其实，我们缺乏对实践的关注，缺乏一种发现的眼光，不是一朝一夕的事情，这种思维方式似乎古已有之。

陈瑞华： 是这样的。我一直认为，由于多年受殖民地文化的影响，中国多少年来没有进行过一场法律发现运动。我们无意中把自己当作西方法律的殖民地，无意中认为我们历史上没有什么值得继承和进行创造性转化的制度，我们祖先给我们留下的都是包袱，都是负担。我们甚至无意之中以为中国的所有法律制度和法律实践都是稍瞬即逝的现象，甚至都是法制史上的材料。今天中国的城市建设与中国法律制度的建设非常类似。中国城市建设在某种程度上可以概括为一个字——“拆”,也就是把所有的建筑都视为落后的、亟待改造的东西。我们今天的法律改革运动,不也可以被形容为一个“拆”字吗?《刑事诉讼法》刚修改没过多少时间,现在不是又有大量学者在研究所谓的“刑事诉讼法再修改”问题吗?修改不就是先破后立吗?但是,法律文化岂能和城市建筑一样,一个“拆”字就能够了结的?

陈　虎: 一般而言,新理论的提出都是从正面的法治经验中提炼而来,但对中国的学者而言,也许面对更多的是程序的失灵和改革的教训,其实,这些负面教训如果处理得当,也可以成为我们的理论素材。不知您是否同意这种观点?

陈瑞华: 你既然提到这个问题,我也特别强调一下,我所提出的“惊心动魄的跳跃”有两个指向:一个是中国的法制经验;另一个则是中国的法制教训。我觉得刑事和解是典型的中国经验,它体现了中国人的司法智慧,是中国人处理被害人和被告人矛盾问题的一种经验,从这种经验中我们当然可以作出很多理论总结。但是,除了经验以外,中国的法学研究还可以关注本国的法制教训。我们过去总认为,只有成功的经验才可以提炼出理论,然后奉献给世界,使它具有普遍的适用性,也只有从这种经验之中才能实现惊心动魄的跳跃,但现在看来,这种成功的经验要在中国发现是非常不容易的。但另一方面,中国的法制教训却比比皆是,比如业绩考评制度导致程序法被规避的教训,合议庭被架空的教训,超期羁押的教训,法院对证据不足的案件普遍作出有罪裁决的教训,等等。我们也完全可以从教训当中总结出理论,从经验的此岸世界跳跃到理论的彼岸世界。从我近年来的研究来看,“流水作业式的诉讼构造”就是从教训之中概括出的纵向构造模式,“案卷笔录中心主义”也是对中国刑事审判制度的理论概括。这些从中国法制教训中所提炼出来的概念，可以成为中国学者对刑事诉讼理论的贡献。

陈　虎："你爱的究竟是你的理想，还是中国这片土地？"这句话用在这里比较合适。当然，如果我们足够清醒的话，也会发现并非所有的实践都蕴含着进行理论创新的可能，我觉得其实存在四种意义上的法学：一种法学可称为"理论"，一种法学可称为"法条"，一种法学可称为"实践"，还有一种法学可称为"难以接受的实践"。我们不能因为刑讯逼供在实践中大量出现就认为它也是一种实践样态，对于这样的法制教训，我们应该采取什么样的理论态度呢？

陈瑞华：任何事情都要有一个底线，我们在谈社会科学研究方法的同时，也要坚持用这个方法来对待我们自己提出的观点。我并不认为我的方法是适用于任何情况的。一些落后的实践，甚至你刚才说的"难以接受的实践"，都无法用它来挑战某个原则和某个准则，所以我们应该在内心中保持康德所说的最低限度的道德律令，不容突破，对于实践中出现的确属错误的做法，应该发挥法学的批判功能，对其加以改造。这就要求学者具有敏锐的眼光和科学的方法，来对实践做切割化的处理。我们的法学研究不应仅仅受制于实践当中的改革，被它牵着鼻子走，也需要具有一定的超前性和前瞻性，发挥一定的指导司法的功能，使其朝向公平正义的方向发展。

陈　虎：您刚才提到，实践的经验甚至是教训都可以成为理论创新的来源，我想我们没有理由不去重视社会中的法律和实施中的法律，但是实践仅仅可以为我们提供经验素材，而我们的理论灵感应该从何处寻求呢？

陈瑞华：至少有两个领域可以成为我们进行理论创新的智慧源头。

(1)历史遗产。这一点我是受德国历史法学派萨维尼的影响,他认为应当寻找德意志民族历史上的智慧,来作为德意志法律制度重建的灵感。而我们中国的学者在这一点上努力还远远不够。中国古代几千年的封建司法制度、法律文明,我并不认为一无是处。中间有许多可以进行创造性转化的内容。如果我们能够从这里面找到我们的灵感,找到我们司法改革的源泉,使现代化的法律制度跟中国古代的文明和中国人的思维产生一点点对话的话,那将是一件十分有意义的事情。我一直认为,强调和合的文化是中国儒家文化的遗产,它过去有负面的效果,今天可以通过改造,变成一种正面的资源。事实上,不管你承认不承认,司法实践已经走到理论家前面了。法学家们成天动辄谈论英美法,动辄鼓吹引进大陆法,这种论调跟司法界的期待差距越来越大。不管我们是否承认,中国的司法制度有意无意地把中国古代的司法传统延续了下来。很多自生自发的改革都有强大的民意基础,而且取得了巨大的成功,解决了很多理想立法方案所无法解决的问题。但每当法学家们面对这样的改革时,要么瞠目结舌,要么进行没有任何说服力的价值评判。其实,我们应该重视我们自身的历史,要对自己有信心。(2)解决实践和理论各说各话的状态还有一种思路,就是把西方的理论拿到中国实践中来检验。这个理论不限于规范性的理论,还包括一些社会学中的理论。如果这些西方理论在中国实践中没办法行得通,或者没有解释力,这就是我们进行理论创新的绝佳时机。现在我们学者很少做这个工作,而只是满足于把西方的理论引入进来,并且浅尝辄止,不再深入探究下去,没有对这个理论引进的效果做跟踪式的研究。其实很多研究者特别像当年的黄巢,打下一个城池后就立即离开,奉行游击战的思路,结果把全国打了个遍,到后来连个根据地都没有。这应该是引起我们警惕的一个负面典型。

我们在引进一个制度后，该制度在实践中被架空和搁置，然后又引进一个制度，以至于循环往复地进行着引进——架空——再引进——再架空的过程。那么，我们能不能把引进每一项制度的经验和教训都进行仔细的研究和分析，找到它们的共同规律呢？

如何进行价值研究

陈　虎： 刚才我们探讨了如何对待经验事实的问题，实际上解决了社会科学研究的"经验性"问题，但是您也说了，社会科学研究还有一个十分重要的特点，就是"客观性"，也就是我们经常听说的价值中立和价值无涉。但是，众所周知，刑事诉讼法学这门学科更多是以现代法治理念支撑起来的，因而研究中几乎不可避免地会涉及价值判断问题。比如，以往我们在论证一项制度的合理性时，往往都以其符合人权保障理念、符合程序正义思想作为论证的基础，而这些大词又都是无法证伪的价值信仰，以此为基础进行的研究很难展开真正学术层面上的对话。可以说，正是价值法学的主观化使刑事诉讼法学的研究难以走向科学化，这也恰恰是导致本学科显得缺乏理论品格的根本原因。陈教授，您认为，我们应该如何处理价值判断问题，才能使刑事诉讼法学的研究走向客观化、科学化呢？

陈瑞华： 社会科学的方法总体上是客观性、描述性的方法。社会科学研究讲究价值中立和价值无涉，因而社会科学方法多以描述和解释为主，描述主要包括三个方面的内容：解释"是什么"（what）、"怎么样"（how）以及"为什么"（why），这并不是说社会科学的研究不能涉及价值问题，不能带有明显的价值判断，而是要指出，价值问题解决的是应然问题，是"应当怎么办"的问题，很难用科学方法加以检验和研究，所以很多人都将信仰视为科学，因为信仰往往是价值的一种载体，无法证明也无法证伪。正是因为对描述性方法的强调，所以在社会科学中才极为盛行马克斯·韦伯提出的理想类型的研究方法，因为模式化的分析本身就是一种最高境界的描述，这种描述本身并不涉及价值判断。

陈　虎：所以您主张应将中国的制度视为一种模式，而不是先入为主的认为它是落后的和等待改造的对象，您所做的很多研究也都遵循了这一模式化的分析方法，比如“案卷笔录中心”就是对中国审判方式的描述，“实体真实发现主义”是对中国司法理念的描述，而没有呼吁我们应该走向哪种模式，应该怎么进行改革。

陈瑞华：是的，近年来我越来越不愿意在研究中作出价值判断方面的命题。比如说，我在研究未决羁押问题时，发现超期羁押发生的重要原因就是羁押期限和办案期限不分，但我并不是在鼓吹，未来羁押期限和办案期限就应当分离，那可能是今后其他学者研究提出的一种对策性的结论，但不是我的本意，我只是揭示了超期羁押产生的根本原因。我过去还对劳动教养做过一项专门研究，这一制度尽管已经废除，但我国至今存在一个以公安直接剥夺人身自由为标志的第三公共处罚体系，这是中国和西方国家在公法领域最大的区别，那么，这三套处罚体系是否应当并存？这不是我研究的对象，我关心的是它客观上是如何运作的以及效果如何，未来中国不管是否会走向一元化，我们都不能忽视这三套制裁体系存在的几个客观原因：(1)前科制度和政审制度的结合导致被告人一旦被定罪，会在长时间内承受极为严重的政治后果、道德后果和社会后果，所以行政处罚体系在一定程度上可以被视为一种避免违法者受到严厉整治对待的制度缓冲。(2)我国的犯罪含有定量因素和情节因素，数额和情节都可能构成出罪入罪的标准，比如造成轻伤以上才构成犯罪，而轻微伤就属于治安处罚的范围，这种含有定量因素和情节因素的犯罪概念决定了我国三套公法体系并存的现状。你可以看到,我所从事的许多研究都是描述性和解释性的,而我也认为最能够经得起时空检验的就是这种对经验事实的描述性分析,当然,这种描述应当达到模式化的高度,对现实有一个抽象和提升,而不能简单的复制。

陈　虎: 尽管法学也会有很多描述的成分,但是也有自己的特色,毕竟法学是一门带有强烈价值倾向的学科,价值判断几乎是法学研究中绕不开的问题,比如公平正义问题,诚实信用问题,很多法律基本原则本身就可以看作道德原则。

陈瑞华: 的确如此,价值判断是法学研究中绕不开的问题,不管我们承认不承认,法律制度本身就是规范化的产物,不论是授权性规范、义务性规范还是禁止性规范,都带有强烈的应然色彩。即使是宪法中的宣示性规范,也是一种应然的判断而非客观描述。比如严禁刑讯逼供这一禁止性规范,证人应当出庭作证这一义务性规范,以及被告人有权获得辩护这一授权性规范,其背后都带有一定的价值标准,所以,法律规则跟道德规则在形式上具有极大的相似性。只不过法律规则在强调应当如何的时候更多得表现为一种行为模式,这一点和道德规范有所不同。可以说,每一个法律规范的背后都有某种特定的价值判断在发挥着作用,甚至我们有些法律原则本身就是价值判断,比如无罪推定原则、公平正义原则等,所有的这些原则背后都可以追溯到几个元价值,以程序法为例,这些元价值无非以下四个:程序公正、实体公正、效率以及社会关系的修复,所以法律规范就是价值判断的载体。

陈　虎: 那我们应该如何处理法学研究中的价值判断问题? 又如何对价值问题进行客观化地研究呢?

陈瑞华：其实，坦率地说，社会科学强调价值中立，我个人认为这是一种乌托邦的理想，即使是以客观解释自诩的经济学也不例外。可以说，没有人能够在研究中绝对恪守价值中立的原则。但请记住：这绝对不意味着我们不能掌握一套方法将研究中的价值判断问题尽量地作出客观化的处理。在这方面，我们法学研究在过去是走过很多弯路的。法学研究应该怎么对待价值问题呢？我认为有以下几点，可以供年轻的研究生们在写作论文的时候参考。(1)我们应当把价值问题当作一个客观的法律现象，用社会科学的方法对其分布、形态、状况和冲突加以研究。美国有三位教授，在20世纪70年代进行了一项程序正义的心理学研究，调查了不同文化背景、社会地位的人群对程序正义的接受程度，最后发现了几个规律：不管来自何种文化背景和社会阶层，在剥夺利益的场合，人们对程序正义的要求要远远大于授予利益的场合；而且被剥夺的利益越大，对程序正义的要求就越大。这一研究成功地改变了过去学界动辄谈论程序正义标准、程序正义价值等应然层面的研究范式，将研究引向了客观化和科学化的方向。这不正是运用社会科学方法对价值问题进行研究的成功范例吗？所以我认为，价值问题是完全可以进行客观的社会科学研究的，我们不是去研究应当坚持什么样的价值，我们研究的是价值的分布规律，这本身就是一个客观的研究对象。我近年来对程序正义的课题一直不敢动笔，有个很重要的原因就是我要结合很多数据和经验事实来在客观层面上做一些价值研究，所以说价值判断不是不可以研究，但关键是要有一套进行客观化处理的方法。(2)切忌在研究中轻易得出应然的结论，这种判断的随意性和主观性太强，而客观性和科学性不足。比如有人用很多论据论证程序公正应当优先于实体公正，也有人认为程序公正永远不能优先于实体公正，还有学者认为二者应当并重。这些研究结论的得出都过于随意，把研究当成了人生哲学和信仰，而我们知道，人生哲学是没有正确与否的标准的，既无法客观化，也无法证伪，我们往往自觉不自觉地运用泛道德主义的立场在研究价值判断问题。更可怕地是，这种意识形态化的研究方法往往还会使我们滑入泛政治主义的陷阱。(3)一定要考虑价值研究的可操作性问题。任何价值的提出都不是为价值而价值，都是为了解决和挑战实践中出现的反面现象，比如，提出正义是因为实践中有不正义，提出自由是因为实践中有奴役，提出平等是因为实践中有特权。所以我认为，相对于正义而言，“非正义”才是客观的、可以加以操作的研究对象，因为人们对非正义往往更为敏感，有可操作的判断标准。幸福是无止境的，而苦难是有限度的，人们很容易在苦难和悲痛的问题上达成惊人的共识，但很难在幸福的标准上达成一致。我们完全可以通过研究大量的非正义现象来间接地研究正义本身。**卢梭就曾说过一句著名的话：“人生而自由却无时无刻不在枷锁之中”，“生而自由”是价值判断，而“无时无刻不在枷锁之中”则是一种客观的现实描述，我们不用去研究虚无缥缈的“自由”，而完全可以去研究枷锁之中的奴役现象。所以我的结论就是：与其研究人权，不如研究侵权；与其研究正义，不如研究不正义，总之，研究价值应当将研究对象客观化，从价值的反面切入进行研究，才能得出科学的结论。**

陈　虎：您的这些观点相当具有启发性。看来，只要掌握了将研究对象客观化的方法，我们对于一些主观性较强的价值判断问题也可以进行社会科学方法的分析和研究，并使得自己的理论能够在客观化的层面上被证伪，并进而发展出一般化的理论。陈老师，我们在平时的阅读和研究中发现有些学者庸俗地理解“存在的就是合理的”，对一切既存的事物都进行价值上的辩护而没有融贯的理论立场，您如何看待这一研究态度？

陈瑞华：我觉得在做价值研究的时候一个特别重要的方面就是要防止犬儒主义哲学。所谓的犬儒主义哲学是指没有任何价值判断标准，对所有现实中的事物都进行盲目的合理化论证，粉饰太平，庸俗地理解"存在的就是合理的"这句论断，所以犬儒哲学在本质上就是奴隶哲学。我个人认为，黑格尔当年所作的论断——"存在的就是合理的"，应该做以下限制才不至于发生谬误：存在的东西都有它发生的原因和存在的背景，它能一直存在，就说明它能够发挥某种特定的社会功能，而如果一个制度或一种现象存在的根据和理由没有了，这个事物也就自然会消失了。我们从这个角度可以研究很多现象，比如科举制度。我在很多讲课的时候讲过一个观点，科举制度是社会弱势群体从社会底层爬上社会上层的重要途径，它是皇帝在交通不畅、信息不畅的条件下统治国家的最好方式，如果没有这一制度，很多人就会啸聚山林、做绿林好汉，成为政治的反对派，而只要参加科举就等于认同现有的统治体系和统治秩序。所以说，科举制度是把中国这么多民族统一起来而使其没有发生分裂的重要制度设置。科举制之所以后来走向没落是因为它日益僵化，特别是到了宋明清时期，完全强调背诵和机械化的记忆，甚至产生了八股文这种禁锢思维的文体，过分强调文学思维。日本一位首相曾在甲午战争之后来访问中国，跟光绪皇帝有一段对话，他说你们中国落后的根本原因就是过于注重文学，整个官僚阶层都生活在文学梦中，你们最优秀的人才都是最好的文学家，而不懂经济、不懂军事、不懂物理。这个例子说明，我们在分析问题的时候，不要带有强烈的价值预断去看待科举制度，而应该将重心放在描述它的功能和分析它产生存续的原因上。从这个角度观察科举制度，我们就会发现，只要特定的功能需求仍然存在，科举制度就会以各种形式存续下去，所以尽管晚清政府迫于压力最终废除了科举制度，但是，后来又产生了许多与科举发挥相同功能的类似制度，比如高考制度、公务员考试制度等。再如，我们仅仅用价值判断的方式去研究“文化大革命”，永远不会得出有新意的结论，谁都知道“文革”不好，但是“文化大革命”当时发生的原因是什么，理由是什么、背景是什么，这些都跟“文化大革命”的好还是坏，公正还是不公正，灾难还是幸福，完全是两个层面的问题，一个是客观层面的实然的分析，另一个是应然的价值判断。非常不幸的是，我们很多学者有意无意地混淆这两类判断，也就是把应然的价值判断和客观的实然分析混淆在一起，按照这样的逻辑进行研究我们会得出很多荒诞的结论。任何研究都不应当因为一个事物是客观存在的就认为它是正当的，否则极为容易走向奴隶哲学和犬儒哲学。学者一定要有一点悲天悯人的精神，要有一种人文关怀，不要忽略学者的使命还是要倡导基本的公平、正义、民主这些主流价值。尽管我反对把价值研究当成一种道德宣言到处宣讲，但是我却坚持学术研究不能挑战人们的最低道德极限，不能挑战人类朴实的情感，这是一个致命的陷阱，学术研究不要误入歧途。

陈　虎：实际上，您在刚才谈论如何处理价值问题的时候，已经谈到对研究对象做模式化的描述是避免研究结论过于主观化的重要方法，社会科学研究还有一个很重要的任务就是对因果律的揭示。我们发现，以往的研究在分析一个问题产生的根源时，总爱归结到文化原因、素质原因或者是观念原因，这些因果律的揭示总让人有隔靴搔痒的感觉，因为我们无法针对这些问题提出任何有效的解决办法，因此对这些原因的分析就是徒劳的。那么，您所提倡的社会科学研究方法在揭示因果律的作用上与以往的传统方法有何本质的不同呢？

陈瑞华：这个问题非常好。前几年有人研究刑讯逼供发生的原因，就将其归结到中国的传统文化。实践中出现的诸多违反程序法的现象，研究者也总是爱用素质不高和观念落后来加以解释，当我们对因果律的揭示存在偏差的时候，很难想象对策研究还能提出什么更高明的解决方案出来，相应的对策一定是改变文化，转变观念，提高素质，加强领导。但是，文化和素质真的就是问题发生的深层原因吗？即使是问题发生的原因，它又能通过法学研究加以改变吗？所以说，如果对策法学将这些问题作为研究对象的话，将注定无所作为，因为它没有找对因果关系。真正的原因根本不在这里。以公检法都存在的业绩考评制度为例。公安机关申请批捕的案件如果没有达到一定的被批捕的数量，侦查人员可能会得到负面的评价，甚至被剥夺评优创新的机会，直至影响他的升迁，检察官起诉的案件如果没有被法院定罪，也可能得到相似的负面影响。法官也是如此，一旦有罪判决被上级法院发回重审，或者撤销原判，改判无罪，都将严重影响到业绩考评，甚至还会被追究错案责任。所以，我个人觉得，素质、观念、文化这些因素虽然都有一定的作用，但绝对不是根本性的影响因素。

陈　虎：是的，美国有一个历史学家胡果，他写过一本《历史的遗产》，书中有一句让人印象十分深刻的话，“原因的原因不是原因”。

陈瑞华：法学研究应该分析近因，而不应该去追溯源头，否则研究就无法操作，得出的结论也没有任何意义。通过刚才的分析，我们可以看出，传统的对策法学在法律内部寻找刑讯逼供的原因，自然得不出什么有新意的结论，但是一旦我们打开视野，引入社会科学的研究方法，在法律之外寻找刑讯逼供的社会和心理原因的话，就会突然发现导致刑讯逼供屡禁不止的根本原因就在于利益问题。如果一个人的个人利益与某种诉讼结局有着直接的利害关系，他怎么可能完全按照程序法的规则办案而不去遵循这种利益关系呢？回避制度不允许办案人员与案件有利害关系，否则就会影响中立、客观的办案，但是我们的业绩考评制度却逼着侦查人员，检察人员和审判人员与案件发生直接的利益牵连，我们又怎么保证他们的行为不会发生异化呢？在这一点上，杜培武案件给我们提供了一个经典的样本。杜培武案刚刚起诉到法院，还没有开始审判，警方就召开庆功大会，对办案有功人员进行奖励并升迁职务，而这些表彰恰恰是杜培武案改判死缓甚至判决无罪的最大障碍。我们可以看到，我们的业绩考评制度是以后一个机关办案的结果来考核前一个机关的办案结果，这种考评机制如果不改变的话，观念、素质和文化原因又能解决多大问题呢？所以我们应该对问题有更深刻的分析，以社会学的视野看一看究竟是什么影响着办案人员的行为模式。还是以刚才说的刑讯逼供为例。我们会发现，侦查人员之所以会进行刑讯逼供是因为运用一般的侦查方法无法获得口供，而没有口供将直接导致无法破案或无法按时破案，在我们限期破案和命案必破的考评机制之下，侦查人员就会遭受惩戒，而只要破了案，就会享受到立功嘉奖、职务升迁等现实的好处，而另一方面，刑讯逼供只要不造成重伤或死亡的后果，一般都不会遭到刑事责任的追究，只要案件不被发现是错案，甚至不会遭到任何形式的处罚，在这种成本收益的权衡之下，侦查人员自然会选择刑讯逼供，这才是问题的真正原因。在这种利益机制之下，如果遵守程序法不会给办案人员带来任何好处，相反还会给其带来负面影响，而破坏程序法却总是能够得到现实利益的时候，程序法自然就会陷入被搁置的尴尬境地。所以，不要忘记，观念、文化和素质都是相对的，利益却是实实在在的，我们今天的司法改革恐怕一个很重要的任务就是消解办案人员违法办案的利益动机，否则设计再好的制度都可能被现实搁置和规避，这恰恰是我们以往的研究忽视的问题。所以,对策法学往往只关注法律层面的制度建设,而忽视了真正左右一个办案人员行为的因素,程序并非最为重要的因素,而恰恰是利益和奖惩机制才是最最重要的因素,而要想在对这些真正问题的分析中取得成功,法学研究必须打破学科限制,引入社会科学的研究方法,关注影响办案人员行为模式的社会因素。

陈　虎:一心想解决问题的对策法学往往恰恰解决不了任何问题,甚至会带来很多新的问题,但是着重于解释问题理论成因的法学研究却往往能够找准问题真正的根源,并从根本上一劳永逸地解决问题,这种现象值得我们好好的反思。

陈瑞华:对策法学有不同的境界,如果能够做到在理论层次上进行对策研究,也不失为一种值得鼓励的研究模式,但是可惜的是,法学界很少有寻求理论对策的研究作品。很多人觉得对立法问题、实践问题提出一个立法对策就是解决问题。比如,既然实践中的问题是取保候审适用率低,解决问题的方案当然就是扩大取保候审的范围;实践中的问题是取保候审的申请很难获得批准,解决方案就是对取保候审的申请权赋予救济途径,允许其上诉或复议。但是,立法层面的对策,充其量只不过是一种短期行为,它无法从根本上杜绝问题的再次出现。要真正解决问题,就必须深入研究这一问题发生的规律,甚至提炼出一种因果律,使得问题的形成机制得到真正的解释。我们可以用这个定律用来推动立法进程,但是那只是科学理论的副作用而已。马克思当年最大的贡献就是论证了“生产力决定生产关系”“经济基础决定上层建筑”这些经典的理论命题,而并没有为人类社会设计出多少具体的制度,但是,他却根本性地解决了当时资本主义社会存在的很多致命缺陷。这就是马克思的伟大贡献。如果我们把刑事诉讼法学研究比喻为修桥工作的话,提出再多的修桥方案,其最高境界也只是修复这座桥梁,而不能杜绝以后桥梁垮塌现象的再次发生,而在工程技术学上对桥梁垮塌的原因进行研究和反思,并在理论上分析出其垮塌的原因,从而最终避免桥梁因为这一问题而出现再次垮塌,这才是解决问题的正确途径。

运用方法论做出的理论贡献

陈　虎: 陈老师,尽管我们一直在谈研究方法,但是恐怕我们谁也不会认为方法就是研究的目的和归宿,它必须服务于我们的研究目的,所以,我很想知道,您在运用这些方法进行研究的过程中做出了哪些独特的理论贡献呢?

陈瑞华: 方法的确不是目的。方法的突破和转型本身并不能算作理论贡献,而应该看一个学者运用一种研究方法提出了什么样的理论创新。我个人的学术研究还在进行之中,不论是与国内的一些社会科学方面的大家相比,还是与西方国家法学领域的大师相比,都谈不上做出了什么理论贡献。但是我觉得,如果确定两个参照系的话,也许可以谈一谈自己的一些心得。一个参照系是跟我过去自己做的研究相比,我现在的研究有哪些明显的转变;另一个参照系就是与法学圈里同行的研究相比,我的研究又有什么新的风格。

我个人认为,自己第一个理论贡献,应该是对中国刑事诉讼纵向构造的研究。纵向构造这一概念迄今为止还是有一定生命力的。当时,诉讼构造是学界的研究热点,但是几乎所有的研究都关注于横断面上的诉讼构造,关注某一诉讼阶段控、辩、审三方的法律地位和相互关系,这应该说是李心鉴博士的理论贡献,但是我也注意到,没有人研究在整个诉讼进程中控辩审三方的关系问题，我因此提出了纵向构造的概念，将西方两大法系和我国刑事诉讼的构造分别概括为“以裁判为中心的诉讼构造”和“流水作业的诉讼构造”。“流水作业的诉讼构造”这一概括不仅仅是个理论标签，它是从本土的经验现象中提炼出的理论模型，能够解释中国刑事诉讼的很多现象。比如，审前程序没有司法审查，侦查卷宗对于一审、二审的巨大影响，公检法共同的追诉倾向等。实际上，我最近所作的案卷笔录中心主义的研究就是对当年诉讼构造研究的一个逻辑延伸。

我所做的第二个重要研究应该是对审判模式要素的整理和归纳。要想使模式化分析不成为一种简单的描述，就必须要找到模式化分析的一些本质要素或划分标准，一旦找到这些要素，对于研究对象一般性的技术分析就可以忽略不计了。我在博士学位论文《刑事审判原理论》的写作中就把这种模式化的分析方法引入到了对审判模式的研究之中，我对审判模式沿用了传统的职权主义和当事人主义的划分方法，但是我所使用的划分标准却有别于前人，当时我将审判模式的划分标准概括为以下三个：(1)诉讼模式的历史渊源；(2)诉讼模式主导性的价值理念；(3)程序和结果控制权的分配情况。这种要素的概括使得我对审判模式的研究有了自身的特色。

第三个方面，我对程序正义的研究可能也产生了一定的影响。坦白地说，我并不认为当初对程序正义的研究做出了多少真正属于我自己的贡献，以今天的眼光来看，我更多地是将西方的程序正义理论介绍了进来。当然，当时对价值三个层次的划分还是有一定新意的。我把价值划分为内在价值、外在价值和经济效益价值三个层次。所谓内在价值就是程序自身的正当性，也就是独立价值，外在价值是指程序对于实现正确实体结果的有用性,而经济效益价值我们不好把它简单归入内在价值或外在价值,它可以被用来实现任何一种目标,因此我把它单独列了出来。这三个层次的价值划分也是描述性的,而不是规范性的理论。当时很多人也在研究法律价值,但总是局限在安全、自由、秩序这些范畴内,而无法与程序结合起来。在程序法里面什么叫安全?什么叫秩序?往往说不清楚。可以说,当时既有的价值理论对程序法的解释都很不到位,因此这项研究在当时而言,也可以算是程序价值领域里一个不大不小的突破。

第四个方面,我对程序性制裁理论的研究也是对程序法研究版图的一个拓展,在某种程度上也补充甚至修正了传统的法律责任理论。我在延续程序正义研究的脉络上,对违反程序法所应承担的法律后果问题进行了深入研究,提出了保障程序法规范得以实施的根本思路,一系列围绕着程序法的崭新概念得以确立,比如程序性违法、程序性制裁、程序性辩护、程序性裁判、程序性上诉等,这套概念体系在法学界产生了一定的影响,而且还会在将来与宪法性侵权和宪法性救济等概念结合起来,为违宪责任和宪法诉讼做必要的理论上的铺垫,相信会有一定的生命力。这一理论的提出至少有两点意义:(1)它第一次帮助我们真正地认清刑事诉讼程序的实施与实体法的实施有一套完全不同的方式和规律。实体法是以程序法作为其实施的方法和途径,而程序法实施的基本方式则是以宣告无效为中心的制度体系。而我们传统上所做的工作,从证据规则到审判方式改革,都是在解决如何更好地实施实体法的问题。(2)程序性制裁理论可以发挥程序正义理论无法发挥的功能。程序性正义理论解决地是法律程序的正当性问题,与此不同的是,程序性制裁则是解决体现了正义要素的程序一旦被违反如何得到救济的问题。没有程序正义就没有公正的程序,而没有程序性制裁这套理论体系,再公正的程序都无法得到实施，没有任何发挥作用的空间。

第五个方面，我近期提出的对抗性司法和合作性司法这一对新的诉讼模式理论。我把传统的诉讼模式概括为对抗性司法模式，从无罪推定到程序正义、从司法证明到无罪辩护这一整套理论都建立在对抗性司法的基础之上。而与其相对应的则是合作性司法模式。我提出了三个概念：最低限度的合作模式、协商性公力合作模式和私力合作模式。合作性司法模式能将很多对抗制司法模式无法解释的现象都包容进去，比如刑事和解、恢复性司法、辩诉交易、污点证人等，因此合作性司法是一个能做出重大理论突破的平台。

第六个方面，我最近对刑事一审、二审程序都进行了细致的研究，提出了“案卷笔录中心主义”这一理论模型，从一个角度揭示了法庭审判流于形式的原因。一些学者已经敏锐地意识到，中国上诉审中没有法律审，更多的还是以事实为中心的审查，而我的研究试图表明：即使是这种事实审查也形同虚设，也就是说，我们对案件事实的审查，从一审到二审都是流于形式的。而其根本原因在于：中国的一审和二审都缺乏对证据的证据能力和证明力的实质性审查，而直接成为裁判的根据，一种以案卷笔录为中心的裁判方式在审判阶段发挥着巨大的作用，它架空了整个审判，导致了证据规则难以发挥作用。审判机关拱手把实质性的裁判过程让给了侦查机关。整个法庭审理变成了对侦查结论的确认程序。这项研究实际上也是对以往诉讼构造研究的一个补充，两者在逻辑上一脉相承，前后呼应。

刚才说的这些研究本身的理论贡献不一定太大，甚至是微不足道的，也不一定为法学界所普遍接受。但是，这些研究毕竟已经经过了一定的时空检验,算是一点个人研究的印记吧。总体而言,我还是感觉,与规范性的研究相比,只有描述性的分析才更能经受住时空的考验。模式化和因果化的研究往往可以拥有跨越时空的生命力。

陈　虎: 可以感受得到,方法问题尽管需要我们不间断地去思考和学习,但根本的途径还是要在研究过程中去领悟,不是一朝一夕能够得"道"的,在这个问题上,即使不用刻意地同人"比"慢,但是"慢慢来"的心态还是必需的。

陈瑞华: 社会方法绝对不是一个简单的关于研究的技术和技艺问题。我以我的研究经历说明,它完全可以成为我们实实在在的研究工具和手段。工欲善其事,必先利其器。可能我们很多做研究的人,读了很多书,也了解很多司法制度中存在的问题,但由于没有很好的研究方法和理论创新的意识,结果面对一个个本来可以做出理论贡献的重大课题,却与之擦肩而过,遗憾终生。我想我们应该以方法论的自觉来尽可能地弥补这一缺憾,做出自己更大的贡献。

附录一

中国的问题，世界的眼光*

胡适先生在70年前曾发表题为《多研究些问题,少谈些主义》的论文,强调从具体的问题入手,透过对具体问题解决方案的假设和检验,来提出有价值的思想。胡适所反对的是那种空谈来自外国的某一理论或者“主义”,而忽视具体问题解决的研究方法,认为空谈“主义”尽管并不困难,但对于解决社会问题既没有用处,也很危险。这篇论文连同“问题”与“主义”的讨论一起,在当时曾引起轩然大波。时至今日,尽管在学术研究的政治、经济、社会、文化背景上已发生了巨大的变化,但是,“问题”与“主义”的关系问题,也就是所有社会科学所面临的方法问题,仍然没有得到妥善的解决,并有重新讨论的必要。

近年来,笔者在法学研究方法上发生了一个相当重要的转型。这一转型开始于2000年前后,是笔者基于对“中国问题”逐渐深入的认识,以

---

* 本文原系笔者《问题与主义之间——刑事诉讼的基本问题研究》(中国人民大学出版社2003年版)一书的序言。本版在第一版的基础上做了修改。

及对中国法学研究现状的反思而作出的学术选择。笔者的研究思路，用最简练的学术语言表达，就是“中国的问题，世界的眼光”。具体而言，应当将“中国问题”纳入视野，通过对问题的发现、描述和分析，对问题的现状作出尽可能精确的解释。然后，就问题的解决提出一些带有假设性的思路，并对解决方案的局限性和可行性加以剖析。通过这种层层质疑式的研究，抛弃那种就事论事的对策式研究方法，而使问题的分析逐渐走向深入。最后，在针对具体问题加以解释和提出解决方案的基础上，尽量使对问题的分析由特殊走向一般，由个别走向普遍，从而最终使有关理论得到发展。因此，“中国的问题”应当是法学研究的具体对象，而“世界的眼光”则是研究者所持的思路和所要达到的境界。中国法学要想做出自己的独特贡献，就不能只是重复西方学者研究过的问题，重走西方学者走过的老路，而必须从本国正在发生的重大社会转型和法制改革中寻找问题。但与此同时，中国学者要避免司法调研机构所作的那种以改进司法为宗旨的所谓“问题分析”，也必须培育自己独特的学术眼光，尤其要藉着西方法学的研究成果和研究方法，对“中国问题”进行独立的学术研究。惟其如此，中国法学的独立发展才有可能，而不至于运用西方学者的研究思路，研究那些出现在西方国家的问题，得出西方学者早已得出的结论，或者通过分析中国的具体问题来验证西方法学中的某一理论。

在笔者十余年来的学术生涯中，法学研究曾发生过几次重大的调整和转型。在法学研究和法制建设恢复之初，那种以解释法律条文为宗旨的“注释法学”曾兴盛一时。当时，代表法学研究最高水平的成果就是一部部由资深学者主编的法学教科书。时至今日，法学教科书总体上还没有超越那一时期的水平，真正具有独立学术价值的第二代教科书还没有真正出现。在20世纪90年代,几乎所有法学学科都对“注释法学”的局限性和缺陷进行了大规模的反思。法学界纷纷以创立“独立于教科书体例”的法学体系,作为走出“注释法学之樊篱”的标志。于是,“问题”和“主义”的话题开始进入中国法学。

当下的法学研究似乎在“问题”和“主义”两个方面都有爆炸性的发展。研究者基于对中国法律制度现状的考察,在立法、司法实践等方面发现了大量问题。于是,对各自领域中所存问题的分析,成为各部门法研究中一个蔚为壮观的景象。另一方面,从法理学界到各个部门法学界,对基本理论的研究甚或“法哲学”问题的研究也呈现出“繁荣”的局面。一时间,从古典的自然法学理论、实证主义法学、社会法学运动,一直到流行的经济分析法学、批判法学运动甚至后现代法学,都对中国法学研究产生了程度不同的影响。

以刑事诉讼法的研究为例。法学者在近年来的研究中不可谓没有强烈的“问题意识”。在立法层面上,诸如沉默权、非法证据排除规则、证据展示制度、程序性违法的法律后果、三审终审制等一系列的立法建议,显示出中国刑事诉讼制度在规则构建方面存在相应的问题。而在司法实践方面,包括证人不出庭作证、辩护律师会见难、辩护律师受到检控方的随意追诉、刑讯逼供屡禁不止、超期羁押久盛不绝等在内的问题,都被纳入法学者的研究视野之中。甚至就连法学理论中存在的问题,如认识论的理论基础地位问题、“法律真实”与“客观真实”的关系问题等,也都成为刑事诉讼法学研究的对象。

刑事诉讼法学者也不可谓没有浓厚的“理论情结”。为了结束所谓“注释法学”一枝独秀的局面,也为了创造出中国刑事诉讼法学的“理论体系”，研究者引入了源自美国和日本的诉讼构造和诉讼目的理论，借鉴了源自英美的程序正义和程序价值理论，甚至提出并力图确立诸如诉讼构造、诉讼目的、诉讼主体、诉讼法律关系、诉讼阶段、诉讼职能之类的一系列理论范畴。但是，这些来自西方的法学理论本身就没有一个统一的体系，在不同的法系甚至不同国家，甚至还有着彼此相互矛盾的理论体系。例如，大陆法国家所创立的以“诉讼主体”“诉讼客体”和“诉讼行为”为骨架的刑事诉讼理论，可能过多地受到欧陆民法理论的影响。而以人权保障为主旨、以程序正义为红线的英美刑事诉讼理论，则更多地将刑事诉讼法视为“动态性的宪法”和“实践中的人权法”。中国学者无论是引进哪一种刑事诉讼理论，都会面临诸如“究竟要被纳入哪一法系”之类的问题。

根据笔者的观察，中国的法学——尤其是部门法学——在研究“问题”方面，更多地赋予法学研究以实用性和功利性的考虑，以推进立法和改进司法作为研究的归宿，从而走进了“对策法学”的桎梏之中。而法学界——尤其是法理学界——在研究“主义”方面，则明显地陷入纯粹的理性思辨之中不可自拔，以至于忘记了法学研究的本来目的，使法学在部分学者那里成了一些西方哲学观点的变种。这是两个需要引起足够警惕的学术误区。

本着对制度创新的关怀和变革法制的理想，也由于中国法律制度几乎在所有层面上相对于西方而言都有明显的不足之处，中国法学者几乎普遍将推进立法进程和推动司法改革作为研究的归宿之一。于是，在大多数法学论文中，有关解决问题的“思路”“制度设计”“对策”等都成为研究者所要得出的最终结论。曾几何时，一篇只提出问题而没有解决问题方案的论文，经常被认为“未完成的论文”；一部只分析问题而没有提出立法对策的著作,也可能被认为“没有太多创见”。在这一“对策法学”的影响下,法学者以成为司法机关的“咨询委员”和立法决策机构的“立法顾问”,作为自己法学研究事业处于巅峰状态的标志。对于著名法学家,人们不去追问“什么是你的学术贡献”“你提出过哪些学术思想”以及“你有怎样的理论推进”等学术层面的问题,而往往推崇其对立法和司法的具体影响,甚至将其顶礼膜拜为“某某法之父”。

法学者对待“中国问题”的这种实用态度,使这门学科越来越具有“应对之学”的特征,而少有人文社会科学所固有的“问题意识”和“理论属性”。目前,已经有学者对法学的“科学属性”提出一定的质疑,认为这一学科越来越与历史学、经济学、政治学等社会学科格格不入。当那些年纪轻轻、初入法学之门的研究生们,学着前辈们的做法,在论文中没有对问题作出多少深入的分析,就“少年老成”地提出一堆“立法建议”时,人们不禁猛然警觉:原来一门社会学科竟然不以“创见”和“思想”作为支撑,而以立法对策作为立论的基础!

然而,法学不同于物理、化学、数学等自然学科,无法以实验方式来检验研究者所提出的假设和推断。法学者提出的所有改革建议或者立法对策,也无法像当年欧洲的“空想社会主义者”所做的那样,在一定地域中进行社会改良实验。因此,诸如民法、刑法、诉讼法、行政法等法学领域中的“立法建议”,只能算作研究者为解决某一法律问题而提出的“假设”和“推断”而已。这些建议和对策在理论上具有怎样的正当性,或许是可以通过理论推理来加以论证的。但是,它们在司法实践中究竟能否有效地解决实际存在的问题,它们在今日的中国法律制度下究竟是否具有现实可行性,这些都是有待证明和检验的。如果过于相信研究者的理性能力,以为法律问题就是“逻辑问题”,只要经得起形式逻辑规则的检验,立法对策就是好的、有创见的,那么,我们每一位法学者就都是最好的立法决策者了。但非常不幸的是,“问题的存在是客观的”,而“解决问题的方案从来就是主观的”。过于相信自己理性能力和预测能力的结果,就是使自己的立法建议和对策变成一种“武断”的预言和“充满激情的说教”,而缺乏最起码的学术客观性。

当法学研究者将推动“某某法典”的通过、提出改革司法的建言作为研究的归宿时,他们所做的似乎就不再是纯粹的学术研究工作,而是类似国会议员们为促成法律的制订或修改而所从事的社会活动和政治活动,法学家似乎也抛弃了自己本来的知识分子角色,而摇身一变成为社会活动家和政治活动家。学者投笔而从事政治活动,这在中国历史上不乏先例。晚清时期康有为、梁启超就曾领导“举子”们向清朝政府提出变法动议的“公车上书”运动,并曾向清朝皇帝提出过变法的“奏折”。即使在今日的经济学界,在学术研究中也较为广泛地存在所谓的“环中南海”现象,以为经济改革建言献策作为研究的目标。应当说,这种学者推动制度变革的活动对于社会进步是有利的,对于从事这种活动的学者也确实无可厚非。但是,一旦研究者将这种“济世为怀”的做法推向极致,以为这就是学术研究的终极目的,那么,学术研究的萎缩、学术思想的贫乏以及学术眼光的短浅,就成为不可避免的结果。而这对于学术研究的前途无疑有着极为负面的影响。

因此,中国法学要想真正做出独立的贡献,中国法学者要想提出富有创见的理论,就必须走出“对策法学”的误区,真正从学术的视角、世界的眼光来分析“中国问题”,并在解释和解决问题的过程中反复设定疑问,引导出富有见地的新思想和新理论。笔者深信,当年意大利学者贝卡里亚若只是提出改进当时意大利刑事立法的建议,或者一味地提出改革司法的对策的话,他是不可能成为法学大师的。真正使贝氏的《论犯罪与刑罚》名垂青史的,恰恰是他基于对当时刑事司法问题的深刻分析,所提出的包括罪刑法定、无罪推定、废除刑讯、废除死刑在内的一系列法学思想。可见,真正的学术大师绝不仅仅是立法建议和改革对策的提出者,而更应是法学思想的提出者和基本理论的创立者。当一位著名法学者不再仅仅满足于担当"某某法之父",而是努力成为"某某理论之父"时,我们距离出现法学大师的时代就不遥远了。

在法学研究中存在偏差的还远不止"对策法学"问题,那种以纯粹的"理性思辨"为旨趣的研究也存在明显的问题。当然,笔者不仅不反对,而且很赞赏那种真正的法哲学研究。事实上,有不少法学者的哲学功底深厚,并提出了很多富有哲理的法律理论。笔者所要反思的是那种不知"中国问题"为何物、为思辨而思辨的研究方法。笔者深信,所有从事真正法哲学研究的学者一定是有着浓厚的"中国问题"意识的,他们的研究应当是对中国问题所做的更加深刻的分析,对法律理论所做的更加抽象的归纳。

中国宋代有词曰:"少年不知愁滋味","为赋新词强说愁"。那种不以解释问题或解决问题为前提的"哲学分析",那些仅仅将西方法哲学甚至哲学理论套到某一法律问题上所作的论述,犹如"隔靴搔痒",根本不可能提出富有创见的法学思想。胡适先生就认为,"研究问题是极困难的事",因为"这都是要费工夫,挖心血,收集资料,征求意见,考察情形,还要冒险吃苦,方才可以得一种解决的意见",况且,"又没有成例可援,又没有黄梨洲、柏拉图的话可引,又没有《大英百科全书》可查,全凭研究考察的工夫,这岂不是难事吗?"相反,"高谈主义是极容易的事",甚至"是阿狗阿猫都能做的事,是鹦鹉和留声机器都能做的事",因为只要"买一两本实社《自由录》，看一两本西文无政府主义的小册子，再翻一翻《大英百科全书》，便可以高谈无忌了，这岂不是极容易的事吗？”

胡适这种略带讥讽的话不无夸张之处。但是，类似他所说的这种“引进主义式”的研究，在今日的法学研究中不也是时有发生吗？不知从何时开始，研究法哲学和所谓“部门法哲学”的人士，在论述某一问题时，不是首先考虑中国所面临的相关问题，而是“生吞活剥”地大段引述西方学者的观点和理论，并以此作为论证的主要论据。于是，大量晦涩的概念和生硬翻译而来的术语遍布于纸，论及古代思想则必称苏格拉底、柏拉图、亚里士多德，说到近代启蒙思想家则必引用康德、黑格尔、孟德斯鸠和洛克，而分析到现代理论则必抬出哈耶克、罗尔斯和哈贝马斯不可。甚至就连后现代哲学的代表人物如福柯氏等的著作，也早已为研究者所引用。

笔者曾读过一些研究“客观真实”和“法律真实”问题的论文。论者借鉴了西方哲学中的解释论，引用了哈贝马斯的“交往行动理论”，还吸收了德国学者卢曼的“程序正当理论”，来论证诸如“诉讼活动就是一种法律实现过程”的观点。文章中充满的新鲜的语汇和不知从何翻译来的术语，文字写得也极为雅致，在表述上也是“非三行文字不成一句”的样子。整篇文章令人感到作者“很有学问”，却又生“云山雾罩”“不知所云”的强烈感觉。

这种所谓的“哲理思辨”，不仅背离了法学研究的本来目的，甚至还会令人对其知识的专业性产生合理的怀疑。毕竟，法学者研究纯粹的哲学问题是远远比不过专业的哲学研究者的。或许，法学者将西方哲学的观点“七拼八凑”起来加以论证，这对于哲学研究者们来说很可能属于

“常识性”或“小儿科”的问题,而对于那些不了解西方哲学的中国法学者而言,则未尝不使其“肃然起敬”。这正如一个法学者向专业哲学研究者讲述某种法律常识一样,也会使其“自愧不如”。

事实上,那种认为只要引进西方的理论和学说就可以提出富有创见的法学思想的观点,几乎过于天真了。毕竟,这种研究所涉及的只不过是西方学者基于对本社会问题的解释和分析,所提出的理论观点而已。这种理论当然应当为中国研究者所了解甚至精通,以便在研究中国问题时作为参考。更明确地说,了解了西方相关的理论,至少可以活跃自己的研究思路,提升自己的学术境界,从而使自己的学术眼光更加开阔。但这仅仅是研究者所应具备的一点“看家本领”而已,而不能用来代替问题的研究本身。如果我们在研究中始终将这些西方理论作为研究的终点,而不认真思考中国问题的特殊性,也不去反思这些理论对于解释和解决中国问题是否具有局限性,那么,我们注定只能充当西方理论在中国的代言人角色,而根本不可能有理论上的创新和贡献。

法国雕塑大师罗丹曾在其艺术遗嘱中说过:“所谓大师就是这样的人:他们用自己的眼睛去看别人见过的东西,在别人司空见惯的东西上能够发现出美来。”罗丹这句话是就从事艺术创作的人而说的。其实,对于法学研究活动而言,所谓学术大师也就是通过研究法律制度中存在的种种问题,并在人们司空见惯的问题上能够提出创造性的思想和理论的人。

因此,所谓“中国的问题,世界的眼光”这一命题,所要表达的其实就是古人早就说过的一个意思:“小处着手,大处着眼”。中国法学已经过多年的积累和探索,几乎所有学科的研究者都很难在一些“宏大课题”上有创新的余地。相反,处于巨大社会转型和法制变革的中国,几乎成为世界上最为丰富的"问题来源地",无论在法律制度的构建还是司法改革方面,也无论是在观念革新还是理论转型方面,都存在各种各样的问题。如果说中国法学目前在理论创新方面还远远达不到西方法学的境界的话,那么,中国法制所面对的丰富"问题"却是人类历史上任何一个国家在其现代化过程中所没有完全遇到过的,有着明显的特殊性。中国法学要做出独立的贡献,就需要对自己本土中存在的特殊问题作出解释和回应,并通过这种对特殊问题的分析和研究,逐渐提出解决问题的思路,从而最终提出一些为西方法学所无法提出的法律思想和理论。正是在这一意义上,笔者同意这样一句为人们耳熟能详的断言:"越是民族的,就越是世界的。"

法科学生如何撰写学术论文

——关于法学研究方法的对话之二

汪贻飞：陈老师，我们注意到，您一直提倡在法学研究中引入社会科学的研究方法，尤其强调模式化、概念化的分析和因果律的揭示，将其奉为法学研究的最高境界，但是对于年轻的硕士生和博士生，或者高年级本科生而言，似乎无法很快达到这样的境界，所以，我们想请您针对这一群体，谈一谈青年学生应该怎样撰写学术论文。*

陈瑞华：这是个很有意义的问题。专业知识的熟稔和研究方法的成熟是一个成功学者必备的两个条件，如果说知识需要逐步积累的话，那么方法却完全可以实现跨越式的突破。所以，我希望我们在这方面的对话能够对大家有所启发和帮助。由于今天我们所谈的内容是针对青年学生的一套可操作的研究方法，不妨把它称为“最低限度的社会科学研究方法”。

* 这是我与法学博士研究生就法学研究方法所做对话的第二部分。参与对话的有陈虎、褚福民和汪贻飞。对话中的问题是由他们共同设计和提出的，对话的整理工作由陈虎完成。陈虎的整理既忠实记录了我的观点，又有创造性的发挥。本版在第一版的基础上做了修改。

如何选择研究课题

褚福民： 您一直强调学术研究要具备"问题意识"，但是很多学生对此的理解却比较模糊，您能否具体展开谈一下什么是理论研究中的问题意识？

陈瑞华： 我以一篇博士学位论文为例加以说明吧。这篇论文研究的是公益诉讼制度。作者用了三分之一的篇幅介绍了公益诉讼在两大法系国家产生和发展的情况，然后论述了我国公益诉讼的立法规定以及立法和实践中存在的问题，最后讨论了我国未来公益诉讼构建的设想。论文 20 多万字，论证充分，资料也很翔实。但我的一个基本的判断是——这篇文章没有问题意识。

褚福民： 这篇文章中不是分析了很多立法和实践中的问题，并提出对策加以解决吗？您为什么说作者没有问题意识呢？

陈瑞华： 所以，我们首先要界定一下什么才是学术研究中真正的"问题意识"。我觉得，找到具有理论价值的问题是作出理论创新的前提。因此，"问题意识"中的"问题"应该是"具有理论意义的问题"，而不仅仅是制度和法治层面的问题，只有这样，我们才能经由对这一问题的研究提出具有解释力的理论。而所谓理论问题就是现有理论解释不了的问题。但是，我们从这篇博士学位论文的提纲中却看不出任何有价值的理论问题，相反，却处处反映出作者以解决制度问题为研究出发点和归宿的研究取向，因此，我个人认为这是一篇没有问题意识的论文。但是，如果我们重新寻找公益诉讼制度中的理论问题的话，至少可以发现以下几个重要的线索：第一，公益诉讼和普通民事诉讼有何本质区别？第二，公益诉讼存在的制度问题背后有何种深层结构起着根本性的支配作用？如果我们沿着这个思路往下追问的话，就会发现，在中国构建公益诉讼制度，至少有两个体制上的障碍:(1)检察机关的地位。尽管有很多人都在呼吁应由检察机关充当公益诉讼的发动者,甚至还有学者提出了民事公诉的概念,但是,作为法律监督机关,检察机关真的适合做公益诉讼的发动者吗?(2)中国公益组织的发达程度。西方很多国家的公益诉讼都是由公益组织发动的,中国尽管已经有了一些类似的机构,但都依附于政府,本身还没有取得完全的独立地位,在这种条件下,我国构建公益诉讼制度是不是应该有和西方不同的思路呢?但是,很可惜,这篇博士学位论文对这些重要的理论问题都没有涉及,没有发现问题表象背后的深层结构,而是就事论事地展开研究,其理论深度自然大受影响。

汪贻飞: 您将“问题意识”界定为“理论问题意识”,我想,这种观点对于学生选择研究课题会有很大的帮助。您一直强调学术研究应该实现从经验到理论的跳跃,我想,只有找到了蕴含着理论问题的经验事实,才可能实现这样的跳跃,那么,对于一个学生而言,我们如何才能从纷繁复杂的现象世界中挑选出那些蕴藏着理论深度的经验事实呢?

陈瑞华: 其实你的问题也可以这样表达:哪些经验事实具有理论价值,其判断标准是什么?这个问题非常好,它是我们从事学术研究遇到的首要问题。我觉得,一个理想的研究对象应该是那些理论含量比较丰富的研究课题,是那些既能“大处着眼”又能“小处入手”的问题。所谓“大处着眼”,就是指对该问题的研究可以有一个宏观的理论视野,能够创造出一种理论,而所谓“小处入手”则是指对该问题的研究能够找到一个可以操作的、可供分析的论据较多的切入点。有些课题是只能做到“小处入手”,却无法做到“大处着眼”的。诉讼法中很多的技术性问题都有这个特点,比如立案、诉讼中止、诉讼终结、诉讼期限的计算问题。这些制度在实践中确实出现了很多问题,但却并没有多少理论蕴涵和理论视野，对它们的研究也无法创造出一种理论，因此并非理想的研究对象，这种选题很容易写成技术性的文章，把对小问题的解决作为论文研究的归宿，落入教科书体例和对策性研究的窠臼。还有一种课题只能“大处着眼”却无法“小处入手”，根本无法操作。比如《论民事诉讼与法治的关系》《论无罪推定原则》《论法律与道德的关系》等，这样的题目大而无当，选择这样的题目进行研究，难免流于资料的堆积和知识的介绍，甚至根本无法驾驭，这些研究从选题本身而言就注定难以取得理论上的突破。

褚福民：您能否介绍几个既能“小处入手”又可以“大处着眼”的研究课题，以使我们有比较直观的认识呢？

陈瑞华：当然可以。比如，我们要研究证明标准，题目就不能设计为《证明标准研究》，这个问题很难研究清楚，但是如果我们把握了“小处入手、大处着眼”的选题原则，就完全可以以中国刑事司法实践中使用的“两个基本”的证明标准作为研究的切入点，去透视刑事政策与证明标准之间的关系问题。再如，研究证据的可采性，我们完全可以通过研究证人证言笔录在法庭上的证据效力来探讨证据可采性的基本标准，这样的研究会非常具有可操作性，资料的掌握和搜集也会变得十分容易与方便，论证起来难度也不大。我曾经看过一篇研究刘涌案件的硕士学位论文，这篇文章首先从刘涌案件切入，最终得出了中国司法“广场化”和“仪式化”的理论总结，这两个命题的得出使他的研究上升到一定的理论高度，从而脱离了就事论事的低层次境界，真正做到了“小处入手、大处着眼”。如果我们能够找到“小问题、大视野”的研究课题，最后能够提出一个概念化、模型化的理论，就可以做出一项成功的社会科学研究。

陈　虎：陈老师，这种研究对象的发现有没有一定的规律可循呢？

陈瑞华：有的，社会科学里登峰造极的艺术便是能在十分简朴的经验对象里考虑具有高度理论性的关键问题，而理论问题意识是其中关键之所在。如果没有问题意识和理论关怀，再重要的经验事实都可能被我们所忽视。在这方面，我个人认为有以下几点规律可供我们体会和遵循：(1)要尽量选择那些长期以来存在理论困惑的题目，而不单纯是立法和实践中问题丛生的课题。我在研究超期羁押问题的时候，发现它可以和几个理论问题结合起来：一是公民自由的宪法权利问题；二是强制措施制度的法治化问题；三是程序性制裁问题。这几个理论问题的发现立即提升了超期羁押研究的层次，以它为切入点完全可以做出重大的理论突破。再如，如果我们发现在取保候审适用中存在的功能异化这一问题的话，就可以将强制措施与刑罚的关系、程序与实体的关系等更为宏大的理论，甚至中国社会的治理方式等问题结合起来加以研究，从而做出前人没有做出的理论贡献。(2)要注意实践问题与该问题背后反映出的理论问题的差别。有人认为，是两个苹果改变了人类历史的进程，一个是伊甸园中的禁果，另一个是牛顿眼中的苹果。苹果落地本来是一个十分简单的经验现象，但经过理论天才牛顿的观察与思考，却把它转化成了一个十分深刻的理论问题——万有引力定律，从而通过对它的研究推动了历史的进步，所以，我们要善于区分实践问题和理论问题，更要善于把实践问题、立法问题转化成理论问题，进行理论层面的思维、分析和总结。以逮捕为例，众所周知，现行立法中逮捕的证明标准已经从原来的“主要犯罪事实已经查清”变成“有证据证明有犯罪事实”，但是实践中，逮捕的证明标准却与起诉和定罪的标准合而为一了，一旦被逮捕就意味着一定会被提起公诉，甚至一定会被定罪处刑，这的确是一个很严重的问题，但它本身属于实践问题，按照过去的研究套路，对这一问题总是习惯于做就事论事的解析，总是强调应当降低逮捕标准，但研究者从来没有想过，在实践中逮捕功能发生异化的情况之下，逮捕标准降得再低又能起到什么作用？只不过是换了一种语言的表述而已！但是如果我们在研究时善于把实践问题转变为理论问题的话，研究境界就可以得到很大的提升——既然逮捕标准与公诉和定罪的标准合而为一，我们就可以考察逮捕在立法层面的程序功能和在实践中的功能异化。经过研究，我们发现，逮捕在实践中至少发挥了以下几个功能：第一，逮捕是破案的标志和侦查的结束。实践中99%的案件批捕以后就不再继续侦查，而将犯罪嫌疑人一直羁押到侦查羁押期限届满。第二，逮捕是定罪的前奏。一旦被逮捕，基本上就一定会作出有罪判决。第三，逮捕是实刑裁判的预演。为了避免错案追究和国家赔偿，一般被追诉人被逮捕后都会判处一定的刑期，逮捕后附随的羁押期限要折抵刑期，因此逮捕往往成为实刑的预演。这几个功能的异化完全违背了立法原意。我们为什么不能比较逮捕的应然功能和实然功能之间的异同呢？以“功能异化”作为研究对象，将问题的研究引入到理论层面，不是更容易得出有意义的结论吗？沿着这一思路，我们还可以探讨强制措施的功能在实践中异化的原因，研究为什么中国不能出现独立的强制措施保障体系，以及强制措施的适用为什么总是依附于实体这些深层的理论问题。可以说，在进行研究之前如果能够找准理论问题，研究就已经成功一半了。当然，这种能力需要慢慢培养，但是至少我们在研究时应该具有这种意识。

如何设计论证结构

褚福民： 青年学生写文章，包括您刚才举的这几个例子，似乎都有一个共同的特点，就是在文章结构的安排上特别重视体系的完整，而缺乏以问题为核心的理论红线，动辄从概念和特征谈起，然后进行比较考察和历史考察，在分析我国的制度规定和存在的问题之后总会落脚于改革建议的提出。也就是说，青年学生受教科书式研究体例的影响十分明显。

陈瑞华：是的，青年学生在研究中很容易写出一篇教科书体例式的论文。其实，教科书体例式的研究不仅仅是青年学生容易犯的错误，也是我们法学界的一个通病，即使是长期从事学术研究的学者也很难摆脱这种研究范式的影响。十几年前，某大学出版社就曾出版过一套大型的刑事诉讼法研究丛书，研究主题几乎涵盖了中国刑事诉讼程序的每一部分，从立案到死刑复核都有专门的研究，总共有十几本，每本书都洋洋洒洒20万字，罗列起来规模蔚为壮观，我们当年对这套书的评价就是——“超级教科书”。在我看来，所谓教科书体例式的研究具有这样一些基本特征：(1)它以传授知识为基本主线，强调知识体系的完整性和概念的准确性。(2)强调对既有知识的概括而缺乏对前沿理论问题的关注。教科书注重对前人已经取得共识的理论成果进行归纳整理，而并不过分强调前沿理论问题。很多论文习惯于把西方国家现成的理论、概念、制度总结出来加以分析，这就是典型的教科书体例式的研究。(3)教科书体例式的研究并不完全等同于一般法学教科书，它们之间还有一定的区别：法学教科书从来不研究怎么改革，而只强调简单的知识传授，而教科书体例式的研究，对改革问题往往有所涉及，但是这种涉及只是一种简单的演绎推理。用西方理论作为大前提，将中国的问题作为小前提，然后得出西方理论适合或不适合中国的结论。这种研究不可能对既有的理论提出挑战，也不会对理论做出任何的创新，而只是对理论进行简单地应用而已。

汪贻飞：这种被经常使用的教科书体例式的研究有什么缺陷呢？

陈瑞华：教科书体例式的研究有这么几个缺憾：(1)不可能有理论问题意识。教科书体例式的研究对理论问题不太关注，提不出有价值的理论问题。(2)不可能有理论红线。应当说，学术论文和论说文并没有本质的差别，而只有程度的区别。一般而言，论说文有三个基本的要素：论据、论题和论证方式。我们很多青年学生撰写论文并不缺少论据和论证方式，而往往最缺论题。何为论题？其实论题就是理论上的假设，是全文需要论证的核心命题。《中外法学》杂志曾经登载了一篇访美学者刘南平博士的论文《法学博士论文的"骨髓"与"皮囊"》，文中就提到，西方对具有博士水准论文的一项最基本的评判要素就是"必须要有一个理论命题"。他指出，一篇法学博士学位论文的全部内容必须围绕一个基本观点而展开，否则它就不是一篇地道的博士论文，而更像一本冠以博士学位论文之名的教科书而已，因为教科书是不需要中心论点的，只需要将研究的问题做平铺的处理，没有内在的逻辑线索，是一种松散的写作体例，每个章节都构成单独的理论红线，结果很容易成为资料的堆积，既不能对问题进行有效的分析，也不可能提出创新性的理论。我们经常可以看到，很多博士学位论文的章节几乎都可以独立成文，抽出其中任何一部分都不会影响到文章的逻辑脉络。(3)教科书体例式的研究，难以让人们分清哪些是既有的研究成果，哪些是作者的贡献，无法形成本学科独特的学术传统。很多论文都习惯于花费过多的篇幅对既有的理论观点进行梳理和介绍，而很少进行自己独立的分析，其实我们完全可以把前人的理论贡献视为众所周知的背景而不用再作过多展开。对前人的研究只在两种场合可以提到：一是将其作为批判对象；二是用前人的理论来印证自己的观点。我曾经见过一篇硕士学位论文研究中国民事诉讼中的证明责任问题，全文有几乎一半的内容在介绍德、日学者的证明责任理论，等到开始论述真正的中国问题时，已经只剩一半的篇幅可供展开了。这就是教科书式的体例对我们研究的负面影响。

陈　虎：是的，我们的学术研究从论证结构上就很难体现出学术传统和知识增量的要求，前人的观点和自己的论证混陈，无法清晰地予以辨别，因此，有些研究政治哲学的学者就曾主张，学术论文也应该强调"八股"结构，在引言中简要介绍问题的由来，并在专门的文献回顾章节中梳理既有的理论观点和研究成果，而在正文中才可以依次展开自己的论证。这种观点看来不无道理。

陈瑞华：论证结构可以因人而异，不一定强调所谓"新八股"体，但这一观点的主旨我认为还是可取的。既然你提到了这个问题，我想顺便说一下很多同学都感到困惑的一个技术性的问题，就是导言和结论部分应该如何撰写。导言在学术论文中具有两个基本的功能：一是交代论文写作的背景、选题的由来和意义；二是交代文章的理论线索，也就是通篇要加以论证的假设和命题，必要时还可以交代自己的论证安排及理由。如果导言部分按照这一要求撰写的话，正文部分就没必要介绍一些众所周知的制度和理论，可以很快切入正题。比如，我们研究刑讯逼供为什么屡禁不止，就完全可以在导言部分提出一个假设，认为中国目前的业绩考评制度是导致刑讯逼供的首要原因。在这样一个理论命题明确之后，我们就不用去梳理已有的理论观点，可以直接考察现在的考评机制的内容体系，它的运作特点和规律，正面的激励机制和负面的惩戒机制对警察办案分别产生了什么样的影响。当然，在研究的最后我们还可以进行证伪的工作，比如，即便在存在业绩考评机制的情况下，也有很多优秀的警察不会刑讯逼供，这是不是意味着除了业绩考评机制之外，还有一些其他的因素决定了刑讯逼供的发生呢?对这一问题的解决将会使文章提出的理论具有更清晰的界限,明确它的适用范围。最后的结论当然就水到渠成了,无非就是把整个论证思路作一个总结,用更清晰的语言表达出来。当然,在研究的过程中又发现的新问题,也可以在结论部分提出来,使其成为一个开放的体系。

陈　虎: 我现在正在准备博士学位论文,您的这些看法的确对我启发很多。但是,我感觉,仿佛中国人在正式场合说话总容易受到"新华社通稿"的文风影响一样,写作时教科书体例的影响也是潜移默化的,很难立即彻底地摆脱,当然,教科书式的研究其实反映的是研究方法的落后,更多的是一种实质层面的问题,对于青年学生而言,应该怎样组织自己的论证结构才能首先在形式上告别教科书体例呢?

陈瑞华: 是的,我理解你所说的这种困惑。我们要想摆脱教科书体例的思维方式,应该从形式上入手,改变既往的论文章节编排模式,重新组织自己的论证结构。虽然因为题目不同,论证结构的组织也有不同的方法,很难有一个统一的标准,但是根据这么多年来参加论文答辩、讲评和开题报告的经验,我认为大纲的罗列、论证结构的组织还是有一点可供操作的原则的。

首先,我们必须找准文章的理论问题。比如对推定问题的研究,如果按照教科书体例来组织自己的论证结构的话,很容易理出这样一份论文提纲:推定的概念、推定的分类、推定的历史发展、推定的比较法考察、我国关于推定的规定以及我国推定的立法完善等,但是,当我们首先搞清楚推定中存在哪些理论问题的时候,就可以重新组织论证结构。按照这一思路,我们至少可以对推定列出如下一些理论问题:(1)推定与司法证明体系之间的关系。推定对于司法证明究竟发挥了什么样的弥补和替代作用?(2)推定与犯罪构成证明之间的关系。犯罪构成的各个方面证明的难度是不同的,推定在解决犯罪构成证明困难上发挥了什么样的作用?(3)推定与证明标准设置、证明责任分配之间的关系。(4)推定与实体法的关系。为什么大量的推定都规定在实体法中,比如刑法中关于巨额财产来源不明罪的犯罪构成就将推定作为一个要件内容加以规定,这难道不值得我们反思吗?(5)推定在实体法和程序法关系中具有的独特功能……如果我们这样来研究推定问题,一定可以得出很多非常有价值的观点。当我们发现了这么多理论问题的时候,我们的研究不就已经超越了传统的教科书体例了吗?不就已经蕴含着理论突破的可能了吗?

其次,要选择一个小的切入点。这个问题我刚才也有所涉及。很多青年学生在进行研究的时候往往把论文大纲设计得非常全面,以方便资料的堆积,但却忽略了从一个小的角度开始研究。我曾经指导过一篇本科论文,题目是《侦查法治化问题研究》,全文一万多字,共分为三个部分,第一个部分谈的是侦查法治化的概念和标准;第二个部分论述了中国侦查法治化面临的主要问题;第三个部分探讨了中国侦查法治化的发展方向和改革思路。这种论述结构的安排就显得大而无当,面面俱到的结果就是每个问题都谈不深、谈不透,我们应该选择一个具有可操作性、可供分析的论据较多的切入点,然后再找到一个大的理论视野对这一问题做理论上的提升,做到小处入手,大处着眼,按照这一标准,这篇论文完全可以改写成《论看守所的归属——以中国侦查法治化为切入的研究》。

最后,在问题找准以后,我们还要遵循一定的逻辑顺序来排列已经发现的理论问题,一份出色的论文大纲往往就是这么形成的。我们可以先分析一个经验问题存在的现状和原因分别是什么,能否通过既有的理论加以解决,然后慢慢地往理论方向进行提升,当我们提升出一个理论问题之后,还可以再按照同样的程序再提出更大的问题。在整个推理过程中遵循从具体到抽象,从个别到一般,从归纳到演绎,从经验到理论,从小理论到大理论的模式。我想,做到了这一点,同学们不但可以做出一篇有理论贡献的文章,也能最终在社会科学研究方法上登堂入室,做出更大的成绩。

如何选择研究方法之一:比较考察与历史考察方法

汪贻飞: 如果我们真正摆脱了教科书体例的思维桎梏,可能就不会在研究中追求对知识全面而系统的梳理和介绍,而会把注意力集中在对理论问题的解决上。但是以前我们很少意识到这一问题,这也与整个学界缺乏优秀的学术范本有很大的关系,没有想到完全可以突破这种习惯性的写作体例,这可能就是经济学上所说的"劣币驱逐良币"的效应吧。比如,很多专著都会不顾论文论述的主旨和目的,进行所谓的比较法考察,在罗列了各国的制度规定之后又不作任何的总结和概括,这种与论证完全脱节的体例安排模式对青年学生的影响非常之大。

陈瑞华: 你说得很好,我们的确太缺乏真正的学术范本了。但这个问题我们今天解决不了,我只能先就其中的一些现象进行解读。客观地说,比较考察在很多情况下是不可或缺的。但是,青年学生在写作论文时往往不能正确使用比较法的方法:(1)只关心西方的理论和制度的现实样态,而对其背后的转换逻辑缺乏必要的了解,而后者才是真正的问题所在。比如有人就根据英国限制沉默权的立法动向,直接得出中国不能确立沉默权的结论。这种因果关系的判断极为草率和武断,其根源就在于研究者不清楚英国限制沉默权的背景和原因。(2)在介绍西方制度时往往脱离该制度形成和发展的历史背景。这种研究态度容易使研究者把某一制度当作普适的真理而加以盲目膜拜和移植。比如,很多人就认为美国的非法证据排除规则是最理想、最完美的排除规则,但却忽略了在一百年前,美国是没有这种排除规则的,它只是在20世纪60年代正当法律程序革命的时候才逐渐在美国确立的,而且直到今天还在不断发展之中。德国的证据使用禁止制度,真正与宪法发生联系也是20世纪60年代的事情,直到现在也没有完全定型,而在此之前这一制度也只不过是刑事诉讼法中的一个普通规则而已。其实,任何制度往往都是历史必然性和偶然性交织的产物,我们需要把握的是其内在的规律而不应照搬制度细节。(3)在研究和运用西方制度、理论的时候,往往容易忽略该制度和理论所发挥的特有功能。任何理论都是针对本土问题而提出的,任何制度也都是为了解决本土的法制问题而作出的一种规范。对于它能不能直接移植到中国来的问题,需要进行大量的验证和证伪的工作。很多青年学生在进行比较法考察时往往暗含了这样一个假定:凡是西方国家普遍确立的制度和普遍承认的理论都具有普适性,因而也一定能解决中国的问题。这样的研究就容易犯方法上的幼稚病,把西方国家的共同理论和趋势当作逻辑的大前提,中国问题当作小前提,结论就是中国应该遵循西方的法治发展路径。这样的研究很难取得大的突破,甚至会造成严重的误导。其实,即使是规定在联合国公约中的所谓普遍理论和制度对中国的参考价值也往往是十分有限的,比如在联合国很多关于少年司法的文件之中,包括《联合国儿童权利国际公约》《北京规则》等,都强调对少年被告人给予较之成年被告人更加充分的保护,因此要确立无罪推定原则、沉默权制度等。但非常不幸的是,这些规定与中国目前的少年司法制度是格格不入的。在中国几乎所有未成年人案件中,被告人都在法庭上做了有罪供述，而被告人一旦认罪，无罪推定又从何谈起？司法证明还有存在的空间吗？程序正义原则又该如何体现？如果我们认为联合国公约体现了各国的最低标准，应该加以无条件贯彻的时候，就会陷入一种困境——境外的理论和法制成了一种难以融合到本土制度的高调，而本土中存在的一些实践和惯例又与它格格不入。这就造成实务抵制理论，理论又反过来批评实务的尴尬局面。可想而知，这样一种理论和实践相互攻击、相互对立的局面，其结果就是具有强大惯性力量的实践最终把理论的改革方案彻底搁置，要么难以推动一场改革，要么在改革启动之后法律又被彻底架空和规避。

陈　虎： 实际上，我个人感觉，比较法的考察对我们带着世界的眼光研究中国的问题还是非常重要的，也就是说研究一定要有比较法的背景，但是，在进行具体研究时，却不一定非要有比较法的结构。

陈瑞华： 可以这么说。我每进行一项大的研究之前，都要先把西方的制度全部搞透，比如，在研究程序性制裁时，我就专门写了很多关于英美非法证据排除规则的论文，还对大陆法系的诉讼行为制度进行了考察，然后才动笔写中国的问题。后来整理出书时，我将对西方制度和理论的介绍都放在了附录之中，作为一种补充。

褚福民： 陈老师，与比较法考察相比，还有一个类似的问题，就是我们如何看待和运用历史分析的方法？这个问题由于篇幅限制，可能在本科毕业论文和硕士毕业论文中表现得不是很突出。但是在博士论文中，有些指导老师就干脆要求学生必须加上对某一制度历史变迁和发展的资料梳理，但又不进行总结和提升，结果和论文的其他内容形成了一种“藕断丝断”的关系，徒然保障了所谓体系的完整，却不顾逻辑的连贯。

陈瑞华：法学论文没有篇幅限制，往往出于各种考虑对制度演变列专章分析。其实，很多教科书就是这么做的，比如德国学者罗克信教授的《刑事诉讼法》教科书，就对德国从日耳曼人统治时期，一直到第二次世界大战时期的刑事诉讼制度的变迁做了一个详细的梳理，作为一本教科书，出于传授知识的目的这样安排论述内容是无可厚非的，但是作为一篇以提出创新理论为目的的博士论文，如果不分情况一律进行这种历史考察，究竟又有多大的价值呢？比如，有一篇题为《刑事强制措施制度研究》的博士论文，作者在初稿中并没有专门分析强制措施的历史演变，后来在论文成稿时却专门增加了一章——“强制措施制度的中外历史考察”，详细梳理了强制措施在中国和西方发展演变的全过程，可是就连作者本人事后都承认，在文中分析的这两条线索没有任何内在的联系，他也没有从这种历史考察中得出任何有意义的结论，而只是把这部分内容作为一个资料汇编，以保证论文体系的完整性。作者本人的这段坦白给我触动很大。我觉得，这种所谓的历史研究有两个重大的教训：(1)很多历史研究纯属资料堆积，而与研究的主旨、提出的假设和命题没有任何逻辑关系。这也恰恰是教科书式写作思维的典型反映。(2)这种历史考察没有对古代制度在今天的影响进行必要的分析，而这种分析恰恰具有更大的理论价值。比如，1066年诺曼征服这一历史事件对英国对抗制的形成和发展都起到了举足轻重的作用，随着诺曼公爵的船只一同踏上英伦三岛的还有两位免费的乘客：司法决斗制和陪审制。其中，司法决斗制度给今天的对抗制带来了至少三个方面的重大影响：第一，言辞辩论的诉讼传统。面对面的决斗不允许进行书面和间接的审理，而更为重视公开的言辞辩论。第二，裁判者中立的诉讼理念。在司法决斗这样一种野蛮和非理性的审判制度中，法官是不能介入决斗的，而只能做中立的裁判者。尽管今天英美法庭上用来决斗的武器已经从刀剑盾牌变成了证据和言词辩论,但是法官仍然是保持消极的中立者,裁判者地位的观念没有任何变化。第三,公平游戏的规则(fair play)。任何一方都不得被强迫为对方提供进攻自己的武器,正是经由这一规则才产生了后来反对强迫自证其罪的理论和沉默权制度。这个例子说明,如果1066年的诺曼底征服对今天的司法审判没有任何影响,就完全没有必要研究它。而如果这一历史对今天仍有影响,这种历史研究就非常必要。但是我们今天在做历史研究的时候,尤其是在部门法中研究某一个制度演变进程的时候,又有多少人能够站在这样的视角上看待历史上发生过的事件?

汪贻飞: 其实历史学也是社会科学的组成部分,它理应有一套社会科学共有的研究方法。

陈瑞华: 是的,历史研究的最高境界是历史社会学研究。它是对社会科学研究方法的最佳运用。毕竟,历史是不可逆的、不可重复的,我们没有办法重新假设历史,而只能按照历史上的政治、社会、文化等背景理解当时某一个制度发生的原因。但是,现在的很多研究更多的只是就事论事,错误地以为历史上的制度是孤立存在的,与其他的社会因素没有任何内在的联系,这就滑向了庸俗的历史考察,对我们的研究没有任何实质性的帮助。

褚福民: 其实历史上很多制度对今天影响都特别大,因而都具有很大的历史研究价值,比如马锡五审判方式对于今天中国的审判方式就影响至深。

陈瑞华: 是的,马锡五审判方式对今天的中国影响仍然很大。如果不考察历史，有时候确实很难说清楚马锡五审判方式在当代的命运。但是不要忘记，马锡五审判方式在陕甘宁边区的出现是有当时的政治、经济、社会和文化背景的，它是中共为了发动社会底层，取得全国政权而使用的一种政治策略，是中共三大法宝之一——“群众路线”在司法制度中的具体表现。它是为了让边区民众能够得到司法上公正的对待，形成和旧司法的鲜明对比，而由边区审判系统摆脱过去那种坐堂问案式的封建司法传统而形成的，强调方便群众，深入田间地头、送法下乡的形式。而今天，这种社会、政治、文化和经济背景已经不复存在，马锡五审判方式的功能必然要受到一定的削弱。但是我们不要忽视，近几年来，中共提出了建设和谐社会的目标，强调有效化解社会矛盾、解决社会冲突，把一切可能影响和谐的因素消灭在萌芽状态，在这样的背景下，马锡五审判方式尽管发挥的功能与过去已经不可同日而语，但是由于在某些核心理念上具有一定的普适性，它又会被赋予新的生命。既然这样，我们在研究马锡五审判方式时为什么不能对它过去和现在所发挥的功能做一个历史的比较考察呢？这样的研究岂不是更加深刻吗？不仅如此，我们还可以将马锡五审判方式与中国古代重调解、强调和合的儒家传统结合起来加以研究。既然今天中国开始重新重视和谐的理念，完全可以将以马锡五审判方式为代表的新司法传统和古代强调和合的司法传统进行有机的结合。如果我们能够在此基础上概括出中国的司法模式的话，不就可以做出重大的理论贡献了吗？所以我认为，历史考察绝对不等于生吞活剥地罗列一些历史素材和法制经验，进行资料的堆积，而可以有更高的境界。当然，我们也要避免另外一种倾向，就是用历史上的一些做法来对当代的一些制度的合理性进行证明。这种研究也是没有多少意义的。

如何选择研究方法之二:法解释学方法

褚福民: 很多学者都将法解释学和法学方法画上等号,认为这是法学唯一独有的研究方法,有的学者甚至提出:如果法律实施中出现了问题,不要怀疑法律本身,而是要怀疑你自己的解释能力。由此可见,法解释学方法恐怕是我们必须予以认真对待的一种研究方法。对于法解释学这种方法本身,陈老师如何看待?

陈瑞华: 法解释学起源和成熟于欧洲的大陆法传统,它与大陆成文法的法律渊源体系有很大的关系。在理性主义哲学的影响之下,大陆法试图通过法典对社会生活的方方面面进行全面的规范,在这种立法思想的指导之下,普鲁士民法典居然达到了两万多条,拿破仑也认为自己主持制定的法国民法典在相当长的时间里都不会过时,法官根本无须对其进行裁量和补充,就可以直接适用。但是我们现在知道,成文法有一个无法解决的难题——表述法律规范的民族语言有的时候会产生很多的歧义,不一定能够代表立法者的原意,这个时候就需要对法律进行解释。另外,由于社会生活的易变性和法律的相对稳定性,成文法一经公布即告落后,旧法律与新问题之间的矛盾就会在大陆法系国家里频繁出现,这也需要对旧法律进行解释。所以,基于成文法和理性主义哲学的传统,法解释学慢慢地就在大陆法系的土壤中逐步发育、成熟和壮大起来,成了一门蔚为壮观的法律科学。甚至有人认为只有法解释学才是纯粹的法律科学。换句话说,如果法学方法只有一种,那就是法解释学。

大体说来,我认为法解释学可以发挥这么几个功能:(1)法解释学可以弥补成文法的不足。一个国家如果不承认判例法的话,法官是不可能从个案之中发育出法律规则,以使法律得到创制和发展的,这个时候就只能依赖于发达的、成熟的法解释学，所以在大陆成文法体系中，法学家的作用要比英美法中法学家的作用大得多。(2)法解释学能够发展出一套理论体系。比如，正当防卫在刑法典中最多只有几个条文，诸如正当防卫的功能、正当防卫的适用范围、正当防卫的例外、事先防卫、假想防卫、防卫过当、事后防卫等问题，不可能规定得非常详细，但是在刑法学家的著作和论文里这些问题却都可以研究得非常透彻，它可以通过法律解释形成一套理论体系，直接为法官判案提供准据。(3)法解释学可以对法律条文做一些有创见的解释，从而扩展法律条文的适用范围。比如这样一条法律规范：某地禁止任何人带犬类动物进入。那么，我们能否理解为犬类以外的其他动物就不在此限呢？通过法解释学的方法，我们发现，在立法时，犬类进入该地的较多，带来的危害也较大，因此当时立法者只考虑到了禁止犬类进入，但后来环境发生了变化，带猫、猪等其他动物进来的越来越多，也产生了相同甚至更大的危害，法律开始落后于社会生活的变化，此时，我们就可以根据立法原意将犬类动物扩大解释为所有动物，这样就扩大了原法律条文的适用范围，避免了对法律的频繁修改。当然，扩大解释并不是可以随意运用的，在公法领域运用这种解释方法就要极为慎重。最近发生的许霆案件充分地暴露出部分学者在处理疑难案件时，运用法解释学方法上的一个局限性。很多学者为了论证给许霆定罪的正当性，不惜对一些法律条文做任意的扩大解释，绝大部分的刑法学者都将 ATM 机解释为金融机构的延伸，将许霆操作 ATM 机的行为解释为“秘密窃取”，因而最终将许霆的行为解释为盗窃金融机构罪，但也有部分刑法学者把许霆的行为解释成信用卡诈骗。我们不禁要问，两部分刑法学家为什么对同一行为解释的结果却大相径庭？这充分说明解释学里有一个价值判断的问题，在有利于和不利于被告人的解释之间,几乎所有学者都认为应该做有利于被告人的解释,但是只局限于量刑问题,没有人在定罪的时候就坚持罪刑法定原则,更没有遵守诸如“疑问时做有利于被告人的解释”这种基本的理念。试问,如果我们将拿着自己的银行卡、用自己的密码来操纵ATM机的行为都解释为“秘密窃取”的话,那么这种解读岂不过于随心所欲了吗?所以我认为法解释学操作不当,会走向歧途。

至于你刚才说的有些学者的观点,认为法律不是嘲笑的对象,永远不要去挑战法律本身,而只能对法律进行解释,让它能得到适用。我觉得这句话要从两个角度来理解:(1)一个成熟的、科学的、稳定的法典,确实没有必要挑战它,我们只需要对它进行解释,得到所要的解释结果就可以了。但是,解释必须要受一系列原则和理念的限制,否则很容易误入歧途,为某一种邪恶的价值观服务,成为它的帮凶。(2)如果一个法律部门连完整的法典都没有,连法律的框架都不具备或者整个法律就是一部恶法,那么挑战并最终修改这部法律则是法学家的必然选择。所以我认为,永远不能挑战法律条文的这句话应该相对地理解。法解释学有其独特的适用空间,不能不分情况一律奉为最佳的研究方法。

汪贻飞: 法解释学作为研究对象,法理学的学者可能研究得多一些,而将法解释学作为一种方法应用到自己的研究之中,可能在民法和刑法学界更为普遍。诉讼法的学者做法解释学研究的还并不常见,我们很少看到对中国刑诉法条文的立法原意在实践中的理解和运用进行研究的法解释学的研究成果。陈老师,您认为出现这种现象的根本原因是什么呢?

陈瑞华: 的确有这种情况。至于原因,我想结合我曾经说过的一段话来展开论述。我曾经说过:对策法学的最高目标是创造一个良法,而法解释学的最高境界则是创造美治的状态，两者的结合就是“良法美治”的理想境界。因此，在一个尚且缺乏良法的国家，以创造良法为目的的对策法学就会十分发达，而以良法的存在为前提的法解释学就相对欠发达些。在民法、刑法中，其法典体系和原则内容经历着长期的历史演进，已经相对稳定和成熟，未来再进行修改也不会出现根本性的改变，但是程序法就不同，它本身就更容易受到政治体制和司法改革的影响。有人称刑事诉讼法是动态的宪法，一个国家宪法制度发生的每一个微小的变化都能导致刑事程序发生剧烈的变动。不仅如此，我国目前刑事诉讼法的法典体系也还不算完整，迄今为止甚至连一些基本问题都还没有形成共识，比如中国未来究竟采取以裁判为中心的诉讼构造，还是坚持当前侦查中心主义的诉讼构造，究竟是完善目前的两审终审还是建立三审终审制，执行权究竟继续保留在各机关手中还是统一交给司法行政机关行使？审判前究竟要不要构建司法审查机制，建立令状主义侦查模式，使逮捕和羁押成为两次司法审查……在这些司法体制的根本问题都还处于变动不居、难以预测的状态之下，又怎么可能催生出一种成熟的法解释学研究呢？正是由于我们所处环境的特殊性，决定了目前的刑事诉讼法学研究很难将解释学作为首选的研究方法。

陈　虎：那有没有人曾经试图运用法解释学方法研究程序问题呢？其最后的效果如何？

陈瑞华：肯定是有的，但总体而言，目前在诉讼法学界运用这种方法进行研究的论文数量并不算多，能够引起大家共鸣的就更为少见了。我本人就接触过这么一位青年学者，他试图对《刑事诉讼法》“如实陈述”义务的条文进行法解释学的研究。他甚至认为，通过运用法解释学方法，可以得出结论，这一“如实回答”义务条款不仅不是扼杀沉默权的条款，反而能够从中推导出沉默权。不仅如此，这一条款不仅不会限制犯罪嫌疑人的权利，甚至还可以通过解释来达到保护嫌疑人权利的目的。这些结论自然很让人振奋，但是当时我却对这位青年学者提出了一个疑问，我说，在 90% 的法学家甚至立法者都认为这一条应该予以废除的情况之下，如果你坚持对这一条文做法律解释的工作，将来一旦这一条文真的被废除了，你的解释工作不就成了无本之末了吗？你的研究又能有什么长久的生命力呢？所以，在没有一个成熟稳定的法典之前，贸然进行法解释学的研究可能都要面临与这位青年学者类似的困境。

汪贻飞： 那么，陈老师您认为，究竟要到什么时候我国刑事诉讼法的法解释学研究才会大批涌现呢？

陈瑞华： 我个人有一个基本的判断，恐怕只有等批判性的研究慢慢地归于平静，人们变法修律的冲动也慢慢地平息，在有了一种稳定的心态之后，法解释学研究才会逐渐登堂入室，在刑事诉讼中慢慢出现并繁荣起来。因为法解释学研究的前提就是承认法典的正当性，然后才能根据这一法典作解释性而非批判性的工作，可是，如果我们连法典的正当性都不认可的话，我们还能做什么样的法解释学研究呢？

褚福民： 如果我们要从事法解释学的研究，应当注意哪些方面的问题呢？

陈瑞华： 我个人认为，大概有以下几个地方值得注意：(1) 做法解释学研究的时候一定要把一些基本的价值理念当作心中永恒的道德律而不容逾越。我们经常说，法学研究往往一只脚踏在神学上、另一只脚踏在科学上，意思就是指法学在强调规范的同时，必须接受一些基本价值目标，甚至是道德律令的指引，比如说任何人都不能仅仅被当成工具和手段,而应被视为目的,这是最低的公正标准。如果有了这样的道德律令和价值判断,我们在进行法解释学的时候就会受到一定的约束,不会进行任意的扩大解释。(2)在做法解释学研究的时候应该注重进行价值衡量。当出现两种以上解释方案的时候要进行价值衡量和利益考量,是强调优先保护国家利益、公共利益还是个人利益,我并不认为存在一般的取舍标准,但我也认为,有几个原则是必须遵守的:一是不管是国家利益还是社会利益,永远不能超越宪法上的利益。法解释学一旦面临宪法上的基本原则和所保护的利益,一切都要为保护和维护宪法让路。二是坚持天平倒向弱者的理念。当强者和弱者之间发生利益冲突的时候,当法律条文游移不定的时候,我们要优先保护弱者。三是当两种利益势均力敌、僵持不下的时候,不能够任意地选择保护某种利益,而要找出保护这种利益的更高理由,寻找更高的价值判断,来作为支撑这种选择的标准。不能让这种价值选择、利益衡量变得过于任意化,否则法官就会享有无限的自由裁量权。而法解释学者也可能会作任意的扩大解释。(3)我们在做法解释学研究的时候一定要知道这种方法本身的局限性。法解释学的理论是为法官适用法律提供的一种工具,本身带有强烈的服务属性,有人甚至把它称为法律条文的奴隶和仆人,因此,法解释学最多只能在不突破法律条文局限性的情况下提出一套可操作的法律理论,而当我们发现法律条文本身就不具有正当性的时候,应该毅然放弃法解释学方法,而对法律采取批判性的立场。(4)法解释学无法帮助我们了解社会中的法律和实施中的法律,它只能为我们提供一套演绎的知识体系,因此,我们一定要注意结合其他方法进行研究。法解释学做得很好的学者往往只关注文本,关注书本中的法律,而对实施中的法律并不关心,比如实践中存在大量没有被明文规定为犯罪的行为最终却被定罪的现象,但刑法学者却很少关注罪刑法定原则在现实中的实施状况，而热衷于解释罪刑法定条文的原理。对于这种问题，恐怕单纯地依靠法解释学方法是无法提供准确解释的。

褚福民： 如果我们把法律文本也看作一种经验素材的话，法解释学由于固守对法律条文本身的分析，仍然没有超越经验事实的层次，所以从其本质上来说，这种方法不能对现状作模式化和因果关系的研究，因而很难和社会科学发生有机的联系。不知陈老师是否认同这一观点？

陈瑞华： 你说得没错，我曾经说过，社会科学研究的最高境界就是"惊心动魄的跳跃"——从经验事实出发，经过跳跃产生顿悟，提出一种理论模型，或是揭示一种因果定律。这种研究带有强烈的描述性色彩，而法解释学的很多理论往往带有明显的规范性，更多地是强调法官应当怎么处理一个案件，应当怎么认识一个法律问题，所以法解释学没有办法和社会科学发生联系，并形成一种解释性的理论。比如，法律规定严禁以刑讯逼供，威胁、引诱、欺骗等非法方法取得和收集证据，如果我们对这个禁止性规范做法解释学研究的话，最多能解释出以下内容：(1)刑讯逼供的范围和酷刑的标准；(2)违反该禁止性规范的法律后果，比如非法证据排除规则；(3)举证责任分配和证明标准设定的原则等问题。你会看到，法解释学本身能够发展出一套发达的、成熟的和规范性的法律理论，对今后立法的完善是有好处的，所以法解释学可能一开始直接服务于美治，但是慢慢地累积起来，和对策法学又可以发生关联，也可以间接地促进良法的制定。但是，仅此而已，法解释学仍然注定无法跨越经验和理论之间的鸿沟，无法从法律制度的外部解释问题发生的原因。法解释学的方法无力解释以下问题：(1)刑讯逼供罪的社会原因是什么？它是文化问题还是制度问题？是观念问题还是利益问题？(2)针对刑讯逼供的程序性制裁和实体性制裁哪个效果更好？所以，我认为，法解释学研究即使做得再好，这种方法本身就存在很大的局限，我们无法运用这种方法做出重大的理论贡献，而只能寄希望于其他研究方法。

如何选择研究方法之三：法经济学研究方法

陈　虎：著名经济学家萨谬尔森教授曾经说过，经济学是社会科学的皇后，1976 年，贝克尔教授在其论著中正式提出了"经济学帝国主义"的说法，从此这一说法开始盛行全球，经济学方法的影响经由波斯纳教授的推波助澜，更是在中国法学界达到了顶峰。陈老师，您如何看待经济学方法在社会科学其他领域中的扩张现象？您又如何评价法经济学分析这一研究方法？

陈瑞华：这的确是一个不容忽视的重大问题。在很多欧美国家的法学院中，法经济学学者的影响力越来越大，2002 年我在耶鲁做访问的时候，就切实感受到，在耶鲁法学院这样世界顶尖级的法学院里，受波斯纳法经济学影响的学者也不在少数，特别是合同法、劳动法、公司法、侵权法，甚至像证据法这样的学科都受到了很大的影响。其实，我认为法经济学无非是法学和经济学交叉的一个产物，是运用经济学的方法和理论来解释法律现象的一个学科，总体上属于法学而不属于经济学的范畴。我们可以看到，除了波斯纳法官以外，法经济学的始作俑者其实更多的是美国的一些经济学家，之所以会出现声势浩大的法经济学运动，正是因为这些学者深深地感觉到，法学方法的不成熟使法学研究的一些结论和观点在很多搞经济学的人看来难以让人信服。比如我们在法学研究中经常会面临效率和成本的问题，就无法用其他法学理论加以解释，程序法中证明责任转移和倒置的原理，用一般的法律理论也解释不了，至于简易程序、普通程序简化审判制度的构建,则更直接地体现了经济原则的要求。所以,传统法律理论解释不了大量的法律现象是导致经济学侵入法学的根本原因。法律研究是一个开放的体系。任何一门学科的知识如果对解释一部分法律现象有帮助和价值,都可以加以利用,所以经济学进入法学是法律和其他社会科学交叉的一个结果。但是按照同样的思路,我也认为,与传统法学理论一样,经济学也无法解释全部的法律现象,因此,我们正在发展越来越多的交叉学科去对这些法律现象进行解释,比如法人类学、法社会学、法文化学、法政治学、法哲学等。所以,我并不同意将法经济学方法视为唯一正统的法学研究方法。

褚福民:法经济学的产生的确是出于解决问题的需要,但是,也有很多学者认为,跨学科研究范式的盛行是基于共通的方法,而不仅仅是基于共通的问题,您是否同意这一论点?

陈瑞华:我想在回答这个问题之前,先对我所理解的社会科学研究方法做一个必要的解释。我认为,社会科学是指除人文学科以外的所有文科的研究,它可以包括社会学研究、人类学研究、政治学研究等,还可以包括一系列用社会科学方法进行的研究,经济学就是其中之一。多年以来,我国的历史学界一直以为历史学是一门人文学科,与文学和哲学具有更大的相似性,但是半个世纪以来,这门学科却经由一些经典作家的研究被彻底改造成一门社会学科了,比如黄仁宇先生的《万历十五年》、唐德刚先生的《晚清七十年》,这些作品都既提出了假设和概念,也运用论据对其理论观点进行了充分的论证,可以说,现在历史学已经走向了社会科学。同样的道理,经济学无疑是社会科学里面被公认为最接近自然科学的一门学科,最为重要的标准就是它可以用数学语言和数理模型来描述它的逻辑推论、论证过程和某些结论。我们应该把经济学首先看作一门社会科学，而既然属于社会科学，就有一套社会科学共通的研究方法，所以，我们应该清楚，我们最应该从经济学中吸取的是它的一套成熟的社会科学的方法论体系。至于纷繁复杂的经济学理论，我并不认为每一个学法律的人都必须掌握，因为经济学是一个十分精深的学问，既然我们从事的是法学研究，再去系统的学习经济学必然要受到很多限制，产生很多机会成本。

褚福民：经济学的研究为我们提供了大量解释人类行为的理论模型，但您却认为，我们最应该从经济学中吸取的营养并不是这些，而是经济学的一套相对已经十分成熟的研究方法，那您是否能够具体谈谈这是一种什么样的研究方法呢？

陈瑞华：我个人对经济学理论并不十分关注，但一直对经济学方法十分感兴趣，我可以推荐大家读两个经济学家的作品，可能会带来一些启发和灵感。一本是林毅夫教授的《论经济学方法》，这本书我是一口气读完的，书中的很多观点可以说是酣畅淋漓；另一本是张五常教授为其博士论文《佃农理论》所作的序言。其中，张五常教授有几句格言对我影响很大："最蠢的学者就是研究没有发生过的问题""一个科学的理论需要证明它不会被推翻"等。可以说，关于学术研究证伪的方法我就是受他和波普尔的影响，慢慢地领悟出来的。张五常教授在研究台湾地区20世纪70年代进行的土地改革时，先有顿悟、后有论点，然后再展开详细的论证，在这个过程里面既有经验事实的数据，又进行了大量的证伪，张五常教授的贡献在于，他挑战了西方经济学的一个经典理论，和它进行了对话并提出了一个例外，又运用这个例外创造了自己的一套理论，所以有人称他为华人世界里最接近诺贝尔经济学奖的一个经济学家。我本人对他的理论不是很了解，但对他做学问的这套研究方法，我有种心心相印的感觉，非常能理解和体会他的感受。其实，社会科学研究方法从来都不是孤立存在的，它要依附于某一个具体的学科。但是，方法具有形式性，它不代表学问的实质内容，这套形式就像程序一样，是可以复制的，既可以从经济学复制到社会学，也可以从社会学复制到法学，不同学科的人都可以从中获得启发，并能够在自己的研究中加以运用。因此，我主张，我们要学习的应该是经济学、社会学、政治学、人类学乃至当代的历史学中共通的一套社会科学研究方法。既然当下法学研究的方法还比较幼稚，还不成熟，我们就更应该了解不同的社会科学研究方法的共同点，以使我们自身的研究方法走向科学，这可能是第一步，但不是归宿，我们最终的目标是要在这个基础上发展出一套独立的、成熟的法学方法。

汪贻飞： 现在青年学生进行研究，虽然没有经过正统严格的学术训练，但都非常喜欢用一些时髦的名词和术语来掩饰自己分析能力的薄弱，《北大法律评论》曾经发表了一篇《社会科学“包装”法学》的文章，对那种尚未掌握经济学方法就匆忙拿来作为分析工具的做法提出了严厉的批评，您对这种追逐时尚的研究态度有什么样的忠告呢？

陈瑞华： 你说的这个现象很普遍，甚至不一定是年轻学子才有的一种研究态度。对这种现象，我有以下想法仅供参考：(1)法律包含着一套概念、规范和价值体系，因此法学研究方法的主流不应该是法经济学。比如刑法的核心就是罪刑法定、罪刑均衡、犯罪构成理论等，而这些与经济学的关系都不大。再如，程序法的灵魂就是程序正义、无罪推定，这些跟经济学也没有必然的因果关系，民法里的公平、等价、有偿与经济学的关系也不是很明显。所以我们必须清楚，经济学最多只能解释一部分法律现象，而不能替代法学主流理论对法律现象的解释，不要时时处处都进行所谓的法经济学分析。(2)从事法经济学研究的学者也不应过于自负。有的时候我们要注意防止这样一种现象——将在经济学中的一些常识甚至不是主流的理论搬到法律中来,对法律进行解读,但这些经济学的知识没有经过经济学家的审查和批评,而法学界又难以对其作出准确、客观的评价,于是就出现信息的不对称,法学研究结论的科学性因此就会面临很大的风险。所以,我主张,法经济学研究的学术价值必须要由经济学界和法学界共同审定。从事法学研究的人不应过于自卑,不应盲目迎合所谓的"经济学帝国主义"现象,我们要有充分的方法自觉的意识。卢曼说过一句很经典的话,方法总是和问题相伴而生的,我们要善于根据问题的不同选择合适的研究方法,而不是盲目推崇某一种研究方法,唯其马首是瞻。

如何选择研究方法之四:实证研究方法

汪贻飞: 陈老师,现在学术界有一种观点,"有理无数,莫谈学术",很多学者开始运用数据调查和统计的方式来研究法学的问题,这种方法对青年学生的影响也非常之大,甚至有成为新的正统方法的迹象,您怎么评价这种社会调查的研究方法呢?

陈瑞华: 其实类似的研究方法早在20世纪90年代之前就已经出现过,只不过当时更多地体现为公检法内部以实务为导向的研究,而不具备理论研究的性质,所以称之为工作调研更为准确,但是20世纪90年代以来,学界开始自觉运用实证方法研究法学问题,很多学者通过阅览大量的卷宗,进行田野调查,跟法官和律师进行交流和座谈,得出了很多有启发性的结论,这种社会调查方法的兴起,至少具有以下一些积极的意义:(1)通过实证研究,我们可以切实了解和发现中国的经验和问题。

相对于过去只做比较考察和抽象思辨的研究方法来说,这种社会调查方法的运用无疑会发现新的问题,得出更多有价值的结论,它使我们暂时将目光从国外转向国内,从书本转向行动,从理想转向现实,从理论转向实践,因此必然能够促使中国学者直面中国的问题。(2)这种调查方法为真正有创见的法学研究开拓了一条新的路径。它必然会为长期固守法解释学方法的法学研究打开一个缺口,各学科的知识、方法和理论都有了进入的可能,以"学科为中心"的学术研究很可能因此而迈入"以问题为中心"的阶段,法学和社会科学的结合也因此具备了基本的前提条件。比如有的学者对某一问题进行了社会科学的调查分析和数据整理,有的学者则运用一些统计软件,把案例和数据经过整理以后提出了一些崭新的理论,甚至挑战一些权威的主流观点。这种通过社会调查方法推进与主流理论对话的局面是非常值得肯定的一种方法上的尝试。

褚福民: 在刑事诉讼领域,还有很多其他值得关注的方法上的转变。比如,很多学者建议将某种改革措施在一些地方相继投入试点,然后再根据试点的情况进行总结,并最终上升为理论研究的成果,我们姑且称为"项目试验"的研究方法。陈老师,您如何看待这种方法的运用呢?

陈瑞华: 近来的确有很多刑诉的学者就某一问题在一些司法机关进行改革试验,比如侦查人员讯问时律师在场的问题,证据开示的适用问题,取保候审的改革问题,证据规则的适用问题等,都相继进行了试验,应该说这是一种非常值得肯定的现象。尽管我对试验方法的效果并不抱有太高的期望,毕竟,由于受到很多因素的制约,试验中效果良好的规则未必就一定能够转化为法律规范,但是,至少我们可以通过试验发现很多深层次的问题,而这恰恰是简单的访谈、座谈和阅卷发现不了的,这是这种方法最大的优势。比如,我们在取保候审的项目试验中就发现,取保候审一般不适用于无罪辩护的案件、可能对被告判处三年以上有期徒刑和死刑的案件、被害人得不到赔偿的案件等，我们还发现，中国目前实践中取保候审的权力滥用与律师的参与度太小、与办案机关经费不足都有很大的关系……而这些问题靠过去传统的研究方法是很难发现的。

汪贻飞：以上提到的社会调查和项目试验的研究方法都可以看作实证研究方法吗？

陈瑞华：我认为，社会调查方法和项目试验方法都属于广义上的实证研究方法，实证研究方法可以分为两种：一种是逻辑实证研究方法，它强调运用逻辑方法对法律文本进行研究，关注的是法律条文的逻辑结构，比如我们在研究一个程序法规范的假定、处分和制裁内容时，发现程序法规范往往没有法律后果的规定，这种逻辑上的不完整就会导致法律无法得到有效实施。另一种是经验实证研究方法。这种方法主要关注法律在实践中运用和实施的状况，比较接近于法社会学研究。换句话说，逻辑实证研究更多的关心书本上的法律（laws in book），而经验实证研究关心的则是社会中的法律（laws in society）。所以，从这个角度来说，不管是社会调查方法还是项目试验方法，都属于广义的实证研究的方法。

汪贻飞：关于经验实证研究，青年学生们可能都有一个共同的困惑：从事经验实证研究需要很多的条件，比如经费的支持、进入现场的条件、获取重要资料和档案的渠道等，而青年学生往往很难具备这些条件，所以很多学生的研究都转向了不需要太多条件限制的电影文本、经典案例等经验素材。

陈瑞华：这正是我要讲的第三个方面的误区：千万不要以为只有数

据和统计才等于经验实证分析。有些学者擅于运用统计学的方法,甚至运用社会科学的统计软件来对大量案例进行统计分析,得出了很多有意义的结论,这种研究当然是值得肯定的,但是如果认为只有数据分析、只有统计分析才等于经验实证研究,那就有些以偏概全了。经验实证研究实际上有多种表现形式,我总体上认为,只要是研究法律制度的实施和客观的法律现象,都可以算作经验实证研究,所以从这个角度来说,我们既可以用数据统计的方法,也可以用个案分析的方法。年轻学子在学术方法训练较为欠缺和时间精力有限的情况之下,可以更多地先从个案分析入手从事经验研究。要记住,经验实证研究首先是一种对待生活的态度,其次是一种对待学问的态度。比如,我们为什么不能对刘涌案件的再审判决书进行个案分析呢?我们为什么不能将法官的办案札记作为经验研究的对象呢?经验实证研究的本质不是样本量的大小,而是它的研究和分析方法,这一点我们要清楚。

褚福民: 那我们从事经验实证研究应该注意哪些问题呢?

陈瑞华: 首先,实证研究要防止变为社会调查报告。经验实证研究很容易陷入一种误区,也就是容易把对实践的描述作为研究的出发点和归宿,既不做对策性的研究,也不做理论上的探讨,但非常遗憾的是,这种研究充其量只能算是一份社会调查报告。而社会调查报告之所以不能算得上论文,正是因为它缺少两个要素:(1)缺少一以贯之的理论红线,没有假设、没有命题;(2)没有理论模型,也没有因果律的分析,因而不大可能做出太多的理论推进。仅仅止步于经验事实的此岸,而没有跳跃到理论世界的彼岸,没有完成惊心动魄的跳跃,因而最多属于一种未完成的研究,无非是给别人的研究提供了原材料或者半成品。还有一个需要注意的问题,绝对不能先有一种理论观点,然后在实践中去寻找吻合自己观点的材料。这样的研究是非常危险的，也难以算得上科学的研究，因为大千世界要寻找任何一种常见观点的论据都并不困难。这样的研究，论据越多则谬误越深。

如何对理论进行证伪

陈　虎：我个人感觉，虽然目前经验研究日益兴盛，但是大多都仍然停留在运用数据对既有常识性结论进行证明的层次上，而很难发挥经验研究对于理论命题的修正和证伪功能，因而无法在学术脉络上推进某种知识增量的变迁。这似乎并不能算作真正规范的经验实证研究。

陈瑞华：是的，经验实证研究，关键不在证实，而在证伪，要看能不能找出相反的经验事实对自己的结论提出挑战。我们从事研究既可以在调查结束后产生结论，也可以在先有假设之后再展开调查，采取何种方法本身并不重要，关键在于我们不能够根据已有的观点来剪裁我们发现的经验事实，而应当寻找与自己理论相反的论据，然后对这些论据进行评论验证，证明自己的观点不会被推翻，如果自己的观点没有被推翻，理论就暂时得到了确立，如果观点一部分被推翻了，那么在没有被推翻的部分就暂时得到了证明，这样就为自己的理论找到了一个边界和范围。

褚福民：您曾经专门谈过对证伪方法的理解，今天能否结合具体的研究谈一谈青年学生应该如何在研究中运用证伪方法呢？

陈瑞华：科学理论并不是真理本身，它只是学者对经验事实提供的一种解释方案，当几种解释方案并存的时候，决定其优劣的只能是其解释力的大小以及被否证的程度。只有暂时不被推翻的理论才可以被视为科学的理论，所以张五常教授才说："科学不是求对，而是求不被推翻。”因此,我们在提出理论时就要善于运用证伪的方法证明这一理论不会被推翻,具体来说,证伪的方法有两种:一种是对自己提出的理论假说进行演绎推理,看是否会推导出错误和虚假的结论;另一种方法是针对可能存在的对自己理论的反驳,进行逻辑上的分析,证明反驳无法成立。在程序法学者中,运用证伪方法比较成功的范例是萨默斯对程序价值的研究,他为了论证“程序价值”的独立性,专门设想了五种可以对他的论点构成挑战的质疑,然后逐一进行了有力地反驳,并在反驳过程中重申或者进一步阐释了自己的理论观点,这就使他的研究兼具正面论证和反面论证两个方面的作用,具有极强的说服力。经过这种证伪过程,研究者提出的理论中能够成立的部分最终得到验证,而得不到证实的部分则最终被抛弃,从而也确定了理论的适用范围和边界,使其更为科学。

如何培养理论创新的能力

汪贻飞: 您非常强调从经验到理论的跳跃,我们也都十分认可这种理论提升的重要性,它应该成为每一个研究者终生追求的目标,但是对于刚刚进入学术领域的青年学生而言,有没有可能做到这种跳跃呢?

陈瑞华: 客观地说,青年学生要想做到这样的跳跃,是非常不容易的。要做到理论创新必须具有一定的前提和条件,我们不难看到,很多学者一生从事了很多研究,写了无数篇论文,也出版了很多著作,但这种惊心动魄的跳跃可能很少发生,我们经常把这种研究看作技术性的研究,研究者则是该领域的专家。但是,要想提出一种理论,就不是一个专家能够做到的事,而是一个理论家的任务。从专家走向理论家是有条件的,也不是一朝一夕就能完成的。但是起码,青年学生应该有点理论创新的意识,如果再加上他长期的积累和足够的灵气,也许就可以提出一个重大的理论。

汪贻飞：从经验到理论这一惊心动魄的跳跃过程中有没有可资借鉴的方法，如果要实现这种跳跃的话，青年学者应该要加强哪些方面的知识和素质的培训呢？

陈瑞华：途径还是有的。最根本的还是要博览群书，逐步做知识上的积累。各门学科的经典著作都要涉猎，要自觉建立多学科的知识背景，近几年来，我越来越体会到，真正能使你提出理论的，有时候不一定是法学的知识，而是多学科知识积累和交叉的结果。比如我们要研究业绩考评制度，如果没有点经济学的知识做背景，又怎么能够提出新的理论呢？这些年来，我之所以能够对社会科学方法有了一点心得并进行了研究上的转型，主要得益于以下几个方面的作品。(1)经济学著作。其中首推林毅夫教授的《论经济学方法》，在这本书中，他通过与学生对话的形式用通俗的语言把经济学的一般研究方法表述了出来，我在里面发现了社会科学共通的研究方法，对我启发很大。还有张五常教授的一系列作品，包括他博士论文《佃农理论》的序言。张五常教授善于把深奥的经济学原理和方法用散文般优美的语言进行表述，而且社会生活中的例子也是信手拈来，往往能够通过大家司空见惯的现象揭示出一个深刻的经济学原理。(2)历史学的著作。比如说，黄仁宇的《万历十五年》。一部仅仅描述某一年份中几个人物和几个事件的小册子，能够洛阳纸贵，人手一册，不得不让我们思考它究竟有什么样的魅力可以吸引各种不同学科背景的读者。我发现，与传统历史著作单纯叙述故事不同的是，黄仁宇先生在这本书中，既有理论提炼和分析框架，又有对历史深层结构的宏观把握和深刻透视，比如他提出中国传统政治缺少"数目字管理"，这一概念在学术圈内的影响非常之大。按照这一总结，黄仁宇先生实际上作了一个大胆的假设:即使没有鸦片战争和西方列强的入侵,在缺乏"数目字管理"的传统政治框架下,中国早晚也是要出问题的。类似这样极为精辟的理论观点在文中还有很多。历史学著作中给我带来震撼性影响的还有唐德刚先生的《晚清七十年》,在这部著作中,唐德刚先生用其渊博的知识对很多历史事件作出了重新的阐述,他使我们对一些历史问题的成见受到了一种震撼性、甚至是颠覆性的影响,比如对义和团的评价,对慈禧太后的评价,对李鸿章的评价,对太平天国的评价,都让人耳目一新。究其原因,在于唐先生的研究既有宏观的视野,又有微观的比较,处处充满了比较史学的方法,特别是在他的历史研究中提出了"历史三峡说",在历史事实的基础上提出了一个崭新的理论,具有极大的理论穿透力。(3)社会学著作。比如费孝通先生的《乡土中国》。在这本书中,给我印象最深的是他提出的"差序格局"这一概念,极为深刻地解释了中国社会一盘散沙的文化原因,尽管费老在文中对差序格局并没有进行多少学理上的论证,而更多的是一种散文性质的描述,但我们却能够发现这个概念背后天才般的想象力。另外,涂尔干(又称迪尔凯姆)的《自杀论》也很值得推荐,这本书堪称社会学学科诞生以来第一部研究社会问题的著作,在此之前,很多人都研究过自杀现象,有的人从生物学的角度研究,有的人则从心理学的角度研究,但都是以个体为研究对象,而没有把自杀当成一种社会现象,涂尔干则站在大的社会背景下研究自杀问题,从而得出了让人耳目一新的结论。他认为,工业革命和城市化运动导致社会结构的变迁,原来那套维持整个社会、能解决这些心理困扰的社会规范体系和价值体系随之崩溃,最终导致了自杀现象的大规模出现。类似这样的经典著作非常之多,像胡适的作品、波普尔的作品都在不同时期给了我相同的震撼和巨大的启发。一旦多学科的知识积累到一定的程度,理论上的感悟和想象力自然就能够水到渠成。所以青年学生不要着急,要通过阅读来逐渐接近研究的更高境界。

褚福民: 读书确实非常重要,有很多方面的感受和顿悟实际上已经在我们的阅读中潜移默化地形成了。但是读书只是一个方面,我们做任何事都不可能等到把相关领域的书读完再去着手做事,而且读书是一辈子的事情,是急不来的。那么除了读书以外,我们还要在哪些方面着重培养自己的理论创新能力呢?

陈瑞华: 要想做出理论上的贡献,一定要对所要研究的问题本身有深刻的了解。这一点可能与我们学术研究的关系更为直接。一个经济学、社会学的学者对自己的领域研究得再深,如果让他研究一个法学的问题,他也没有办法进行理论提升,即使勉强为之,也可能犯下常识性的错误,这种教训是研究者经常遇到的。比如,我们研究司法地方化的问题,如果研究者对于中国的"一府两院"制度、人大制度都缺乏基本的了解,又怎么能够完成理论上的跳跃呢?**所以,在进行理论提升之前,一定要对经验事实尽可能全面、透彻地掌握,要把相关的背景和知识尽可能清晰、深入地了解。我向来主张,知识成就不了学者,更成就不了理论家,但是没有知识的铺垫也是提不出任何理论的。**我们应该记住:好的理论必须是不脱离制度环境的理论,对制度的基本情况一无所知的学者是不可能提出任何有意义的理论的。但非常不幸的是,我们多少年来一直有一种误区,以为一个没有任何相关知识的人更容易不受既有观点的束缚,也更可能提出一种创造性的理论,这种看法并不现实。比如,我在研究程序性制裁理论的时候,一方面收集了大量中国关于此类问题的案例,后来在书中的三十多个案例,都是这样慢慢搜集起来的。这样,我在动笔研究程序性制裁之前,对中国的程序违法的现象就有了相当程度地了解和把握。另一方面,我对该领域国外制度和理论也相当的关注,2002年,我带着满脑子的问题到美国耶鲁大学访问,在那段时间,我利用有利的资料条件专门梳理了美国的非法证据排除规则、英国的非法证据排除规则以及德国的证据禁止制度,我除了查阅各种原版教科书以外,还查阅了 westlaw 数据库中几乎所有关于证据排除、撤销起诉等制度的文献,我还专门以意大利、法国、澳门为样本研究了大陆法中的诉讼行为无效制度,也就是说,在动笔研究中国的程序性制裁制度和理论之前,我对既有的经验事实和理论文献做到了"两个穷尽",等到把这一块全做完了,再回过头来进行中国程序性制裁问题的专门研究,这样就使我的研究具备了大量知识的铺垫,也更容易在自己的研究中提出原创性的概念和理论体系。比如我在经验事实的基础上提炼出的程序性违法、程序性辩护、程序性上诉、程序性裁判等概念体系,相信会有一定的生命力。《程序性制裁理论》这本书的形成,跟我有 20 万字的外国法的研究作为铺垫有很大的关系。我过去很多研究都得益于这种研究方法。所以我主张,同学们在选定一个题目以后,要把中国问题搞透,然后再去阅读相关外文著作,写几篇比较法方面的文章,把国外的制度和理论都梳理一遍,然后再正式开始中国问题的研究,可能会有意想不到的效果。

汪贻飞: 您刚才说到在做文献准备时应该做到"两个穷尽",可否再展开说一下?

陈瑞华: 好的。所谓两个穷尽是指:(1)要穷尽中国相关的实证材料。尽可能地收集实证材料、案例和相关的研究,要有竭泽而渔的态度和功夫。当然,这里所说的穷尽不是指数量上的穷尽,而是要把那些有影响、有代表性的实证材料都搜集起来,这样就能够首先对国内的研究和国内的状况有一个清晰的把握。(2)要穷尽相关的外文资料。把该领域最前沿的理论和研究都搜集齐全,使自己的研究站在本学科的最前沿,和世界级的理论展开对话。比如,我们要研究少年司法问题,就需要查询西方既有的理论中有没有已经能够解释少年司法的理论模式。当然,如果有条件,还应该尽可能地穷尽该领域最新的改革动向。只有对研究对象熟悉到这个程度,才有可能站在制高点上,做出理论上的创新。换句话说,要想成为理论家首先要成为该领域权威的专家。只有对你研究的领域首先做到如数家珍,娓娓道来,才有可能做到理论创新。

褚福民: 陈老师,您曾经说过,研究者除了要具备相关的资料积累并有扎实的理论基本功以外,要想做到理论的跳跃,似乎还需要一点点灵气和悟性,这种灵气也能培养吗?

陈瑞华: 人要有一些精神层面的追求,要有一种超脱于经验世界的气质。人生如果没有超凡脱俗的东西作为精神支柱,就很容易强调有用就是真理,走向赤裸裸的实用主义,庸俗不堪。两个月前我到香港地区访问,一个曾在英国做过十几年律师和替补法官的香港大律师到机场接我,他是坐出租车过去的,我当时就问他为什么不开车,他回答说:"我18岁就会开车,但我之所以不开车,是因为我有一个理念,要保护香港的环境。"这句话给我触动很大,这就是一种精神境界的样本。他有自己的信仰和生活方式,真正做到了超凡脱俗。我感觉,不和现实生活、世俗社会保持一点距离,哪怕只是暂时的距离,很难想象一个人还会有所谓的灵气。我记得有一位西方学者说过一句话,成功要靠99%勤奋和1%的智慧、灵气、想象力和机遇。很多人很勤奋,但终其一生未必能够提出什么创造性的理论,虽然灵气和悟性更多是一种先天的、不确定的东西,但并不等于后天就无可补救,我认为还是可以培养的。我们学习和研究法律的人,总是面对实践中的案例,疲于应付,时间长了很容易乏味,有的时候，一个人的想象力在这种日复一日的、机械的生活面前就会被扼杀。所以，想象力应该尽力在专业之外的领域来寻找和培养。我觉得最能够让人激发想象力和激情的不是科学，而是艺术，只有艺术才能让人暂时摆脱喧嚣的城市和庸俗的生活，进入一种精神层面，一种自我实现的境界。其实，艺术世界特别像彼岸，而社会生活特别像此岸，此岸世界是大量的经验事实、案例、数据和问题，艺术则代表彼岸，它来源于生活而又超越了生活，罗丹有一句名言，他说，如果我们像照相机一样精确地描述和复制社会生活，我们永远成不了艺术家，艺术家是需要想象力的。罗丹还有一句话更为经典："成为艺术大师的最好的诀窍，就是在人们司空见惯的地方发现出美来。"而我把这句话引申一下，什么叫理论大师？就是能在人们司空见惯的经验事实中找到规律、产生灵感、提出理论。所以，年轻的学生不妨多有一点艺术的爱好，雕塑、绘画、音乐、小说等都是非常好的艺术。我个人虽然不适合搞艺术创作，但很喜欢欣赏艺术，我从本科阶段就开始听古典音乐，我觉得古典音乐是能让人激发想象力的，它能带领着你的思绪徜徉在由音符营造的精神世界中，暂时忘却尘世，有的时候甚至可以跟你的心境产生共鸣。

陈　虎：是的，音乐史上有一句很有名的话，上帝为了拯救苦难的人类，而让莫扎特降临人间。在音乐中，我们时常有一种找到精神家园的感觉。就像古人看到舞剑而悟出书法之道一样，艺术是可以给人以无尽的灵感的。

陈瑞华：没错。我就从施特劳斯的《维也纳森林》圆舞曲中体会出了作曲家的创作心路。这首曲子大家有时间不妨也听一听，时间不长，但与一种优秀的、有理论创见的论文结构十分类似。这首曲子的序幕，就相当于学术论文的序言，所有的乐器都参与其中，曲调气势恢弘，犹如我们在空中俯瞰整个维也纳森林,产生了一个整体的印象。然后,作曲家在序幕中首先交代了整支曲子的主题音乐,相当于论文中的理论红线。当序幕拉开后,我们又可以感受到施特劳斯展开维也纳森林故事的方式,他以轻缓的步履走进维也纳森林,周围有小鸟在歌唱、有牧人在舞蹈,他用音乐语言描写了森林中的各种景致,这又十分类似于论文中对经验事实进行的层层剥笋的分析。在整个舞曲的高潮部分,我们可以感受到维也纳森林里面所有的动物和植物都在歌唱,最后,舞曲临近结束时,作曲家逐渐从对具体树木、小鸟、草坪、景色的描绘开始慢慢地提升自己的视野,开始了从经验到理论的跳跃和提升。舞曲终了,作曲家再次给听众一个关于维也纳森林故事的宏观图景,与序幕遥相呼应,点明全文的结论。

陈　虎: 用音乐的话题来结束我们今天这场对话真是再合适不过了,对于潜心治学的人而言,谁会否认,我们的生活就像音乐一样,让人陶醉其中,不愿自拔呢?

陈瑞华: 用欣赏艺术的心境去欣赏生活,用创作艺术的激情来研究学问,希望所有有志于学术的青年学生能够在研究过程中找到人生最大的乐趣!

附录二

穿过经验事实的迷雾*

我们生活在一个大变革、大转型的时代。对于我们所从事的法学研究而言，这既提供了宝贵的机遇，也提出了严峻的挑战。所谓“机遇”，无非是指这样的时代蕴含着层出不穷的问题，而问题又恰恰是一切科学研究的逻辑起点。假如我们将“法制”与“法学”加以区分的话，那么，对当下诸多问题的观察和思考，恰恰可以成为我们做出原创性理论贡献的最佳契机。又假如我们不甘心于为西方学者提供学术的“原材料”或者“半成品”的话，那么，我们只要运用科学的治学方法，完全可以提出新的概念和理论，总结中国的法制经验，概括中国的法制教训，使之上升到概念化的高度，从而产生中国自身的法学理论。而这里所说的“挑战”，则意味着我们将在相当长的时间里不得不面对法制不完善、司法实践难以令人满意的无奈现实，甚至会对“中国社会究竟是否需要法治”的问题产生种种令人痛苦的追问。尽管我们时常不愿承认，价值判断的问题还是会

---

* 本文在本书第一版中系首次公开发表。本版在第一版的基础上做了修改。

困扰我们,使我们不断反思一个难题——“在法制相对落后的地方能否诞生出先进的法学理论”?

刑事诉讼法学领域无疑是这一切矛盾的集中之地。法律学者正面对着多得不能再多的问题。例如,受传统的“坦白从宽,抗拒从严”政策的影响,犯罪嫌疑人面对侦查人员的提问,不拥有保持沉默的自由,而不得不承担“如实陈述”的义务,法院对于嫌疑人、被告人保持沉默或者推翻原来有罪供述的情况,可以将其作为“认罪态度不好、无理狡辩”的理由,从而在量刑上作出从重处理。这固然为我们研究这一问题提供了宝贵的素材,但也不禁令人深思:难道通常所说的“任何人不得被强迫自证其罪”的理念,在中国真的就没有存在的空间吗?难道在中国刑事政策和诉讼制度中,嫌疑人、被告人仅仅因为充分行使辩护权利,就要遭受惩罚吗?难道我们只能接受这种“辩护从严”的法制宿命吗?

又如,中国法院在刑事审判过程中奉行“案卷笔录中心主义”的裁判方式,造成法庭审理流于形式,各种为规范法庭审理而确立的原则和制度几乎都形同虚设。这为我们重新研究刑事审判方式问题提供了新的视角。但是,刑事审判的现实问题已经显示,无论是以英美证据法为蓝本创制中国的刑事证据规则,还是重新改革审判方式,都似乎难以改变这种通过宣读案卷笔录来组织法庭审理程序的基本格局。这是因为,在检察官近乎随意地宣读案卷笔录的过程中,任何控方证据的证据能力都是不受法庭司法审查的,这些证据的证明力也是未经实质性的审查就可以直接为法庭所接纳的,甚至就连那种建立在“谁主张,谁举证”以及无罪推定基础上的司法证明机制,也是难以有存在空间的。在这种情况下,任凭立法者引入英美对抗制还是吸收欧陆法国家的诉讼制度,都几乎难以触动中国刑事审判制度的深层结构。于是,我们不得不发出感叹:中国刑事审判制度的出路究竟在哪里?

多年以来,法律学者面对诸如此类的问题,总是愿意从西方法律中寻找解决的方案,或者倾向于针对“病症”提出疗治的灵丹妙药。比如说,针对前面所说的三个问题,几乎所有法律学者都近乎本能地提出相关的“立法建议”:针对嫌疑人、被告人无法自由自愿地作出供述的问题,最容易为人所接受的对策无疑是确立所谓的“口供自愿法则”,建立“非法证据排除规则”,甚至将沉默权规则移植到中国刑事诉讼制度之中;针对侦查人员违法从事侦查行为的问题,常见的立法建议莫过于确定“非法证据”的范围,建立针对不同的违法诉讼行为的相应程序后果,构建专门的“程序性裁判”机制;而对于法庭审理流于形式的问题,立法对策者们的改革设想也无非是引进英美对抗制,吸收英美证据法的规则,将传闻证据规则、交叉讯问规则予以完整的确立……

很明显,法律学者的这种研究属于典型的“法对策学研究”。而这种对策的理论根基则来自西方的法律理论和制度设计。换言之,针对中国法制中的问题,法律学者往往会从西方的经验中寻找解决的方案。这就仿佛在进行一场宏大的演绎推理:大前提是西方的理论和制度,小前提是中国的相关问题,结论则是按照西方的制度设计来改革中国的诉讼程序。应当说,这是一种理论上很完美也很雅致的推理。但非常不幸的是,法律的生命往往“不是逻辑,而是经验”。中国经过二十多年的法律建设和司法改革,对西方法律理论和制度的引进经常是不成功的。但我们并没有任何证据能够证明西方的理论和制度出了差错。于是,唯一令人信服的解释只能是,西方的理论和制度对于解决中国问题并不都是有效和有用的。

再来看前面提到的三个例子。对于嫌疑人、被告人经常被迫自证其罪的问题，立法者纵然确立了沉默权规则和口供自愿法则，推行了非法证据排除规则，恐怕也很难解决问题。道理很简单，在现行的侦查体制下，嫌疑人一旦受到拘留、逮捕或者羁押，就几乎完全被控制在侦查人员的掌握之下。而在这种侦查人员直接决定被羁押者之生存状态的情况下，侦查人员何求而不得？不难想象，侦查人员可以将被羁押者移送任何地方进行审讯，可以任意选择讯问的持续时间，可以任意决定讯问的次数，而这种讯问又都是在没有辩护律师等第三者在场的情况下进行的，侦查人员即便采取所谓的“录音录像”措施，也几乎不可能保证其“同步性”……在此情况下，嫌疑人即便享有“保持沉默的权利”，也根本不敢对这一权利加以行使。至于非法证据排除规则，其核心问题并不是什么确立非法证据的范围、排除非法证据的后果以及如何构建程序性裁判等技术性的问题，而是法院究竟有无足够的权威来审查侦查行为的合法性问题。试想一下，在公安机关对法院拥有党内领导权威、检察机关对法院拥有法律监督权威的制度背景下，法院能够对公安机关、检察机关侦查行为的合法性进行司法审查吗？即便这种司法审查勉强可以进行，法院真的敢于对那些非法侦查所得的证据作出无效之宣告吗？可以说，在非法证据排除规则难以实施的问题背后，其实存在“公检法三机关”的政治力量对比关系这一司法制度的深层结构问题。而所谓的“审判方式改革”问题，经验早已证明这是一场没有取得成功的司法改革。原因其实也并不复杂：在法庭审理几乎完全流于形式的情况下，这种以英美对抗制为蓝本的改革试验，注定是解决不了问题的。其实，中国刑事审判的核心问题并不是什么审判方式问题，而是法庭审理过程对于裁判结论的形成没有实质性的影响力问题。这是因为，法院的裁判结论一般并不是产生于法庭审理过程之中,而是法庭审理结束后的阅卷、调查以及行政汇报审批过程之中,而这后一种过程则完全是“黑箱操作”的,无论是辩护方还是控诉方都无法有效地参与其中。而正是这种在法庭审理之外形成裁判结论的潜在规则,促成了中国刑事审判制度中大部分问题的出现。

由此可见,一味强调“学以致用”的法律学者,尽管发现了法律实施中存在的诸多问题,却并没有找到造成这些问题出现的深层原因,或者说根本没有发现中国法律制度和司法程序中的深层结构。而在这些深层问题和深层结构都没有被揭示出来的情况下,立法者就匆匆忙忙地采纳种种以西方法律理论为基础、以西方法制为蓝本的改革建议,试图对各种问题作“毕其功于一役”的解决。这种急功近利的法制改革注定将很难取得成功。从这一角度来说,法律学者即便要进行富有成效的对策研究,也应当在发现问题、揭示成因的前提下展开这种研究。毕竟,疗治疾病的有效药方,要建立在对疾病作出准确诊断的基础上。法律研究者所从事的对策研究,恰恰就像医生诊断病情一样。研究者如果只满足于发现表层的现象和问题,而不去关注病人的深层病症,就很难开出那种有明显疗效的药方来。而那些善于观察、勤于思考的研究者,往往并不急于开出药方,而是通过深入、细致地观察问题的表象,找到这些表象与问题成因之间的逻辑联系,使“病根”得到全面、准确地揭示,然后再提出“对症下药”的良方,从而使病症得到根除。或者,在病症一时难以得到根除的情况下,研究者也可以将病症准确地揭示出来,以引起疗救者的注意,促使其他研究者研究根除这一病症的良方。这种对病症的发现和揭示本身,就应属于学术上的巨大贡献。

或许,我们经常被刑事司法制度的一系列表层问题所迷惑了,我们太关注所谓“解决问题的方案”了,我们也经常草率地作出一些主观性很强的价值判断。事实上，我们被大量的经验事实遮住了智慧的双眼，以至于没有机会去发现这些经验事实背后的深层问题；对于这些表层现象和问题，我们只根据一些肤浅的价值理念和原则就准备做出“解决问题”的尝试。结果，不仅那些已经暴露出来的问题没有得到真正的解决，甚至还催生出了一系列新的问题，使那些深层问题的彻底解决被耽搁和拖延，从而酿成了更为严重的后果。中国刑事程序被规避、被搁置的现实已经足以显示，法律学者以西方法律为蓝本所提出的各种立法建议，在中国刑事司法制度中经常会遭遇到强烈的阻碍；立法者经过各种折中妥协所选择的立法方案，也经常被一系列行之有效的“潜规则”所架空。

当然，价值判断的问题似乎是很难回避得了的，那种“学以致用”“解决问题”的冲动也已经深入我们的骨髓，这都是短时间内难以改变的事实。我们只是要忠告那些从事法对策学研究的学者，在作出价值判断、提出立法对策之前，请穿过经验事实的迷雾，不被那些表层的问题所迷惑，发现那些掩藏在经验事实背后的深层问题，找到刑事司法制度的深层结构，揭示出造成各种表层问题的深层原因。这显然就涉及法学研究方法的重大转型问题。

要穿过经验事实的迷雾，研究者首先应当平心静气地做一个观察者和思考者，而不要贸然作出价值判断。我们清醒地认识到，无论是法律条文、司法解释、法院判决、案例故事、司法统计数据，还是某一项法律改革的举措本身，都不过是法律学者考察中国法律制度的对象和资料而已。笔者深信，在这一系列资料和素材的背后，肯定“潜伏”着一系列真正的问题，等待着研究者的发现和解释。我们的研究绝不能止步于对法律条文、司法解释和案例作就事论事的讨论本身，还必须以这些素材为证据，找到这些证据所能证实的深层问题。非如此，则不可能进行任何有深度的思考和探索,更遑论具有原创性的研究了。

要穿过经验事实的迷雾,研究者不能仅仅站在法律条文内部看问题,而应当跳出法律规则的束缚,从社会学家的视野发现法律问题形成的深层原因。就法律条文而谈论法律条文,是没有任何出路的。法律所包含的那套推理逻辑和原则理念,是根本无法证明其自身的正当性的。我们可将观察的眼光投向法律外部,从社会的不同侧面寻找法律问题产生的深层原因。例如,对于证人不出庭作证问题,我们不要动辄强调诸如证据能力、传闻证据规则、直接言辞原则、出庭作证的例外、证人拒不出庭的强制措施、证人的补偿和保护等各种法律层面的问题,而可以从法院的政治地位、司法的公信力、乡土社会中遵守法律规则与遵守潜规则的关系等不同的角度,深入挖掘证人不出庭作证的社会原因。又如,对于刑讯逼供问题,我们也不要简单地将其归结为侦查人员难以受到法律程序约束的问题,而可以从侦查人员在采取刑讯逼供时所冒的风险以及所获得的收益等角度,来对刑讯逼供发生的原因作出新的解释。

要穿过经验事实的迷雾,研究者要学会观察法律制度变迁的轨迹和规律。要知道,一个制度发生剧烈改革的时候,往往也是观察这一制度深层结构的最佳时机。要注意研究近年来发生剧烈制度变化的领域,并对这种变革的背景、所要达到的立法意图以及改革的实际效果作出准确的评估。在笔者看来,假如经过立法者的努力,有关的制度安排发生了明显的变化,而这一制度的实践仍然存在问题,这就足以说明立法变革不仅以失败而告终,而且或许根本没有触及那些实质性的深层问题。例如,1996 年中国立法机关通过修改《刑事诉讼法》,对辩护制度、强制措施制度、审查起诉制度和审判方式做出了重大的改革。但十年之后的今天,这些领域仍然存在严重的问题。这至少说明,这些领域中的一些深层问题并没有在那场刑事司法改革中得到解决。又如,2000 年中国全国人大常委会对刑事诉讼法的实施问题组织了一次专门的“执法检查”活动,着重对辩护律师的权利保障、超期羁押问题、刑讯逼供问题以及减刑、假释、监外执行等判决执行过程中的问题进行了执法检查活动。再如,近年来所发生的最高法院收回死刑核准权、死刑案件二审开庭等方面的改革,尽管对相关制度作出了明显的改变,却仍然可能遗留了一些问题,甚至衍生出一系列新的问题。很显然,研究者对于上述“法律制度的变革及其迹象”,应当作为客观观察的对象,并尽量从中找到一些左右着表层制度变化的深层因素。

要穿过经验事实的迷雾,研究者要注意总结那些自生自发的法律变革和司法改革措施。所谓“自生自发的法律变革和司法改革”,主要是指司法机关在立法机关没有作出修改法律决定的前提下,自行对一些实体规范和程序规则所作的改革试验。有时候,这种改革的自生自发性还意味着,改革决策者们没有听取法律学者的建议,也没有借鉴和移植西方法律制度的一些因素,而主要是从“解决问题”的角度,做出了富有实效的改革探索。通过研究这些自生自发而又效果良好的改革措施,研究者可以发现究竟什么才是富有生命力的制度设计,并从中发现中国的法制经验。近年来,检察机关针对未成年人案件所作的“暂缓起诉”改革试验,针对轻伤害案件以及其他轻微刑事案件所作的“刑事和解”改革试验,法院针对被告人自愿认罪的刑事案件所作的“普通程序简便审”改革试验,针对未成年人案件所作的“圆桌会议”式的审判方式改革试验等,就都取得了积极的社会效果。相形之下,法律学者所鼓吹的以英美对抗制和英美证据法为蓝本的各项改革,则遇到了极大的阻力。这显然是需要研究者认真对待和深入分析的重要问题。

要穿过经验事实的迷雾，研究者还需要关注中国法律制度中有别于西方的部分。这些制度设计往往是一种十分重要的研究样本，研究者只要深入考察，就可以挖掘出中国法律制度的深层问题。道理很简单，这些制度设计往往体现着中国法律制度的传统，凝聚着中国人的哲学理念和思维方式。我们在价值理念上可能很容易对其作出孰是孰非的判断，但是，这些制度设计却是在短时间内难以消失的。在刑事诉讼领域中，有一些具有"中国特色"的制度设计，值得研究者予以高度重视。例如，嫌疑人对于侦查人员的提问，应当"如实回答"。这一"如实回答"义务与传统的"坦白从宽，抗拒从严"政策有着密切的联系，也与中国数千年来的司法文化有着很深的渊源。又如，二审法院对于一审法院的判决，要全面审查，不受上诉、抗诉范围的限制。这种标志着法院可以"不告而理"的制度设计，体现了中国法院对其自身地位和角色的定位。再如，按照中国的审判监督程序，不仅检察机关可以对那些"确有错误"的生效判决提起再审抗诉，而且法院还可以自行对本院以及下级法院所作的生效裁判发动再审程序，这种制度设计体现了中国的司法哲学，显示出中国法院被赋予一种主动纠正事实认定错误的程序理念。

总体而言，要穿过经验事实的迷雾，我们就需要做一个社会科学家，从社会科学的角度，观察法律问题，总结问题的出现规律，揭示问题产生的原因，并将其上升到概念化的高度，从而在总结中国法制经验和教训的基础上，提出自己的法律理论。

社会科学对法学方法的影响

问题的提出

一般说来，博士学位论文是衡量一个学科学术水平的重要标志，也是考察博士研究生学习和研究情况的最主要指标。但是从这几年参加博士学位论文的答辩，以及指导博士生论文的情况来看，我们确实有必要对法学博士学位论文的写作问题进行重新分析，也确有必要对法学研究中的方法论问题进行一定的反思和总结。*

坦率地说，在研究方法方面，法学是一个非常薄弱的学科。相对于社会科学中的其他学科，如历史学、经济学、社会学、人类学等，法学的研究方法还处在非常幼稚的阶段。到现在为止，我们还在就一些非常基础的问题进行争论，如法学与社会科学的关系，如何进行科学的规范法学研究，如何保证价值研究的客观性，等等。对于这些问题，法学者们似乎还没有达成共识。另外，最近几年我越来越深刻地体会到，我国法学理

---

* 本文系笔者2006年为北大法学院博士生开设“法学前沿”讲座的讲稿。褚福民整理了演讲稿的初稿。该文曾发表于《北大法律评论》2007年第一卷。本版在第一版的基础上做了修改。

论研究和法律实践存在脱节的问题。从理论的角度来说,很多学者抱怨司法实践中的做法没有遵循理论的规范,理论研究的成果没有在司法实践中贯彻,认为司法实务界在奉行一整套脱离理论指导的潜规则,或者说司法实践在一定程度上是“反理论”的。但在很多法官、检察官、律师看来,目前的法学研究则存在过于超前的问题,很多法律概念和理论都来自西方,它们既不能解决中国的问题,又对中国的法律制度缺乏必要的解释力;这些理论就好比阳春白雪,曲高和寡。从此可以看出,目前的法学研究出现了“理论与实践两层皮”的现象:理论越来越走向“象牙之塔”,而实践却有一套自我循环、自生自发的规律。面对这样一种困境,我们应该怎样展开法学研究呢?我们还能够停留在这种自说自话的状态中吗?

比如在诉讼法领域中,很多基本的理论都受到了实践的挑战。学者们提倡无罪推定原则,但是“疑罪从无”的规则在很大程度上受到了规避,无罪判决在大量减少,有的法院甚至已经连续几年不作无罪判决了;对于“事实不清、证据不足”的案件,成文法律要求做无罪判决,而实践中法院要么发回重审,要么撤回起诉,还有的采取量刑从轻的方法规避法律。比如云南的杜培武案件,在“事实不清、证据不足”的情况下,法院本应判无罪,但是最终还是将被认定“杀害两名警察”的被告人判处了死缓。再如河北的陈国清案件、辽宁的李化伟案件,法院如果有确实的证据认定这些被告人有罪的话,就应当判处死刑,但是最后都是从轻量刑。当然,这种“留有余地”的裁判也为后来平反昭雪提供了前提条件。不过,对于“事实不清、证据不足”的案件,法院普遍在规避无罪判决,在这种情况下无罪推定还有多大的空间呢?

我们不得不反思这样一个问题:为什么很多引自西方的法律制度在

中国司法实践中都失灵了呢？程序法在中国司法制度中到底有多大的存在空间呢？除了无罪推定得不到贯彻，合议制名存实亡也是一个典型的例子。从大陆法系引进的合议制度，强调的是集体决策原则，它要求多个法官通过投票方式、按照多数裁决的原则进行司法决策。在英美的陪审团制度中，也有这种集体决策的制度。但是同学们到实践中调查一下就会发现，合议制基本上名存实亡，绝大多数案件的判决都是一个法官说了算，这个法官被称为"承办法官"。从案件的庭前准备到法庭审理的主持，从证据调查顺序的确定，到判决书、审理报告的起草，基本上都是由这个法官完成的。一个很有意思的现象是，法院在开庭审判的时候，事实上只有那名承办法官在关注着和主持着这场审判，其他法官要么漠不关心，要么敷衍塞责。甚至在一些极端的案件中，有的法官竟然在开庭的时候睡着了。这些现象反映出一个问题，我们的法院组织法以及三大诉讼法所确立的合议制度，在实践中已经不再发生作用。与此相对应，三大诉讼法所确立的"评议"程序也随之而形同虚设，合议庭审判已经在很大程度上变成了"承办人的审判"。

最近我在《法学研究》上发表了一篇文章——《案卷笔录中心主义》，对中国刑事审判方式进行了重新考察，在分析的最后我揭示了这样一个命题——中国的第一审开庭程序基本上名存实亡。因为宣读笔录式的法庭调查方式基本上排除了法庭当庭产生判决结果的可能性，法官不可能通过法庭审判获得产生判决的信息，那么判决从何而来？只能从庭后阅卷中来。

我们在 1996 年进行了审判方式改革，此后最高人民法院也倡导了很多改革，为什么在审判中出现了如此严重的问题，以至于就连法庭审判都被架空了呢？最高人民法院在收回死刑复核权的同时，倡导死刑案件二审开庭，而且要求一些证人、鉴定人出庭作证，这个改革措施能发挥作用吗？中国实践中的问题是，二审的核心环节是庭前阅卷，法官通过庭前阅卷认为“事实清楚、证据确实充分”的，决定不开庭，直接作出判决；经过开庭前的阅卷发现“事实不清、证据不足”的，才决定开庭审判。如果审判前的阅卷制度不废除，以阅卷为核心的裁判方式不发生改变，那么，最高人民法院要求死刑案件二审开庭，要求证人出庭作证，又能有多大意义呢？

大家可以看到，中国刑事司法制度的真正问题是这套程序规则被规避、搁置和架空了，而一套潜规则在实践中大行其道。但具有讽刺意味的是，法庭审判明明已经“流于形式”，而一些学者还在鼓吹“审判方式的改革”，建议引进直接言词原则，移植传闻证据规则，确保证人、鉴定人、被害人甚至侦查人员出庭作证。为了解决“刑讯逼供”问题，很多学者建议引入即使在西方国家都存在很大争议的沉默权规则，实施非法证据排除规则。但是，这种带有对策式的研究方式，可能既没有认识到我国的问题，更不可能真正解决我国的问题。我认为，中国的法学研究现在面临着一种困境：国家的法律制度都是来自西方的话语系统，从概念到具体的制度设计，以无罪推定和程序正义为核心的价值观，其正当性正在被法学界无条件地全盘接受；另外，中国的司法现实中有一套自成体系并运作“良好”的制度体系，它有自己独特的概念、独特的思维方式和推理方式，维持着它的正常运作，很多来自司法实践的改革也都是在这套制度体系中自生自发地出现的。于是法学研究者不得不面临一种困惑：怎么对这套来自西方的话语系统与来自中国现实的做法、惯例进行协调呢？法学者处于这种理论与实践的紧张博弈之中，怎么才能沟通这两个方面，做出兼顾两个方面的理论研究，并做出中国学者的独特贡献呢？

这是我自己在研究中面临的最大难题。

其实这是一种汉堡包式的格局:最上层是一整套来自西方却被中国法学者所信仰的概念、制度、理论和思维方式,最下层是中国固有的行之有效的潜规则,夹在中间的则是试图将两者贯通的法学研究者。但如果按照目前的思路、方法继续进行研究的话,法学者似乎将永远陷入外来理论与中国现实之间,别说做出开创性的理论贡献,就连还能否有生存的空间,都将大成问题了。

最近几年来,我一直在尝试着通过引入社会科学的方法来走出这种困境。经过长期的观察、思考和写作,我的研究方法较之过去发生了明显的转变,在研究中也有了一些零散的心得。今天这样一个场合,给了我总结经验、提炼心得与大家分享的机会。一些学者,特别是搞法理学的学者,把研究方法问题搞得太抽象了,很多论述成为一种纯思辨的分析。本人不是特别擅长理论思辨,但认为研究方法的总结应当具有一定的可操作性和可模仿性,研究方法的表述则应当深入浅出,容易为读者和听众所理解和接受。基于这样的想法,我今天要讲七个问题,讨论如何将社会科学的研究方法引入法学研究的问题。但愿这种讨论能够对各位有所启发,在将来构思和写作博士论文时获得实际的帮助。从更大的角度来说,通过引进社会科学的方法,我们可以期待中国的法学研究走出困境,从中国的经验事实和问题出发,提出一些超越西方法学的新概念、新理论和新思想,逐渐做出一点具有原创性的贡献。

对“规范法学”的反思

传统的法学研究无非在做两件事情:一是研究法律制度的制定、修改和完善，从而为立法或司法改革做出贡献；二是对法律规则的立法原意和立法宗旨进行解释，以保证法律制度得到较好的实施。我们可以将前者称为“对策法学”，把后者则视为“法解释学”。如果说对策法学更多地关注“良法”的产生的话，那么，法解释学则更为重视“美治”的实现。两者结合起来，就是将建立一种具有“良法美治”的社会作为法学研究的目的和归宿。对于这种将法律条文的制定、改进、实施作为研究目的和归宿的方法，我们统称为“规范法学”。很多法学者都坚信法学研究与其他社会科学的最大区别，就在于它是以法律规范的制定和实施作为研究对象的学问。由于法律本身就是规则、原则、制度等法律规范的有机结合体，因此，研究法律的学问也就不可避免地将那种旨在治理社会的法律规范作为研究的对象。时至今日，没有人否认这种规范法学在法学研究中的重要地位。但是，目前的规范法学研究真的如此完美无缺，以至于没有需要反思的空间吗？

（一）对策法学

规范法学的第一个表现就是对策法学。这在各个部门法研究中显得特别明显。对策法学以中国立法和司法实践中的问题作为研究的起点。很多搞对策法学的学者都会关注中国法律实施中存在的问题。例如，在中国刑事诉讼过程中，95%以上的证人不出庭作证，警察更是普遍没有出庭作证。又如，对于警察以刑讯逼供手段所获取的口供，法律和司法解释规定可以“不采纳为定案的根据”，但在实践中法院几乎普遍拒绝“排除非法证据”，也不会当庭认定“刑讯逼供已经发生”。这显然意味着所谓的“非法证据排除规则”在中国无法得到真正的实施。另一个例子是，在1996年的《刑事诉讼法》修改完成之后，法律所确立的“抗辩式”审判方式并没有得到真正的实施，法庭审判基本上还在流于形式。

对于这些发生在司法实践中的问题，对策法学的研究者也给予了关注。但是他们把这种研究都归结为“法律制度设计方面的问题”，认为司法实践中产生问题的原因都是立法设计存在问题；他们的研究逻辑是：既然法律的实施出现了问题，那么法律本身肯定有漏洞，法学研究的目的就在于找出这些漏洞，提出改进立法的建议，以便于为下一次刑事诉讼法的修改提供建议和思路。比如对于证人不出庭问题，很多法学家只关心是不是我们的法律规则出了问题。于是有些学者就针对问题提出了立法对策，如规定强制证人出庭作证、确立证人出庭作证的例外、规定证人不出庭的法律后果、建立证人出庭的经济补偿和证人保护制度等。但是，一个证人不出庭，除了有立法设计不完善方面的原因以外，可能还存在一些社会原因。比如在中国的很多农村地区，一些了解案件情况的证人之所以不愿意出庭，是因为担心出庭作证会使那些受到不利影响的一方可能对自己产生仇恨，甚至双方结为世仇。在这样的乡土社会，法律纵然确立了再完备的证人出庭作证的保障制度，证人出庭的问题也难以全部得到解决。但令人遗憾的是，对策法学家们只关心法律规则的制定和完善，而对这样的社会问题视而不见。

对策法学也强调在研究问题的基础上要解决问题。在法学研究中，大家一定要对“解决问题”的问题保持警惕和慎重。事实上有些问题是难以解决的。所谓解决问题，无非是提出一个理论上的对策而已，至于这个理论上的解决方案能不能适用，我们可能连试验的机会都没有。从事法学研究同物理、化学研究不同，我们无法通过实验方式来检验自己所提出的对策的可行性，也根本无法判断自己提出的法律上的解决方案是否有助于解决问题。正因如此，法学研究者在提出解决问题的方案时不能过于自信，尤其不能仅仅关注所谓的“理论正当性”，而忽略社会生活的复杂性。当今中国可谓对策法学盛行的年代。从民法典和物权法的起草，诉讼法的修改，到证据规则的制定，搅动了多少法学研究者平静的心灵，多少学有所成的学者终日在社会上奔波，而难以有时间进行"从容不迫的研究"。在多少个部门法领域，各种版本的"专家建议稿"或者"学者法律草案"都在出台，多少学者都在努力充当"某某法之父"，以至于出现了与经济学界"环中南海现象"相媲美的"绕大会堂情结"。

当然，在今天中国的立法起草还没有形成专门化和职业化的情况下，法学家参与和主持立法起草本身也是一种贡献。但我们所要反思的是，这样的对策研究有没有实证的基础？有没有办法检验立法的必要性和可行性？或许，很多立法对策无非都是一些大胆的假设而已，就连求证的机会都没有。不仅如此，很多立法对策都是从西方理论和立法例中借鉴和移植而来的，而拿西方国家的立法例来论证中国的立法对策，这是否具有足够的说服力？用西方的理论和立法例来改进中国的立法，我们自己的贡献在哪里？我们有几个学者能够深入中国社会之中，总结和整理中国社会治理的经验和教训？我们什么时候有过真正意义上的"法律发现运动"？我们现在的大多数理论资源都是来自西方的，很多对策研究都是把这些理论拿来直接解决中国的问题，进行了一套危险的演绎推理：大前提是西方理论，小前提是中国的问题，结论是根据西方的理论提出立法对策。但问题的关键在于，西方的法律理论和立法例都是多元化的，英美法和大陆法存在很大差异，同一法系内部也存在差异，一个国家不同时期的法律状况也不同，那么我们应当采用哪个国家、哪个时期的哪个理论和哪个制度呢？这里面就有一个选择的任意性问题。我们如果任意地确定选择某一国家在某一时期的某个理论和立法例，就可能面临一些风险：这种选择具有很强的价值判断，又没有经过中国式的法律发现运动的检验，我们根本不知道它能不能适合中国社会，也无从了解它能否得到民众的接纳，这样的立法运动不就像“盲人摸象”那样危险吗？

对策法学的第三个特征，是把历史研究、比较考察、理论研究都加以实用化。我们经常说的“古为今用”，就是一种典型的对待历史的实用主义态度。我读过很多人写文章介绍中国古代的反腐败问题，从宋代、明代的历史材料中寻找经验，作为解决当代问题的依据。但是历史的经验对于解决当代中国的问题能有多大作用呢？那些做法在当代中国具有可行性吗？在法律史领域中，我们既缺乏开创性的理论，也缺少大师级的学者，我们更重视的是资料的整理、总结和相关制度的借鉴，而缺少真正有价值的理论分析。这是不是受到了实用研究方法的影响呢？对策法学对待外国法的态度主要是移植和引进。也就是鲁迅说过的“拿来主义”，我们通常所说的“洋为中用”。其实，研究比较法的学者越是功力深厚，就越会体会到，中国和国外的情况根本不是一回事。比如证人出庭作证问题，英美法强调证人出庭作证，理论基础是传闻证据法则，目的是保障交叉询问；而大陆法系国家强调证人出庭作证，是以直接言词原则为基础的，其核心在于保证法官直接接触证据的最原始形态，缩短法官和证据之间的距离。可见，同样是证人出庭作证问题，两大法系的理论却给出了截然不同的解释。如果我们以实用的态度对待西方的理论，主张直接将西方的制度移植过来，那么，这些理论和制度真的在中国法律中具有生命力吗？罗马法时代有一句著名的谚语：“立法的理由不存在，法律也就不存在了。”而我们现在不考虑立法理由，实用化地对待法学，这样就可能会出现一个问题，那就是生吞活剥地借用外国的制度、规则，把它们当作解决中国问题的灵丹妙药。但这种来自西方的“舶来品”真的是“灵丹妙药”吗?

在刑事诉讼理论中,无罪推定被法学家们奉为一种不可动摇、不可挑战、具有意识形态地位的真理。这意味着人们对于实践中出现的与无罪推定不一致的问题,一律用无罪推定来加以批判和否定。有些研究者甚至将这一原则教条化,坚持“贯彻无罪推定,哪怕天崩地裂”。但是中国司法实践中最近出现了一种刑事和解运动。迄今为止,已经有北京、上海、浙江、安徽等很多省级政法机关出台了关于刑事和解的规范文件,一些地方还推出了颇具新意的改革措施,如山东烟台推出了影响很大的“平和司法改革”。按照实践中的做法,在那些可能判处三年以下有期徒刑的案件中,被告方与被害方进行了私下沟通,达成了和解协议,使被害人获得了高额的赔偿,也得到了被告人赔礼道歉,被害人也主动放弃了有关追究被告人刑事责任的要求。司法机关根据双方的和解协议,对被告人作出了撤销案件、不起诉等无罪处理。对于这种自生自发的改革实践,一些研究者往往认为,刑事和解严重违反了无罪推定原则,严重背离了罪刑法定原则,也容易造成不同案件和不同当事人在法律面前受到不平等待遇。但问题真的那么简单吗?法学家们竟然可以自信到用无罪推定、罪刑法定、法律面前人人平等原则来否定任何与此不一致的改革实践吗?其实,对于刑事和解运动,我认为它带来了三大挑战:一是对无罪推定原则的挑战,因为无罪推定原则是对抗性司法的产物,而刑事和解体现的是一种合作式司法,在它的适用过程中根本不存在无罪推定的适用问题。二是犯罪与侵权概念的划分受到挑战。传统的刑法、民法的法律分类,是以对犯罪和侵权的严格划分为依据的,而在刑事和解运动中,它是把轻微犯罪按照侵权方式处理,将刑事诉讼按照民事诉讼的方式进行运行。三是以被告人—国家为中心的刑事司法理念受到挑战。

国家如何对待犯罪嫌疑人、被告人，这是传统刑事司法的核心问题。而刑事和解制度则将被害人和被告人的关系置于刑事诉讼的中心，而使国家刑事追诉机构不再位于前台，而暂时退居幕后。

我在这里不是要对这项制度的正当性进行辩解，而是说目前的对策法学方法，将一些与基本原理不符的理论和基本法则均视为异端，排斥其正当性，对一切新的改革和实践，总是拿现有的权威理论去批判它，认为它不合乎教条。请问这样的研究能产生中国的法学理论吗？能出现中国的法学大师吗？刑事和解运动是实践中自生自发的运动，它既给中国学者提供了素材，也给法学者进行开创性理论研究提供了契机，而我们偏偏习惯于用一些意识形态化的逻辑将它给予否定，或者用西方的现成理论来论证它的正当性。这种实用地对待外国理论的态度，很容易扼杀实践中出现的一些有价值的新制度和新经验；而很多学者有意无意地将西方法学当作自己的精神家园，仿佛那里才是我们研究的归宿，这也扼杀了本土产生理论创新的可能性。所以，对策法学可能是开创性法学研究所面临的头号障碍。当然，我们并不认为这种研究方法一无是处，也不是说要将这种方法完全加以抛弃，而是说仅仅进行对策法学是不够的，是有很大局限性的，需要用新的方法来弥补。

当然，对策法学在中国的盛行也有它的现实基础。简单地说，因为中国没有发展出职业的立法专家，法学家们被赋予了参与立法的时代使命。中国的全国人大常委会法制工作委员会和国务院法制办公室，是专门从事立法工作的机构，但是它们的专业性和职业化还不是很强，单靠这些机构是很难完成如此巨大的立法起草任务的。这就注定了他们需要借鉴专家的学识，而中国的法学家也就难以摆脱充当立法专家的宿命了。但问题的关键是，当我们的法学家都想当"某某法之父"的时候，谁来当"某某理论之父"呢？谁能够提出一种理论，与西方学者进行平等对话，能够为国际法学界所接纳呢？可见，职业立法专家的缺乏，注定了法学家要充当立法顾问的角色，这可能也是历史阶段性的表现和要求。另一个问题是法学研究方法的徘徊。由于没有意识到法学研究方法应当回到社会科学研究方法的轨道上来，没有把法学当作真正的社会科学，这导致了法学研究者总是认为法学研究有其独特的一面，也就是改进国家的立法状况、推进司法改革。如果说立法起草的职业化不够使法学家们从事对策研究的客观原因的话，那么，法学家主动将自己定位于"立法咨询者"的角色，这可能是对策法学盛行的主观原因。很多法学者都理直气壮地认为，对策法学是法学研究的必然逻辑，也是法学与经济学、历史学、社会学的最大区别。这种认识在相当多的部门法学研究者中都非常盛行。

（二）法解释学

与对策法学不同，法解释学的归宿是探究立法原意，改进法的实施。法解释学家们认为，由于很多法律的字面意思和立法原意通常有些距离，而立法原意通过语言表达也可能会有出入，所以法学家的使命是解释立法原意，矫正法律条文得不到贯彻的情况。

法解释学的研究对象，是具有规范性的法律文本。在我国，法律文本既可以是宪法、法律、行政法规，也可以是司法解释、地方性法规和部门规章等，而在普通法国家除了成文法律之外，可能还包括司法判例。法解释学所注重的是对法律文本本身的原意和精神做出解释。研究者通常也对法律的实施状况进行观察和思考，但这种思考更多的是围绕着立法原意是否得到理解、司法人员是否了解立法宗旨等问题而展开。这是其一。

其二,法解释学的基本方法是解释法律文本的立法原意和立法宗旨。当然,由于研究者本身并不是法律文本的制定者,他们在解释立法原意的过程中会了解立法者的立法宗旨,但又会对法律文本加上自身的理解和理论解释,从而使这种法解释学变成一种创造性的研究活动。而这种解释法律文本的活动一旦具有普遍的影响力,并能够被上升为人们所广为接受的理论,就有可能反过来推动司法人员按照法学家的理论来理解法律,甚至促使立法者按照法学家们的解释理论来修改法律。一般说来,法解释学的最高成就往往是一部部学术性教科书。这些教科书通过重新阐释法律文本的立法宗旨和立法精神,发展了法学理论,甚至创立了某一理论体系。在十四五世纪的罗马法复兴运动中,很多学者的研究工作就是从重新解释罗马法的原意来开始,并最终走向一系列法学理论体系的创立的。

其三,它的研究目的是为法官充当理论指导者,充当法官的老师。很多搞法解释学的人认为,法官毕竟不是专门研究法律的人,因此难免在实践中错误地理解立法原意,曲解某些条文的立法精神,因此法学家的使命就是解释立法原意,使法官错误理解法律的情况得以矫正。很多受法国、德国法学研究方法影响的学者,认为法学和其他学科能够区别开来的主要领域就是法解释学。有的学者就明确指出,解释法律是法学家的主要任务,社会科学的问题应当让社会学家去研究。其实法解释学存在一些致命的问题,它的作用很有限。比如刑讯逼供问题用法解释学能够解决吗?是法律规定不完善那么简单吗?在我国的刑事案件中,95%以上的证人不出庭作证,哪种立法精神能解释这个问题呢?前面我列举了那么多程序被架空的例子,也足以说明,靠法解释学解释立法原意,根本不能解释中国的问题。

（三）规范法学研究的三大局限

我认为，规范法学方法是法学研究中不可或缺的基本方法，至今仍有其生命力。甚至可以说，规范法学与法学研究具有共生性的关系。那种试图将规范法学方法废除而用社会科学方法取而代之的观点，是一种非此即彼的极端主张，是不足取的，也不符合我的真实意图。我要强调的是，这种研究方法存在一定的缺憾，需要用别的方法来弥补。

第一，规范法学仅仅关注法律条文的制定、改进和实施，忽略了法律作为一种社会现象的复杂性。按照社会科学研究的视角，法律本身就是一种社会现象，它和经济现象、历史现象、文化现象等一样，都是社会科学方法研究的对象。换句话说，法律条文、法律的实施、法院的判决书、案例，乃至法律理论的讨论本身，都是社会现象。我们不要忘记法国著名法学家勒内·达维的那句名言，那种把法律条文本身当作研究对象的学问不是法学，法学真正被称为一门科学，是因为法律条文背后的东西和一个社会的政治、经济、文化、传统乃至生活方式结合在一起。达维还有一句话值得我们警醒，立法者要改造法律条文本身很容易，但是法律条文背后的东西却是很难改变的。法律条文背后的东西如果不发生相应的变化，那么，立法者对法律条文的改变就有可能像语言学家动辄改变我们的语言规则那样，注定是劳而无功的。举个例子，北京大学和哈佛大学都是世界名校，两所大学都有各自的研究生培养规则和教授的职业伦理和学术规范。如果我们要把哈佛大学的规则搬到北京大学来，只要懂外语，这项工作很快就能完成。但是这样的规则在北大能得到适用吗？规则只是表面的东西，对这两个学校真正起决定作用的是一系列政治、经济、文化、传统以及教育理念等因素的影响。哈佛大学作为具有数百年历史的美国私立大学，诞生于美国立国之前，它的治理方式与作为中国国立大学、前身为京师大学堂的北京大学是不可同日而语的。两所大学差距如此之大，怎么可能动辄讨论照搬哈佛大学的规则来改造北京大学呢？

这个例子显然可以说明，要研究哈佛和北大的区别，绝对不能只研究规则，在规则的背后还有很多更为重要的东西。非常不幸和遗憾的是，我们很多搞部门法的人只知道研究规则，研究刑法的人只研究中国和德国共同犯罪构成要件之比较，研究刑诉的人只关注各国保障证人出庭作证的规则。这样的研究就如同民国期间的一些海归学者试图废除中国的拼音文字、创立一种基于拉丁文字的新语言那样，注定是不会成功的。不考虑中国社会的基本情况，而只关注于照搬其他国家的法律规则，这是没有意义的。作为法学研究者，要想推进法律理论的发展，我们就不能有太多改造社会的冲动，学者的使命在于研究问题，提出自己的理论，这是我们责无旁贷的责任。或许，有些法学家可以对本民族法制的发展做出较大的贡献，但不要忘记，真正使法学家成为一个独立职业群体的，还是对本民族法律理论的实质性推进。

第二，规范法学过分强调解决问题，而忽略了对社会科学的核心问题——因果关系的分析。我们应当注重对问题成因的发现和解释，因为找到问题发生的真正原因，就可以解释更多的现象；找到普适化的原因，可以发现问题发生的规律。芝加哥大学的科斯教授因提出著名的“科斯定理”，获得了诺贝尔经济学奖，他或许在制度设计层面上没有解决多少问题，也没有提出任何对策，他的全部工作就是解释因果关系。但恰恰就是这种揭示因果关系的研究使他名垂青史，成为真正的理论大师。我们要认识到，那种动辄解决问题、推进国家治理的冲动，会使我们难以创造出真正的理论，难以有机会成为一个真正的社会科学家。在我们以往的改革过程中,学者们动不动就提出要引进一个制度,比如在 1996 年《刑事诉讼法》修改时,绝大多数学者鼓吹引入对抗制,结果现在对抗制在中国根本无法运行,而从西方引进的其他制度也基本上被架空了。但是,现在仍然有学者在“前赴后继”地继续从事这个事业。我们为什么不研究一下,这样一套制度在中国实践中到底如何运作?存在哪些问题?问题的原因何在?如果对问题没有进行深入的分析,动不动就进行对策研究,就好比一个人患了病,病因都没找到就开药方一样,不出问题才怪呢!这样一种研究方法过于强调解决问题,不重视对中国现实问题的研究,不重视从基本的经验事实提炼出一些富有说服力的概念,更是忽略了对社会科学中基本的因果关系的研究,以至于被所谓的规则构建遮住了智慧的双眼。

第三,**规范法学还有一个缺憾,那就是过分强调对西方理论的运用,把中国现实当作西方理论适用的“例题”**。大家知道,一个会解几何题的人,不一定能成为数学家,因为他只是将通用的理论套到个案中来,而很难从个案中找到理论创新的灵感。与此相似,现在很多法学研究者的工作就像是在做“几何题”,将其他国家普适的原则直接套到中国的现实中,提出解决问题的方案。在这种逻辑推理中,西方的理论和立法例是不容置疑的大前提,中国的问题是小前提,推理的结论就是直接引进西方的制度设计,提出改进中国司法的对策。这种忽略本土特性的研究,很难创造出富有开创性的理论和成就。诸位细想一下,我国的改革开放和法学教育已经进行了二十多年了,我们接受了多少法律概念、制度设计和法律理论,但是这些概念、制度和理论究竟有哪些是中国学者自己提出来的?难道我们真的心甘情愿将中国作为西方理论的“殖民地”吗?在法学研究中,如果我们不满足于也不甘心做西方理论的介绍者和引进者,就应当有创造自己理论的意识,从中国本土的经验提升出中国的法律理论。或许在这一点上,“越是民族的就越是世界的”。

当然,我们对规范法学的反思并不是要否定规范法学的研究。其实在法学研究中,一定会有很多学者从事规范法学研究,每个社会都会有一部分学者从事改进立法、推动司法改革的活动,这是无可厚非的。法解释学也确实和法学是相伴而生的。但我们要强调的是,应该有一部分学者警惕这种方法的局限性,进行新的探索。将社会科学方法引入法学研究中来,就是在尝试进行这种新的探索。

社会科学方法的引入

为什么要引入社会科学研究方法?究竟什么是社会科学研究方法?这一方法与经济学、社会学具有怎样的关系?社会科学方法能取代规范法学方法吗?这些都是我们在讨论法学研究方法时经常遇到的问题。

(一)为什么要引入社会科学研究方法

我们已经讨论了规范法学的局限性,对这种方法的缺憾进行了反思。那么,我们究竟应如何看待法律问题?我们必须承认,法律不是孤立存在的,它处于社会有机体之中。法律的制定、实施是一种社会现象,它会涉及整个社会的政治、经济、文化以及其他一系列社会因素。因此,要研究这种社会现象,必须引入社会科学研究方法。我个人认为,社会学上的功能主义学派的观点对我们的研究是有启发的。按照这种观点,法律制度和政治制度、经济制度一样,是社会有机体的组成部分,从事法律研究的人,不能把法律从这些社会因素中抽象地剥离出来,忽略其他社会因素对法律的影响。因此,社会科学方法的引入,一个重要的作用就是要把法律科学回归到它真正归属的上位概念中来，回归社会科学的精神家园。通过这种回归，研究者可以避免把法律条文孤立于社会因素之外，真正地从社会的角度看待法律问题。

我认为，有个基本判断是可以成立的：一个社会的生活方式决定了这个社会的法律制度，社会的生活方式和治理结构不发生根本变化，法律制度的提前大跃进注定要被彻底架空。当年安徽凤阳小岗村的农民为进行土地承包到户的改革，甘冒坐牢甚至丢掉身家性命的风险，签了血书，后来这种承包到户的改革在全国推广开来。试问一下，这是哪个人设想出来的改革吗？中国社会发展的基本经验事实说明，这种改革出现的真正原因是，当时中国社会已经发展到了这个阶段，人们的需求也已经到了这个阶段，不这样改革已经不行了，人们宁肯冒着身家性命的危险，也要进行这种改革，这绝非哪个政治家一拍脑袋就能决定的。政治家们的伟大贡献就在于顺应了这种历史潮流，从当时的经验出发提出并推行了这种改革，使之成为挽救中国农村经济的灵丹妙药。同样的道理，有生命力的法律制度必须顺应整个社会的发展，当社会转型发展到一定程度时，法律制度的改革就是顺理成章的事情了。所以在这个意义上，我赞成一种观点："时间是解决问题的一个非常重要的要素。"

还有一句很深刻的格言，刚才已经讲到了："立法的理由不存在，法律也就不存在了。"我们要研究一种法律制度，必须要注意有没有产生这个立法的理由和原因，有了这样立法的理由和原因，才有可能产生这样的立法，而没有这样的立法理由，法律的存在就没有意义。北京市有关禁放烟花爆竹的地方性法规几经废立，这就是一个典型的分析样本。过年时燃放一些烟花爆竹，庆祝中国人的节日，这是中国人的传统习俗。中国人哪怕到了天涯海角，也都有一种放放鞭炮、热热闹闹过年的心愿。

但是立法者为着一个善良的目的——避免鞭炮伤人,减少火灾,偏偏要制定一个违反社会公众传统习俗和真实意愿的规则——禁止燃放烟花爆竹。结果,这个法规根本没有得到实施的民意基础,造成几乎全体社会公众都产生“违法乱纪”的冲动,一部分人甚至公然违抗这个法规,贩卖、运输、燃放烟花爆竹。法律从其公布之日起,就注定了破产的命运。这个教训显然说明,研究法律规则不能简单地就事论事,而必须从法律规则背后的政治、经济、社会、文化、习俗等角度进行深刻的分析,将法律制度视为复杂社会现象的一种。从去年开始,北京市终于顺应了民众的善良风俗,对燃放烟花爆竹进行了解禁,但也加强了管理和监督,以避免燃放所带来的负面作用。这一“爆竹禁放”事件,颇有点类似于美国在20世纪二三十年代的禁酒运动,最后都是不了了之,“法律制度让位于民众的意愿”。由此可见,法律本身不是目的,法律应当是一个社会中所有力量对比的最表层的产物。就像我们常常说的一句话,“法律无非是政治的晚礼服”。可惜我们在研究法律过程中常常将法律与其所处的社会环境割裂开来,以孤立、静止的眼光看待法律现象,以为法律本身就是一切,这是非常片面的。其实,法律有自己的生存空间,也有自己的局限性。陈寅恪先生曾经说做学问的最高境界是通和透。当我们把法律都看透了,问题也就简单了,就不会出现从事对策法学的冲动了。

社会科学方法最接近科学研究方法。以经济学为例,目前最前沿的经济学研究都是使用数学语言进行研究,这种强调精确的研究态度,几乎同自然科学的研究方法是一致的。多年以来,从事规范法学研究的学者忽略了一个问题:规范研究的科学性何在?这种研究在多大程度上是个人的价值判断在发挥作用呢?对策法学、法解释学都存在这个问题。有人说法学处于“一只脚踏在科学,另一只脚踏在神学”的尴尬局面,是很有道理的。事实上,很多部门法的基础理论都是价值判断,刑法中的罪刑法定、罪刑相适应原则,刑诉中的程序正义和无罪推定原则,民法中的公平、等价、有偿原则,难道不都是一种应然的价值判断吗?对于价值判断问题,我们难以证明,也无法从事科学的研究,因为它们属于接近信仰的领域。而规范法学研究的一个最大教训,就是使用了太多的价值判断,没有一套客观的评价标准。相反,社会科学方法有一套衡量研究科学性的指标,如研究要从经验事实出发,要有问题意识,要进行概念化研究,要接受证伪和验证。这种方法可以弥补规范法学研究的不足,值得在法学研究中引入。

最近几年我系统地读了一些涉及经济学方法的书,逐渐认为社会科学的各个学科都有自成体系的方法,但也有一些最基本的研究范式和研究进路是完全相通的。有兴趣的同学可以读一下林毅夫教授的《论经济学方法》,大家也可以再看看社会学、人类学方法论的书,最后会发现这些方法都有很多相通之处。法学研究者应该用最通用的社会科学方法研究法律问题,只有这样才能使我们的结论更加科学、经得起检验。而现在的对策法学以及法解释学的结论中存在太多的价值判断,一旦将其中价值判断的部分抽出来,很多结论就没有意义了。我自己的研究经历也表明,这种社会科学方法在法学研究中具有很强的生命力。我在 2000 年出版了《刑事诉讼的前沿问题》,在去年又出版了第二版,第二版我改掉了 2/3 的内容。一个非常有意思的现象是,被改掉的 2/3 的文章中,基本上都有一部分是对策研究,而对策研究很大程度上都是基于价值判断做出的。一旦立法者不采纳或者置之不顾,过一段时间这种研究肯定就没有生命力了。而对策即使被采纳了,法律终究还有改革的时候,到时候这种结论和分析过程也就没有意义了。相反,那种历久弥新、具有超越时空的生命力的论文,经常是描述、概括和解释性的,而不是动辄应然判断性的,而且文章对问题描述得越准确、所提出的概念越具有独特性,就越具有生命力。这一点在引用率上也得到了充分的反映。

(二)什么是社会科学研究方法?

那么,究竟什么是社会科学方法呢?我认为有两个问题应该讲清楚。

第一,社会科学研究方法不等于社会学方法,也不等于经济学方法,它属于所有社会科学通用的方法。我个人认为,把法学完全倒向某一个社会科学学科,可能有一定的好处,但是同时会带来很多弊端,那就是很容易使法学方法丧失个性,受制于其他社会学科。比如,如果我们把法学研究完全倒向经济学,这是有很大局限性的。因为法经济学无法解释很多现象。那种理性人的假设怎么能解释我们今天的司法活动呢?法官审判难道只考虑提高效率、节约成本吗?这只是问题的一个方面。现在问题的关键是,哪个国家的制度不强调实体的正义和程序的正义?这个问题用法经济学能解释吗?我举这个例子是想说明一个问题,法经济学能够解释很多现象,有很大的理论贡献,但是对有些问题无法解释。社会学的方法能解释一切吗?在美国的法学研究中有法社会学派,但是这种研究方法在有些方面已经剑走偏锋,甚至有时候人们会感觉这种方法并没有抓住法律问题的要害。其实社会学的方法有它固有的一面,它对价值判断很排斥,而法学研究总会有一些价值判断的东西融在其中。所以我个人认为,引入社会科学方法并不意味着完全倒向某一门社会科学学科,而是要引入社会科学通用的方法。我这里强调的是经济学、社会学、人类学、历史学等通用的方法,这种方法是以因果关系为核心,强调论证的基本方法,以解释现象、揭示成因为目的。

第二,社会科学方法用两句话概括就是:从问题出发开始自己的研究,将本土的经验上升到一般理论。从问题出发开始自己的研究,就是以实践中发生的问题和现象作为自己研究的出发点。中国作为社会转型期的国家,存在大量的问题,这是进行社会科学方法进行法学研究的最好资源。很多留学归来的社会科学学者都有一种体会,中国处于社会转型期,每时每刻在每个领域都在发生剧烈的变化,今天难以把握,明天难以预测,中国已经成为世界上最为丰富的问题策源地。“中国问题”已经成为各门社会科学都不容回避的世界性难题。这就是中国学者进行研究的最大优势。而中国学者的最大劣势则是研究方法。我国法学研究中没有引入社会科学最基本的方法,使很多研究处于低水平的状况,导致实践中产生了两个极端:法学论文要么是带有“草根”色彩的调查报告,要么是空洞无物的理论思辨。很多学者的文章倾向于调查报告,大量的数据和案例充斥在文章和书籍中,却提不出理论,无法抽象出概念,以至于很多学者的研究在为西方学者提供原材料或者半成品,令人甚为惋惜。就像在工业领域中一样,我们的石油、煤炭卖给其他国家,他们加工一下再卖给我们,我们对原材料没有充分利用,这不是让人痛心疾首的事情吗?很多美国的学者到中国来,就是调查中国的问题。一位美国学者写了一篇有关中国刑事辩护制度的文章,在他的注释中我发现,他访谈的对象包括了很多中国法官、律师和法学者,所使用的数据、案例、判决书也都是中国本土的。但是他在文章中提出了好几个富有说服力的概念,将整个分析上升到了理论模型的高度。很显然,这位美国学者尽管并不真正了解中国,却对“中国问题”进行了开创性的研究,提出了一些富有新意的理论,对中国问题及其成因具有一定的解释力。这一例子足以说明,只有掌握和运用社会科学的一般方法,才能在纷繁复杂的经验事实中提出概念和理论,做出自己的理论贡献。

再举个例子,在刑事诉讼领域有一位大师级的人物——美国斯坦福大学的帕克教授。他最大的贡献就是提出并论证了刑事诉讼的两大模式理论——犯罪控制和正当程序。他在文章中主要是把美国 20 世纪 60 年代以来正当法律革命中出现的两种思潮,上升到模型化的高度。现在英美的教科书和论文中,只要研究到价值问题,基本上言必称帕克。当然,我们并不是说提供资料的工作不重要,但是有了好的素材却拿不出优秀的成果,总是让人心有不甘。毕竟,没有这种理论标签化的东西,学者在理论上就不会达到最高的成就。

这里涉及如何认识理论的功能问题。一般说来,理论的功能主要是两个:第一,任何理论模型都是信息节约的工具,一种理论、一个定律、一个定理可以表达非常丰富的思想;第二,理论有助于解释更为普遍的现象。在一定的领域内,一种理论能够具有很大的解释力。从这个角度来说,帕克的理论很具有代表性。其实,两大模式理论揭示了实践中的两个难题:一个是国家要打击犯罪,要有效地控制犯罪;另一个则是要维护正当程序,给犯罪嫌疑人、被告人充分的防御权。形象地说,犯罪控制是一种接力比赛模式,正当程序模式是一种跨栏赛跑模式,在这两种模式下,刑事诉讼或者是打击犯罪的工具,或者是保障人权的手段。这种理论尽管是以美国的经验为基础而提出的,但是它对于解释中国的问题同样具有很强的说服力。在 1974 年,耶鲁大学的格里菲斯教授又提出了第三种模式——家庭模式。根据这种理论,所谓犯罪控制和正当程序模式,都是对抗制诉讼下的产物,我今天把它的适用范围概括为对抗性司法,但是在未成年人案件的诉讼程序中,这种对抗性司法还具有绝对的正当性吗?这种诉讼程序与其说是要实现正义,倒不如说更强调对未成年人的治疗和关爱。所以,格里菲斯提出的家庭模式,显示出在犯罪控制和正当程序以外,还有第三种价值体系,这是一种以关爱、挽救、治疗为核心的刑事司法理念。同学们可以看看最近的刑事司法改革运动,从未成年人案件刑事司法制度的改革,到刑事和解制度的兴起,都体现了第三种价值体系的复兴。在这种案件中,犯罪控制和正当程序已经退居幕后了。

这两种理论尽管都是美国学者提出的,但却是超越国界的,具有普遍的理论贡献。我们要认识到,问题是客观的,所有解决方案都是主观的;任何制度设计都是个别的,而真正的理论却是超越国界的。那种有生命力的理论应当具有普遍的解释力,尽管它发生在美国,但是它对于其他国家的问题还是会有普遍的解释力。比如,贝卡里亚的思想基本上奠定了现代刑事法律的基础,而帕克的理论则深刻影响着几十年来刑事诉讼理论的走向,我们对很多问题的理解无法摆脱帕克理论的影响。

社会科学方法的第二个归宿,是总结本土的经验,上升到一般理论,做出自己的贡献。"总结本土的经验、上升到一般理论",就是把本土法律制度发展和司法改革中进行的各种改革试验,上升到理论化的高度,从而使它具有普遍的解释力。当然,这个目标通常是难以实现的,目前中国法律制度存在的问题比较多,但是可供总结和提炼的经验却比较少,中国学者很难从中国经验出发,做出自己开创性的理论贡献。尤其值得注意的是,中国法律制度现在已经变成了受英、美、法、德、日等国家影响的"百衲衣"式的制度,整个中国法学也基本上是移植法学、引进法学的产物。从这个角度来看,似乎总结中国本土的经验就显得更为困难了。也许,林毅夫教授提出的观点,对于我们分析中国的问题会有所帮助。他指出,中国的经济学家也面临着各种理论的冲击:如果按照西方的经济理论分析中国问题，得出的结论就是中国经济在未来即将崩溃；而按照有些学者的理论分析，中国经济的未来可能是非常乐观的。面对这样的现实，中国的学者只能走第三条道路，就是把中国经济在改革开放以后发生的奇迹作为一种经验事实进行研究，提出一种新的理论。提出新理论的路径，就是先归纳、后演绎，先从经验事实入手，概括出一个理论模型，然后再进行证伪和验证，从而使它上升到理论化的高度。他说他自己以前所作的研究，很大一部分成果就是将中国农村经济体制改革中的经验上升到了理论化的高度，从而做出了一些为西方经济学同行所根本无法完成的研究。相反，如果在经济学研究中动辄把外国的理论作为前提，就注定只能接受前面那些或者极端悲观或者盲目乐观的结论，但这些结论既违背常识，也经不起社会科学方法的验证。

当然，我国的法学研究同经济学研究相比，还存在不小的差距。中国经济改革和经济转型的独特经验为经济理论研究提供了极好的素材，成为经济学家进行理论创新的前提和基础，而中国的法律学者究竟能做出多少自己的贡献呢？中国法学研究者可不可以进行一场“法律发现运动”，将中国社会行之有效的治理方式作为基本经验，将其上升为富有创见的理论模型呢？这是困难的，但却并不是完全不可作为的。比如对于“马锡五审判方式”，我们以前进行过批评和反思，而很少总结其中的经验。其实，马锡五审判方式是在特定社会背景下出现的，这些社会背景即使在今天的中国依然存在，因此这种制度在今天可能还有它存在的空间：一是中国的乡土社会，因为在乡土社会为主的国家中，必定要排斥正规的审判，强调和解和调解。二是小农经济的影响，中国目前大多数人还生活在农村和城镇，因此，农耕文明对人的观念影响很大，这对于正规审判也有着抵触作用。三是基层民众对司法的需求，那些来自西方的对抗制、律师制度、证据规则距离普通民众太遥远了,正式的法律制度越是得到发展,对普通民众而言越是显得不方便。一个值得研究的现象是,民事诉讼中的“谁主张、谁举证”制度在中国很多基层法院根本无法贯彻,“举证不能就败诉”这种符合法律逻辑的做法,在中国基层有时很难实现,因为法官普遍担心这种裁判方式会引起当事人的申诉和上访。最后,今天强调的“社会和谐”与根据地时期实行的“群众路线”有着相似的社会背景,中国的政治结构也没有发生太大的区别。在这种背景下,马锡五审判方式所强调的“巡回审判”“注重调解”“诉讼便民”措施,就显得富有生命力。对于这种活生生的中国经验,法学研究者为什么不进行总结呢?

再看人民调解制度,这被很多西方人士称为“东方经验”。但是这个中国本土的、特殊的经验,有多少学者在真正关注呢?谁能够将对这种制度的研究上升为一般化的理论呢?与此有关的是,在刑事司法领域兴起的“刑事和解”运动,具有超乎我们想象的生命力。山东烟台搞了“平和司法”改革试验,适用范围已经从三年以下有期徒刑的轻伤害案件,扩展到未成年人犯罪的案件、过失犯罪案件。而北京市海淀区检察院将这种制度的适用范围扩展到了大学生犯罪的案件,只要被告人认罪、赔偿、赔礼道歉,被害人不再追究,检察院对被告人就不再起诉,法院可以判处缓刑或者从轻处罚。即使在一些较为严重的犯罪案件中,刑事和解制度也在得到适用。比如近期发生的很多涉及在校大学生犯罪的故意杀人案件,被告方向被害人的亲属进行了真诚的赔礼和谢罪,并提供了高达几十万元的高额经济赔偿,被害方最终原谅了被告人,不再提出对被告人适用死刑的要求,法院则根据双方达成和解协议和被告方业已履行民事赔偿的情况,对被告人不再适用极刑,而是判处死缓或者更为轻缓的刑事处罚。

其实,刑事和解制度在中国的出现,具有很大的现实基础。从被告人的角度来看,法院一旦对其作出有罪处理,就等于宣布他终生都是罪犯,因为这种犯罪前科和劣迹足以对其上大学、就业、参军、入党、提干以及其他各种政审产生极为负面的影响。正因如此,轻微案件的被告人一旦被不起诉或者撤销案件,就有可能与被害方积极达成和解协议,积极主动地提供高额经济赔偿,甚至为此不惜借贷还钱。相反,被告人一旦被法院定罪,尤其是被判处实际的刑罚,甚至在严重案件中被判处死刑,那么,被告方别说主动进行经济赔偿,就连赔礼道歉都不会提供了。一些案件的被告人被判处重刑之后,动辄转移财产和拒绝赔偿,甚至在一些极端的案件中与被害方结为世仇。而从被害人的角度来看,如果一味地要求司法机关作出有罪判决,甚至判处重刑,那么,被告方既不可能向其表达愧疚之情和谢罪之意,也更不可能进行任何形式的经济赔偿。即使法院强行作出刑事附带民事赔偿,这种判决也很难得到执行。刑事和解运动的出现,使被害方可以与被告方面对面地进行协商,被害方不仅获得了被告人的赔礼道歉,获得了相对高额的赔偿,而且这种赔偿可以得到即时履行,根本不存在执行难的问题。而被告人在赔礼道歉、赔偿损失的基础上,获得了被害人的谅解,要么被免除刑事责任,要么被判处缓刑或者适用显著轻缓的刑罚。不仅如此,法院、检察院在这个过程中也能够提高诉讼效率,节约诉讼成本,促成纠纷的彻底解决,大大减少申诉、上访现象。毫无疑问,刑事和解运动促成了一种各方利益兼得的局面,具有比传统的对抗性司法模式更为明显的优势。

刑事和解运动是一种自生自发的司法改革试验,这种制度的生命力根植于中国社会生活的经验之中。如果我们把这种改革经验经过总结和提炼,使之上升为理论,那么,这难道不可以做出独特的理论贡献吗?按照我个人的研究,如果说传统的司法模式可以被称为"对抗性司法"的话,那么,刑事和解运动的兴起,意味着一种新的建立在合作和协商基础上的司法模式在逐渐出现,这种模式可以被称为"私力合作模式"。这种注重社会和谐、强调司法现实主义的司法哲学,与那种注重司法正义实现的传统司法哲学迥然不同。这种基于中国经验的理论分析,很可能使中国学者做出为西方学者所无法完成的理论贡献。

研究发生过的经验事实

在分析了规范法学的局限性和引进社会科学方法的必要性之后,我们接下来讨论社会科学方法的四大要素。按照我的理解,社会科学方法应注重研究发生过的经验事实,研究者要有基本的问题意识,要注重社会科学研究的概念化,要充分发挥证伪和验证的功能。下面我们首先讨论"从发生过的经验事实出发展开研究"的问题。

张五常教授曾经指出:"一个最蠢的学者,往往去研究没有发生过的问题。"什么是"没有发生过的问题"?用社会科学的语言表达,就是那些没有出现在经验事实中的问题。例如,一个没有任何经验事实支持的纯属思辨的理论问题,一个在中国根本没有实施可能的制度设计,都属于"没有发生过的问题"。对于这些问题,研究者既无法通过考察经验事实来进行"可操作性的描述",也无法从经验事实出发提炼出任何富有说服力的理论命题。**在中国法学研究中,法学者经常误入歧途的两个方面就是过于抽象的理性思辨和以引进为目的的比较法学研究。**

或许是深受德国思辨传统影响的原因,中国法学者总是在潜意识中推崇那种“真正法哲学”层面的研究，认为这才是法学研究的“最高境界”。而对于具体的制度研究和规范分析，则认为这不过属于“工匠型”的研究，难以做出重大的理论贡献。在诉讼法学领域中，许多学者多年前就研究“证据的基本属性”问题，讨论过两性说、三性说，对证据是否应具有合法性问题进行过激烈的争论。我们需要反思，证据有什么“属性”真的那么重要吗？这是真正的问题吗？公安机关收集的那些证据资料一定是客观、关联和合法的吗？其实，证据有什么“属性”，这本身不是一个真问题，真正需要研究的是证据材料转化为定案根据的条件，这才真正的问题。这种喜好“理性思辨”的研究传统走到极端，就是将“辩证唯物主义认识论”引入“证据学”研究之中，甚至将其奉为“证据制度的理论基础”。但是，发现真相的问题在诉讼过程中尽管十分重要，却不是最为关键的。在很多情况下，没有发现事实真相，法院仍然要作出裁判；没有“客观事实”为基础，法院照样要实现正义。刑事诉讼中的“疑义时做有利于被告人的解释”，民事诉讼中“举证不能则判举证者败诉”，就都显示出这种程序法的思维方式。甚至在现代诉讼制度中，越来越多的程序规则和证据法则都不是为着发现真相而设计出来的，包括把沉默权、证人特权、非法证据排除在外的一系列诉讼制度，都对事实真相的揭示具有明显的阻碍作用。既然如此，那种将“辩证唯物主义认识论”奉为证据制度的理论基础的观点，岂不是完全无视人类诉讼活动的基本经验事实吗？

再来看最近争论得很激烈的客观真实、法律真实问题。刑事诉讼和民事诉讼领域的很多学者都参与了这场讨论，发表了不少论文。这个问题争论的核心在哪里呢？客观真实论者要求实事求是，而人类的认识又不能做到实事求是，不可能恢复事实的原貌；法律真实的主张者认为，人类的认识只能达到相对真实,因此给它一个标签——法律真实。大家可以看出,所谓“客观真实”和“法律真实”,争论了半天都不否认要发现真实,只是对于发现什么样的真实有不同的看法,两者有什么本质区别吗?没有。我们认为客观真实、法律真实的争论没有意义,因为两者讨论的是一个问题,只是表述方式不一样。其实这个问题研究的核心不应该是“真实”问题,而是“事实”问题。比如原告看见被告实施了侵权行为,这是一种经验事实,它要想转化为一种法律事实,必须经过法庭上的司法证明过程,这才是真正有意义的法律事实。法律真实说与客观真实说争论的另一个关键点,是对证明标准的不同认识。一个要求实事求是的最高标准,另一个要求相对真实的标准。其实这种争论也没有多大的意义,谁都知道证明标准不可能达到100%的真实。我们不可能像莎士比亚在它的戏剧《哈姆雷特》开场中那样,将所有发生过的“客观事实”都呈现在观众的面前,那是一种上帝眼中的真实。而在司法实践中,客观真实是永远不可能揭示的,我们只能通过证据最大限度接近对事实的认识,不可能完全实现真相的回归。我举这个例子,不是说这种研究一点意义都没有,而是说这种研究没有在研究“发生过的经验事实”,而是将一个口号或者标签作为研究的对象,违背了社会科学研究的基本准则。

在目前的法学研究中,研究“没有发生过的经验事实”的情况,还有对待外国法律制度的问题。例如,对待美国的“辩诉交易”和“沉默权”制度,研究者动辄重新论证其“理论基础”,讨论其历史源流,并对引进这些制度采取极为实用的态度。

以辩诉交易的研究为例。我们完全可以用比较的方法考察辩诉交易在美国是怎么发生的、在英国是否存在、在大陆法系国家是怎么移植的。这种比较研究的对象是客观存在的,在英美、大陆法系国家都是发生过的，这是一种可操作的比较研究。但是我觉得我们很难就辩诉交易在中国是否适用的问题展开研究，这种研究也很难得出客观的结论。现在果然是两派意见：一派支持，另一派反对。这种研究能够做出多少科学上的贡献，能够解释什么，能发现什么问题呢？这最多是一种对策研究。对策研究如果是西方的“舶来品”被拿到中国来就注定是“仁者见仁、智者见智”，没有标准。当一种争论没有标准的时候就会陷入“公说公有理、婆说婆有理”的状况。现在有很多讨论都是这样的，你说你的，我说我的，谁也说服不了谁，因为谁也没有办法拿出实践中的数据、案例、现象、事实来反驳对方。科学争论是需要拿出证据的，没有证据那就全是主观的价值判断，你主张引进辩诉交易，他主张拒绝辩诉交易，各有各自的道理，但是谁也说服不了谁。有些争论之所以到最后谁也说服不了谁，原因在于这个争论本身的科学性就值得质疑。

再来看沉默权制度的研究。迄今为止，我很少写过有关沉默权的论文。关于沉默权，我们应该怎么研究呢？这当然可以做比较法的研究。我们可以通过讨论沉默权的概念和历史发展，分析沉默权的正当性问题在西方法律理论中的演变。但对于沉默权能否在中国适用的问题，就很难做社会科学的研究。道理很简单，这种研究的主观性太强，难以有可操作的客观标准。从自由主义的角度来说，引进沉默权规则无疑有助于加强犯罪嫌疑人、被告人的诉讼地位，确保其更为有效地行使辩护权。但是反驳者可以说，沉默权一旦被移植到中国刑事司法制度之中，对于犯罪嫌疑人、被告人来说将是一场灾难，根本不是福音。在中国目前的国情下，犯罪嫌疑人在侦查阶段保持沉默，有可能会招致更严重的刑讯逼供；被告人在法庭上保持沉默，则无疑等于默认了那些对其极为不利的侦查案卷笔录。对于这些争论，我们如何进行客观的验证呢？很显然,对于一项外国的制度应否移植到中国来的问题,就属于研究一种“没有发生过的问题”。

有的同学可能要问,社会科学到底应该研究什么?在我看来,研究者与其研究辩诉交易应否引进中国的问题,倒不如认真研究中国自生自发的协商性司法问题,这是中国本土出现的现象。牡丹江铁路运输法院曾经运用辩诉交易审判过孟广虎案件,这被称为“中国辩诉交易第一案”。很多学者都据此认为,中国已经出现了辩诉交易的萌芽,并将这一点作为中国应当引进辩诉交易的证据。但是,迄今为止,黑龙江省有关司法机关就辩诉交易的改革试验再也没有了下文。仅仅根据这么一个偶然发生的经验事实,法学者就敢断言辩诉交易引进中国没有太大的障碍,这岂不有些过于草率了。其实,在孟广虎案件中,如果没有被害人与被告方的私下和解,被害人如果不是获得了赔礼道歉和4万元的经济赔偿,检察机关无论如何也是不敢与辩护方进行“辩诉交易”的,法院也不会直接对双方的交易进行“形式审查”的。在控辩双方达成“辩诉交易”的背后,其实存在被害方与被告方的率先“交易”,也就是前面分析过的刑事和解。显然,被害方与被告方和解协议的达成,已经构成辩诉交易的前提条件。这就是存在于“中国经验事实之中”的辩诉交易,而不是美国“原汁原味”的辩诉交易!

于是,我们应该研究在中国本土自生自发地出现的“协商性司法”制度。这种协商性司法从其产生那一天起就不是辩诉交易,因为辩诉交易中没有被害人的参与,在中国要想搞这种协商性司法,离开被害人的参与就没有生命力,因为只有被害人与被告方形成和解,获得相对满意的赔偿,不再提出进一步的刑事追诉要求,放弃申诉和上访,司法机关才敢于接受这种协商结果。我国现在已经有了这种经验事实,我们却舍近求远，不去研究它，动不动就去研究什么美国的辩诉交易的演变历史，并论证将这种“舶来品”引进中国的必要性，这不是好高骛远又是什么呢？

什么是发生过的经验事实？在我看来，这种事实必须是出现过的、可操作的经验事实。这种经验事实既可以是一个法律文本，也可以是一种法律的实施状况，也可以是一场学术争论。如果把法律的实施状况当作一种社会现象的话，它可能表现在立法、司法、法学研究等各个领域。比如有的学者不去研究客观真实、法律真实，而是研究“事实清楚、证据确实充分”这个证明标准在实践中是怎么被扭曲的，是怎么被异化的，这样的研究就有经验事实支撑，提出的理论能够让人心服口服。学术争论本身也可能成为我们研究的对象，比如对于法律真实和客观真实的讨论，我们完全可以看这场争论为什么会发生，这场争论的实质是什么，它反映了什么样的思想。

目前，我们认为比较容易把握的、已经发生过的经验事实主要有以下几种：

(1)法条。我认为法律条文是一种现象，是一种经验事实，它至少是客观存在的，表明立法者已经制定了一套条文来规范这个社会。(2)案例、判决书以及司法数据统计。诸如大量的刑讯逼供现象，大量的超期羁押现象，大量的证人不出庭现象，大量的宣读案卷笔录的现象等，这些都是我们研究的对象。(3)某种理论思潮。理论思潮也是一种客观的存在。前些日子发生过的客观真实和法律真实的讨论，这本身就是一个客观存在。尽管我本人几乎没有参与这次讨论，但我关注这种讨论，关注这种争论背后的思维方式。所以，一种思潮、对于一个问题的学术争论，本身也是一种客观存在的现象，现在有些学者开始写文章研究某种思潮、某种争论，这些思潮、争论完全可以作为经验事实进行研究。总之，只要一种发生过的经验事实能够被我们所把握和操作，它就可能为我们将来的研究提供素材和样本。

基本的问题意识

很多例子都显示，研究者除了经常研究那些“没有发生过的问题”以外，还缺乏最基本的问题意识。即便是找到了一个可供研究的经验事实，如果没有基本的问题意识，也照样无法展开社会科学研究。当一个学者的研究不以问题作为逻辑起点时，这样的研究会变成什么样子呢？有相当多的博士论文都存在这个方面的问题。在很多场合，我都把这种缺乏问题意识的研究称为“教科书体例式的研究”。博士学位论文的教科书体例问题近年来发生了很大的变化，但这种研究体例对法学研究仍然有很大的影响。

比如一篇有关民事侵权问题的博士学位论文，内容上包括侵权的概念、历史发展、两大法系侵权法的比较、有关发展动向、中国侵权法的问题与侵权立法的现状、未来侵权法立法的若干设想等部分。暂且不看论文的内容，仅仅从论文大纲来看，按照这种体例进行研究能做出好的论文吗？有一次我看到一篇有关公益诉讼问题的博士学位论文，也具有这样的教科书体例，论文讨论了公益诉讼的概念辨析、性质、理论基础、历史发展以及两大法系的比较。请注意，这几部分内容已经占据 12 万字的篇幅，而整篇论文才不足 20 万字。作者在最后的不足 8 万字的篇幅里，讨论了中国的公益诉讼问题。最后答辩委员会的结论是，资料较为丰富，论据较为充实。言外之意恐怕是论文主要在积累资料方面做出了贡献。一些研究沉默权问题的论文，动辄讨论沉默权的概念、历史发展、哲学基础、沉默权在两大法系的发展、在国际公约中的表现、中国是否确立沉默权、有关沉默权的争论以及引进沉默权制度的立法构想等。这样的论文写作体例,几乎已经成为一种新的"八股结构"。

坦率地说,教科书体例的论文,在总结资料方面也做出了一定的贡献。但是,这种论文貌似面面俱到,全面系统,但实际上并没有一个中心论点,也没有一条一以贯之的理论红线。如果一篇博士学位论文没有这么一个中心论点和一条红线,就等于没有一个贯穿始终的、需要加以论证的论题。这样的博士学位论文是很难做出较大理论贡献的。另外,教科书体例的研究经常属于对策法学研究,或者属于为提出立法对策的法解释学,规范法学在其中充当了主角。不仅如此,教科书体例的研究无法发现问题,更无法从问题出发,对社会科学研究中的因果关系问题做出分析,更无法提出一种理论模型。通过这种方式写出的论文,最多具有中国古代"策论"的价值。但立法者一旦置之不理,在修改立法和推进制度改革时不将其作为参考,论文纵然经过出版,也基本上避免不了被打入"冷宫"的命运,最多可以供将来写博士学位论文的人作一些参考而已。

当然,我绝不认为大多数博士学位论文都处于这样的水平,而只是说博士论文一旦具有这样的教科书体例,就不可能有学术上的生命力。这种教科书体例的博士学位论文之所以无法产生较大的理论贡献,是因为作者缺乏基本的问题意识。很多同学在博士学位论文的选题阶段都遇到一个难题:如何设计论文的大纲。在此种情况下,我经常会让我的学生说出在这一选题所涉及的领域内,究竟存在哪些问题,其中最为关键的问题是什么。等学生将问题全弄清楚了,我会告诉他说"大纲出来了"。因为所有这些问题经过排列组合,在一个中心论点的组织下,论文的框架就已经顺理成章了。

应当注意,问题是科学研究的逻辑起点。自然科学是如此,社会科学也是如此。当年著名的科学哲学家卡尔·波普尔在其《无穷的探索》这一思想自传中就反复强调问题意识对于科学研究的重要性。之所以强调问题是研究的逻辑起点,其原因很简单,因为不以问题为前提的研究注定只能重复前人的研究,而不可能做出真正的理论推进和贡献。

下面重点讲问题的三个构成要素。我曾经给研究生讲课时谈到,英语中的两个词都不能概括这里所说的“问题”:一个是 question,另一个是 problem。这里所说的“问题意识”的“问题”,如果非要在英语中找到相对应的词,最接近原意的应该是 issue。一般说来,这种意义上的“问题”必须同时满足以下三个构成要素:

第一个要素,要想构成社会科学研究中的“问题”,它必须是一个长时间、普遍发生的疑问。例如,在刑事诉讼领域中,目前最为重要的理论问题是“犯罪被害人的权利保障”问题。首先,在我国刑事诉讼中,被害人在法律上是当事人,但在司法实践中却很难具有当事人的地位,其诉讼权利也很难得到保障。一些经常性的问题反复出现,比如当公安机关不立案、撤销案件或者检察机关作出不起诉决定时,被害人能成功地把公诉案件转化为自诉案件吗?在理论上,被害人有这样的权利,但是实践中被害人要想达到这种效果,却困难重重。其次,在一些基层人民法院,法庭审判时很少通知被害人出庭,或者即使偶尔让他出庭,也只是令其以附带民事诉讼当事人的身份参与诉讼活动。这意味着大多数被害人其实无法有效地参与法庭审判过程。既然我们连被害人的参与权都保障不了,就更谈不上维护他的其他诉讼权利了。最后,我国刑事诉讼中的定罪和量刑程序是合而为一的,法院审理刑事案件中,既解决定罪问题又解决量刑问题,那么被害人如何对量刑问题发表意见、影响裁判结论呢？我国一些基层法院的缓刑率已经达到50%以上，但是没有一个缓刑案件的判决听取过被害人的意见，这实际上剥夺了被害人参与量刑裁决的机会。而对于刑事附带民事赔偿问题，由于我国的附带民事诉讼和刑事诉讼合而为一，这就剥夺了被害人充分参与的机会，没有举证质证，没有充分的辩论，最多在审判时有一个简单的附带性辩论，更不可能对附带民事诉讼与独立的民事诉讼进行自由自主的程序选择。这些大量反复出现的现象，让我们感觉到被害人问题是一个真正的问题，而构成一个问题的前提是反复出现的普遍性疑问。

第二个要素，这个疑问不是一般的疑问，必须是用本学科最前沿的理论也难以解释和解决的问题。同学们都知道，一个初学法律的人满眼都是问题，但是那些问题仅仅是一个个question，而不是issue。一个学科中真正的理论问题，一定是穷尽了本学科最前沿的理论，也无法解释的问题。我们还是以被害人为例，现有的理论能解释上面提出的问题吗？不能。所以我提出要对犯罪和侵权的关系重新考察。传统的刑法学把犯罪的本质属性定位于"社会危害性"，这是纠问式诉讼产生以来，我们对犯罪所作的一种标签化的定义。比如马克思说过，犯罪是孤立的个人反对整个统治关系的斗争。这样的说法带有国家追诉主义的特征，是犯罪和侵权分离化的产物。但是透过今天的司法实践，我们可以看到，这样的定义存在问题，刑法学家们有时过于自负了。其实在那些有被害人的犯罪案件中，犯罪的基本属性还应当包括"私人侵权性"。换句话说，这样的犯罪具有双重危害性：一个是社会危害性，另一个是私人侵权性。比如一个杀人行为，按照现有的理论要否认它的私人侵权性，而片面强调它的社会危害性，难道这不是无视社会生活的经验和常识吗？一个强奸案件，如果只强调其社会危害性，而忽略被害人受到的身心伤害，这样的研究是不是已经脱离了我们的生活常识和经验了呢？一个抢劫案件，如果只强调它的社会危害性，不强调对被害人的权利保护，不强调其权益受到损害的特殊性和独立性，这同样是不能成立的。

由于有了这样的区分，所以我认为刑事附带民事诉讼问题多多少少与犯罪和侵权的关系有关；而把民事诉讼附带于刑事诉讼，其背后是把侵权行为依附于犯罪行为，而不强调它的独立性。如果我们能够发现这个问题，认为犯罪行为具有双重属性，既有社会危害性又有私人侵权性，应该给予私人侵权性独立的保障，那么附带民事诉讼制度的正当性就大大值得怀疑了。借用圣经中的一句格言来说明，就是"上帝的归上帝，凯撒的归凯撒"。犯罪所带来的双重后果，应当引发两种独立的诉讼：侵犯国家利益的问题由刑事诉讼处理，侵犯个人利益的问题则通过独立的民事诉讼来处理。然而在司法实践中，民事诉讼被刑事诉讼所吸纳，从证明标准、缺席审判到赔偿损害、精神损害赔偿等方面都可以看出，中国的附带民事诉讼制度已经成了一种畸形的制度，不能跟上目前民事诉讼和民事制度发展的需要，它无法维护基本的正义。比如有一个强奸幼女的案件，被害人只获得了不足100元的医疗费赔偿，这就是所谓的"物质损害赔偿"，至于被害人提出的精神损害赔偿，则被法院以法律没有明文规定为由加以驳回。大家可以想象，透过附带民事诉讼中普遍存在的问题，我们是否能够发现犯罪定义中的问题呢？或许，正是因为我们将犯罪仅仅定位于"社会危害性"，才导致了一种理论上的自负和狂妄，使被害人所受到的"民事侵权"问题始终不具有独立性，有关的民事诉讼请求也不得不依附于那种建立在国家追诉主义基础上的刑事诉讼。

从这个例子可以看出，"问题意识"的"问题"，必须是用现有理论无法解释的，而且能够启发研究者另辟蹊径，从一个独特的角度来挑战通行的理论。有的学者说,问题的发现和提出往往等于理论研究进行了一半。我认为这个说法是很有道理的。我们要进行理论创新,首要的一点就在于发现真正的问题,树立基本的问题意识。其实,每个学科都有这样的前沿问题,关键是大家要拿出自己的慧眼,多阅读多思考,要有这种问题意识,把真正的问题发现并揭示出来。迄今为止,从事诉讼法学研究的学者已经发表了很多有关被害人问题的论文,出版了几部专著,但这一问题至今仍有进一步开拓的空间。在未来的研究中,如果有人能从刑法与民法、犯罪与侵权、刑诉与民诉之间关系的角度展开研究,那么,他几乎肯定会在这一领域做出开创性的理论贡献。

第三个要素,要对一个"问题"之所以成为理论问题进行必要的验证。用什么来验证呢?如果有些现象、有些理论能说明这个事实,那这个问题就不成其为问题了。有的时候,我们一开始以为发现了一个问题,但是经过检验才发现,其实这往往不是一个真正的问题,这种情况在研究过程中经常出现。我最大的体会是,在研究开始的时候觉得自己发现了一个足以颠覆传统理论的问题,但这个时候不要急于动笔,完全可以继续寻找新的经验事实,看能不能使它构成一个真正的问题。只有证明这一问题具有相当大的"辐射面",所提出的理论假设具有普遍的解释力,才足以说它构成一个真正的理论问题。

比如,今年暑假我花了近一个月的时间来研究刑事和解问题。我开始在网上搜寻信息、看一些期刊、在书店里找相关的书籍,还考察了各地司法机关所进行的几场改革实验,然后在论文大纲中提出了一个问题——中国传统的刑事诉讼理论都是建立在控辩双方立场对立、直接对抗的基础上的,无论是无罪推定、沉默权、非法证据排除规则还是程序正义,都是以对抗性司法为中心而存在的。很多法学者也主张以这样的诉讼形态作为建构中国刑事诉讼制度的理想样本。但司法实践的常识和经验告诉我们,这样的想法根本不切实际,这样的理论体系也根本没有太大的存在空间。在目前的法庭审判中,只有20%左右的被告人作无罪辩护或者当庭翻供,80%以上的案件中被告人当庭作出了有罪供述,放弃了无罪辩护的权利。试问一下,在这些案件中还有多少对抗性司法存在的空间?在这种法庭审判中,无罪推定、程序正义还有多少可适用的制度空间?于是,我认为,在对抗性司法模式之外,存在一种适用于大多数刑事诉讼程序的合作性司法模式,也就是那种以被告人认罪、双方达成协议为基础的合作性司法。其中,检察官和被告人的合作是公力合作,被告人和被害人之间的合作是私力合作。这两种合作形式占据了目前刑事案件的80%以上。也就是说,目前以无罪推定、程序正义为核心的诉讼理论只能对不足20%的刑事审判具有有效的解释力,而另外80%的刑事审判则无法从这些传统理论中获得令人信服的解释。对于绝大多数刑事案件的审判过程,难道我们还有固守传统的理论教条不放,而不去进行理论上的开拓和创新吗?从此可以看出,理论创新的关键是发现问题。我发现的问题就是,“对抗性司法理论对大多数刑事审判不具有解释力”。这个问题提出后,要有大量的经验事实、数据来检验它,我就通过考察协商性司法、诉讼程序、刑事和解制度来检验我提出的问题,直到这篇论文写完,我还在继续验证我提出的是不是真正的问题。在写完这篇文章的初稿之后,我的结论是,有经验事实能够初步证明我提出的是一个真正的问题。

很多时候,大家写博士论文的开题报告,就是在论证我们提出的是不是真正的问题,或者究竟是不是足以带来理论创新的大问题。其实导师们特别担心的是,大家提出的是一个伪问题,或者仅仅是一个不具有理论辐射力的技术问题。那样的话,论文即使已经写完,其立论和框架结构也只能推倒重来。因此,这就要求大家从现在开始培养自己的问题意识,重视问题的发现、提出和验证。需要注意的是,具备了真正的问题意识,也就意味着你能够发现一个离理论创新最近的问题。这就为那种开创性的法学研究奠定了坚实的基础。

社会科学研究的概念化

在社会科学研究中,研究者除了要"从经验事实"中发现问题以外,还要提出理论上的假设命题。一种真正意义上的社会科学研究,需要研究者从纷繁复杂的事实、材料和样本中提炼出新的概念、新的命题、新的理论。换句话说,要使社会科学的研究最终走向"概念化"。大家有兴趣可以看一看唐德刚的《晚清七十年》、黄仁宇的《万历十五年》,这是两本强调社会科学研究概念化的历史学名作,作者从纷繁复杂的历史事实和历史材料中提炼出了一系列崭新的概念和理论,如唐德刚的"两次社会转型说""历史三峡说",黄仁宇的"数目字管理说"等。历史研究尚且强调概念化,法学研究就更需要在诸多繁杂的案例、判决、数据、现象和事实中提炼出抽象的概念和富有说服力的理论。

(一)社会科学研究面临的风险

要讲清楚社会科学研究的概念化问题,我们需要从社会科学研究的风险谈起。社会科学研究主要存在两个风险:第一个风险是"只见树木,不见森林"。也就是说,很多研究者的眼里只看见了大量的数据、材料、现象和事实,而不能提出任何假设。我们认为这样的研究不能实现社会科学的概念化,而至多提供了一些案例、数据和资料。一些没有基本理论框架的社会调查报告式的作品,就是这种研究的典型样本。当然,一个调查报告可以不必提出假设、命题或者理论模型,甚至连新的概念都不用提出。研究者只需要对有关问题运用科学的方法调查清楚,然后加以整理即可。比如,很多实证研究者通常用图表、数据把一个法院的现状分门别类地罗列出来,让读者清楚地了解这个法院的基本状况和存在的问题。但是我认为,这种研究并不是一种完整的社会科学研究,而至多是社会科学研究的原材料或半成品。要想做出真正有贡献的社会科学研究,研究者必须在此基础上提出假设,或者至少提出一个前人没有提出过的命题。一些学者接受过现代社会科学方法的训练,对司法实践进行了大量的调查,写出很长的论文。但是读者看完论文之后通常非常失望,因为这种论文虽然对若干个法院各方面的情况描述得非常详细,也发现了一些问题,但是文章既没有提出新的概念和假设,也没有做出任何实质上的理论推进。人们甚至觉得作者在运用所谓的"实证方法"论证了一些众所周知的结论。可以说"只见树木,不见森林"是目前实证研究中存在的一个大问题。当然我也认为,提出一个理论模型、假设确实不是很容易的事情。不过,这种困难的存在并不意味着实证调查就是提出调查报告、进行数据分析,否则,那些在调查咨询公司从事数据分析的调查员就都是最好的社会科学家了。正如同经济学研究并不必然以运用数学分析为前提一样,社会科学研究也并不必然意味着研究者非得使用数据统计不可。社会科学研究的关键在于提出概念和建立理论模型,而这都要以最基本的问题意识为前提。

社会科学研究的第二个风险是研究者为避免那种过于主观的断言,有时会走向另一种极端,那就是过分强调细节和过程,把过程细节化、素材故事化。目前一些搞社会学、人类学研究的学者都存在这种问题。即使是一些大师级的人物也不例外。比如商务印书馆曾经出版过两本书：一本是迪尔凯姆的《自杀论》，另一本是美国哈佛大学社会学系的怀特教授写的《街角社会》。我去年就把这两本社会学的经典著作买回来，进行了仔细阅读。应当说，前一部著作的最大贡献在于，作者对自杀这一略带个体化的问题从社会的角度进行了解释，这是前人所没有做到的。迪尔凯姆提到，自从工业革命以来，由于人口流动加剧，城市化的发展，人和人之间的关系出现了疏离，这种疏离使人的感情越来越脆弱，寻求传统办法进行救助的可能越来越小，导致了自杀率的上升。这种通过社会变迁来解释自杀原因的论述，是很新颖的，作者通过对这一小问题的分析，提出了一个社会学上的重大理论命题。而在《街角社会》中，作者深入一个意大利裔美国人聚居的社区进行访谈，接触了当地各个阶层的人士，有普通 PIZZA 店的老板、街角的无业青年、妓女等，论述了很多人的故事和街角社会的情况。这也是一本社会学名著，但在这本书中，作者似乎过于重视一些细节的描述，而缺乏概念的提出和理论的分析。相比之下，在社会科学研究方面，前一部书的理论贡献要大于后一部书。

费孝通先生无疑在中国社会学领域做出了巨大的贡献，也是具有世界声望的中国学者。我曾经一遍又一遍地阅读他的代表作——《乡村经济》和《乡土中国》。相比之下，前一本书对中国江南乡村的具体情况进行了详细的介绍，却没有得出任何结论，理论贡献要小于后一本书。而在《乡土社会》中，费先生用极为简练的语言，对中国传统社会的各个层面进行了分析，提出了很多概念和理论，有些概念至今还为人们所广为接受。比如他将中国乡土社会中的人际关系概括为“差序格局”。尽管这个概念从提出到现在已经 70 多年了，但它仍然具有很强的解释力，并非常经典地概括了中国乡土社会的一个特征——以自我为中心，根据地缘关系、血缘关系层层往外推开，逐渐构成一个人情关系网。仅仅就这一概念而言，《乡土中国》比那些纯粹对中国乡土社会生活状况进行描述的著作，就具有更大的理论贡献，它有助于我们来解释何以中国传统社会具有一个一盘散沙式的整体格局。

我们要时刻提醒自己，要防止社会科学研究中的细节过程化、素材故事化倾向。其实这种倾向即使在其他社会科学研究中也有不同程度的表现。很多历史学家写的书就是在讲故事，却提不出理论；很多社会学家对中国农村的研究，甚至就像写小说一样注重细节。为什么我们喜欢读黄仁宇先生的《万历十五年》？为什么唐德刚先生的《晚清七十年》令人愿意一读再读？为什么一个并非学院派的学者吴思能够写出《潜规则》《血酬定律》这种具有理论贡献的历史作品？我觉得一个重要的原因是作者不单纯进行描述和讲故事，而是能从大量繁杂的史料中提出概念，建立理论模型，并能进行一定的论证。比如在《万历十五年》中，作者通过描述这一年中发生的历史事件，提出了几个概念、假设和命题，这些理论概括为人们认识中国历史发展提供了一种系统化的思考。《晚清七十年》中同样如此。所以，一个做社会科学研究的学者，要谨慎地对待所掌握的事实和资料，不要陷入这些事实和资料中不可自拔，以至于成为细节和故事的奴隶。否则，所谓的"社会科学研究"就可能在分析资料、描述事实方面浅尝辄止，而无法提炼出自己的概念和理论。

（二）社会科学研究概念化的要素

下面我们从法学研究的角度，来考察如何将社会科学研究上升到"概念化"的程度。我这里主要分析三点：

第一，法学研究要引入社会科学的研究方法，要走向概念化，必须善于从纷繁复杂的素材中提出假设性的命题。这种假设性的命题不仅应来自已经发生过的经验事实，而且还要对问题的存在和发生的原因具有理论上的解释效力。

在最近几年的研究中，我自己对这一点有着越来越深刻的体会。我过去曾研究过中国的刑事审判方式，对对抗式诉讼的引入及其局限性问题进行过一些分析。但通过研究近期的一些法院判决书，旁听法院的刑事审判过程，阅读法院的审判案卷材料，我又有了新的灵感。在《案卷笔录中心主义》这篇论文中，我试图针对中国的刑事审判方式问题，提出一个新的假设——案卷笔录中心主义。提出这假设的证据有以下四个：(1)检察机关在开庭之前将主要证据的复印件移送法院，法官有机会接触和研读侦查机关制作的部分案卷笔录；(2)法庭上有选择地宣读案卷笔录，证人基本上不出庭；(3)法庭审理结束后，检察官将全部案卷材料移交法院，法官在休庭后进行全案卷阅卷；(4)案卷笔录一直随案移送，从一审法院转至二审法院、死刑复核法院，直到负责再审的法院，案卷笔录一直伴随着案件的刑事诉讼程序，并对于法院的事实认定发挥着主导性的作用。我们再看案卷笔录中心主义的影响。我认为，只要案卷笔录具有预定的证据效力，就不可能有证人出庭，不可能有证据法存在的空间，就不可能有真正的审判。文章最后的结论有些“骇人听闻”：中国刑事审判中的问题，与其说是改革审判方式，不如说是“重建法庭审判制度”的问题，因为案卷笔录中心主义导致中国并没有真正意义上的“法庭审判”，整个庭审就是在走过场，实质的裁判过程发生在庭后的阅卷过程中，它是产生判决结论的基础，而这必然架空了整个法庭审判过程。在这种情况下，法庭审判就成了为进行法制宣传教育而举行的“仪式”。在分析过程中,我使用了大量的数据和案例进行论证。为了提炼出这个结论,我看了《刑事审判参考》从第 1 期到第 46 期所刊载的几乎所有刑事判决书,旁听了数次法庭审判,还认真研究了一些法院的审判笔录。我认为,到目前为止这种观点尚未被驳倒,案卷笔录中心主义的概念能够解释中国目前的审判方式。

在进行上述研究的过程中,我最大的体会是,要想做出学术上的独特贡献,就得学会从问题中提炼出规律性的概念和理论,通过分析问题发生的原因提出必要的理论模型,使其能够解释大量的现象。如果我们善于进行这样的"概念化"处理,那么,再复杂的资料、事实和数据,也会成为我们从事理论研究的工具。相反,如果我们认识不到社会科学研究的真谛,就可能深深地陷入资料、事实和数据中不可自拔,甚至资料和数据越具体和翔实,我们反而越是深受其累。

第二,运用社会科学方法进行法学研究,必须做到"先归纳后演绎"。这个著名的方法论命题,是已故的语言学大师王力先生最早提出来的。按照他的说法,做学问就要先归纳后演绎。这句话具有极为丰富的内涵。什么是"先归纳后演绎"?一般说来,归纳就是从个别事实之中抽象出一般的通则来,而演绎是将那些普遍适用的原理适用到某一特定场合之中。演绎是一个倒金字塔的结构,把一个一般的理论适用到个案;相反,归纳则是一个正金字塔的结构,从诸多个别的情况上升到一般的理论。我前面所讲的做几何题的例子,就是典型的演绎推理,把一般性的理论运用到个别的案例情景,并得出结论。要进行法学研究的理论创新,究竟应当先归纳还是先演绎呢?

我们先看演绎。在研究中法学者对演绎推理使用得比较多,很多学者的研究思路典型地体现了演绎推理的逻辑:以西方的法学理论和制度设计作为大前提,中国的问题是小前提,结论就是根据西方的法学"原理"提出旨在解决中国问题的立法建议。这种研究方法在部门法的研究中大量存在。这种简单使用演绎推理的研究方法存在以下问题:(1)研究者对各种西方理论的普遍适用性持之不疑,而将它们视为"放之四海而皆准"的真理,甚至将其意识形态化和教条化。比如,大多数学者都把无罪推定、罪刑法定、程序正义作为不可动摇的理论前提,没有进行任何怀疑,没有提出任何挑战。传统的刑事诉讼法和刑法学研究,不都是从这些"基本原则"和"基本原理"出发,来进行典型的演绎推理吗?但按照这种演绎推理组织法学研究,研究者要做出自己的理论贡献,又能有多大的机会呢?(2)研究者一开始就使用演绎方法,只能把中国的问题个案化,难以从中国问题出发提出一般化的假设和命题,甚至会不切实际地认为,中国的问题在西方制度的框架下都能够解决。如果真是这样的话,我们的研究不就变成对西方法学理论的学习和传播过程吗?但是,仅仅靠这种学习和传播过程,我们最多能够引进一个以西方制度为样本的法律制度,而不可能进行任何带有创新性的理论研究,更不可能做出自己的理论贡献。可以说,法学研究动辄将演绎方法作为首要的逻辑推理结构,是难以做出大学问的。

那么,为什么要首推归纳方法呢?这种从个别到一般的推理方法有以下四方面的好处:(1)归纳方法可以使我们在开始研究时关注实践和经验事实,而不是一开始就关注理论。也就是说,在做研究的时候,我们不要一开始就考虑有哪些理论,而是要看实践中有哪些案例,立法中存在哪些问题,先从经验事实中发现问题,然后再以此为基础提出理论假设。如果你提出的问题能被现有的理论加以解释,就立即放弃,因为这不是一个真正的问题。也可以说,归纳方法的第一个好处在于,它可以帮助我们发现真正具有理论辐射力的问题。(2)在找到真正问题的基础上大胆地提出假设。胡适先生说做学问要“大胆假设、小心求证”,说的就是这个道理。“大胆假设”需要首先对大量的经验事实进行考察,从其中提出一个理论命题,而这只能靠归纳方法。(3)归纳方法容易使学者做出一些创新性的贡献,因为这种方法能够使学者发现现有理论的不足,提出现有理论的例外,而这正是学术创新的有效途径。罗马法有句著名的格言:“理论的例外构成了新的理论,原则的例外构成了新的原则。”就说明了一个重要的道理:法学发展的重要途径,是通过发现例外,提出新的理论。比如说,在对刑事和解问题的分析中,我们不能说无罪推定、程序正义错了,而是指出这些原则只适用于对抗性司法模式,适用于被告人作无罪辩护的案件,而在被告人放弃无罪辩护的案件中,它们就不适用了,这就是原则的例外,也是学术创新的突破点。(4)从个别到一般的归纳之后,并不排斥演绎推理,这种演绎推理最大的功能就是对归纳出来的理论进行验证,看归纳出来的理论是否具有普遍的解释力。比如说我在提出“案卷笔录中心主义”的概念之后,还要继续进行演绎式的证明,看“案卷笔录中心主义”的概念在多大程度上能够解释中国的刑事审判制度,有没有相反的证据足以推翻它。

第三,**在因果关系问题的分析中,注重发现对问题的成因具有解释力的外生变量。**社会科学研究要走向概念化,最关键的环节还在于揭示因果关系,这也是社会科学研究中最难的一个领域。所谓因果关系的研究,是指社会科学研究中需要重点解释某种现象之所以发生的原因。如果能够把原因、成因揭示出来,并上升到理论化的高度,这就是学者的重大贡献。林毅夫教授在《论经济学方法》中,用一些理论模型解释了为什么我国改革开放二十年来农村经济出现奇迹般的发展,从而解释了大量为西方主流经济学理论所无法解释的现象,这就是他所作的贡献。我认为在法学领域中同样如此,因果关系的研究非常复杂,我本人也是最近刚刚有一点心得,下面从两个方面谈谈自己的体会。

首先,要注意区分两个概念:一个是内生变量,另一个是外生变量。因果关系的研究,关键是把变量找出来,用理论化的变量要素来解释现象。变量中包括内生变量和外生变量。所谓内生变量,是指问题本身所包含的变量,由于其自身的属性,内生变量通常会引起循环论证。比如对"蛋生鸡,还是鸡生蛋"问题的论证,就是使用两个内生变量在相互论证,只是在蛋和鸡之间打转。要打破这种循环论证,必须引入外生变量。所谓外生变量,是指从问题的外部提出、使问题的成因可以得到充分解释的变量。举个例子,我们经常讨论为什么证人不愿意出庭?有的学者论证说,这是因为法院不愿意传唤他出庭。反过来说,法院为什么不愿意传唤证人出庭?是由于证人不愿意出庭。大家可以看到,这样的解释没有打破循环论证的怪圈,对问题的解释没有力量。相反,如果我们提出案卷笔录中心主义这一外生变量,从侦查案卷笔录具有预定的证据效力这一点加以分析的话,那么,法院为什么不传唤证人出庭作证的问题,也就能够得到崭新的解释。

再如,在分析刑讯逼供的原因时,传统的解释是这样的:刑讯逼供之所以会发生,是因为受到中国传统司法文化的影响,那么,这种文化传统又是怎样形成的呢?就是因为实践中经常发生刑讯逼供。这显然也是一种循环论证。所以我在指导自己的研究生写论文的时候,就要求他们不要轻易从什么"传统文化"的角度进行论证,这只是一种或然性的因素,这种传统无法直接导致刑讯逼供的发生。况且,我们的司法文化传统太多了，比如注重调解的传统、以人为本的传统等，遵循这些传统是不应该发生刑讯逼供的，但是刑讯逼供却为什么屡禁不止呢？所以说，这些“法律文化传统”的因素对于刑讯逼供发生的原因无法进行透彻的解释，而且容易造成循环论证。

我们再来看另一种视角，有学者从经济学中的“成本——收益理论”的角度来解释这个问题，认为通常情况下，刑讯逼供如果不造成人身伤亡，不造成冤假错案，办案人员就不会被追究刑讯逼供罪，受到其他制裁的概率也很小，也不会对他带来其他方面的害处，因此刑讯逼供的成本是很低的；而刑讯逼供的收益却是巨大的，因为刑讯逼供经常是警察破案的源泉，通过刑讯获取口供，再查找其他的证据，这已经成为实践中通行的办案模式了。通过对办案人员刑讯逼供的成本收益进行衡量，可以看出刑讯逼供的成本很低，而收益却很大，这是刑讯逼供发生的重要原因。大家看，从这个角度对刑讯逼供的发生原因进行解释是不是很富有新意？我认为答案是肯定的，因为研究者引入了一种重要的外生变量，成本收益理论也许不能解释发生刑讯逼供的制度原因，但是它能够解释办案人员进行刑讯逼供的动机，这样的解释很有说服力。

其次，因果关系的研究一定要找到直接因果关系，不要找隔了好几层的因果关系。历史学研究中有一句格言——原因的原因不是原因。我们可以分析这样一个问题：我们在教室里上课与某一个农村出来的学生上大学有因果关系吗？整个世界都是处于普遍联系之中的，这两个问题之间不能说没有联系。我们可以假设一下：由于我们在教室里上课，消耗了板擦、粉笔和桌椅板凳，使一家专门生产这些产品的工厂可以开工，有利润可得，工厂的工人可以得到工资，某一工人的子弟可以靠这笔工资收入上大学……因此，农家子弟上大学与我们在教室里上课有因果关系。但是,这种因果关系是直接的因果关系还是或然性极大的关系?这种对因果关系的解释在社会科学研究上有较大意义吗?

我们可以接着再举一个例子。为什么现在的中国法院很少作出无罪判决?法院为什么对证据不足的案件动辄采用发回重审、撤回起诉、疑罪从轻等方式加以处理,而普遍回避无罪判决呢?我们可以从两个角度来分析:第一,从刑事法官的角度。如果作出无罪判决,法官会面临怎样的压力和处境呢?了解中国的司法实践后我们就会发现,法官作出一个无罪判决,负责起诉的检察官对他有意见,负责侦查的警察对他有意见,甚至连作出一审判决的下级法院也会有意见,因为无罪判决是认定公诉人工作不力的一个标志,会影响他们的考核;对于下级法院而言,二审法院改判无罪,就很可能等于认定了下级法院法官出现了“错案”,这对于他们的收入和升迁,会产生极大的影响。而且在目前公、检、法机关中有这样的氛围,一旦一名法官作出了无罪判决,就可能引来别人的怀疑,有人猜测法官是不是存在“司法腐败”问题,甚至带来直接的刑事追究。与此相对应的是,法官作出无罪判决,对他们自身而言没有任何好处,法院根本不会通过考察无罪判决率来表彰法官。由此可以看出,无罪判决对法官来说没有任何好处,而且会导致一系列的负面影响。既然如此,那么还有几个法官愿意作出无罪判决呢?可见,对检察官、法官审判的评价机制、奖惩机制,是导致法院很少宣告无罪判决的直接原因。第二,这个问题还可以从社会背景的角度进行考察。目前法院所受到的社会环境压力很大,一旦法官判决被告人无罪,很多被害人就会直接上访,而上访率又是考核法院的一项指标,在这种情况下,法院作出无罪判决只能是慎之又慎。综合这两个方面可以看出,目前法院所处的社会环境,以及法官的奖惩机制才是导致法院很少宣告无罪判决的直接原因,这样对问题成因的解释也是有意义的。

证伪的功能

刚才强调做学问要“先归纳,后演绎”。在提出了一个概念、命题或者理论模型之后,我们还需要对这一理论进行必要的验证。或许,有时候任何一个研究者,在经过一段时间的苦思冥想和实证考察之后,都会突然冒出一些“思想火花”,也就是产生了顿悟或灵感。但是,如果不对这些结论性的命题进行验证,通过科学的论证程序加以检验,那么,人们是不可能对你的结论完全信服的。不过,对一个理论假设的论证也有两个方向:一是从正面寻找论据加以证实,也就是证明其成立;二是从反面寻找论据检验其能否被驳倒。对于前一方面,我们做得非常多,通常也就是从经验事实和理论正当性的角度加以论证,这一点不必多说了。但对于后一种论证方法,我们过去强调得较少,现在加以重点分析。这种旨在从反面论证自己的论点能否被驳倒的论证方法,在逻辑学上被称为“证伪”。大家在写博士学位论文时一定要注意,对于自己的论点不仅要善于从正面加以论证其可成立性,这种论证最多是完成了一半的论证工作,我们还要掌握基本的证伪方法。所谓“证伪”,顾名思义就是要证明某种观点不成立。在社会科学研究中,“证伪”作为一种验证方法,具有两个功能:

第一,证明自己的观点在什么场合下不成立,这能够为自己的理论和观点划定适用的边界和范围。没有“放之四海而皆准”的理论,我们要想使自己的理论真正客观化,一定要想办法证明自己的观点在什么情况下不适用,这样才能凸显理论适用的场合,明确划定自己理论的边界。我自己在研究程序正义理论时,最大的感触是,过去我研究程序正义问题，认为它是绝对正确的、有极强的适用性。但是最近我提出一个观点，程序正义在有些场合不适用。比如说某些诉讼程序中，控辩双方一直放弃了某些诉讼环节，当事人自愿放弃某些诉讼权利，从而换取诉讼的快速进行，这种为提高效率而设置的简易程序，就有可能牺牲部分程序正义的价值。再如，程序正义只适用于对抗性司法之中，如果被告方与公诉方达成协议，如双方通过辩诉交易就量刑问题达成了一致意见；如果被告方与被害方就赔礼道歉、民事赔偿问题达成了和解协议，被害方据此不再要求追究被告人的刑事责任，司法机关根据这一和解协议作出免除或者减轻被告人刑事责任的决定，在这种"刑事和解"程序中，程序正义适用的空间就大大降低了。也就是说，程序正义适用的前提是控辩双方具有直接对立的诉讼立场，而在80%以上的被告人认罪的案件中，被告人连辩护都放弃了，过分强调程序正义还有什么意义呢？这样一来，我们就发现了程序正义在适用上的几个重大例外，而在这些例外场合下，程序正义的正当性和必要性显然得到了证伪。尽管如此，程序正义价值的正当性并没有被完全推翻。恰恰相反，只要在我们清楚地知道某一理论在什么场合下根本不适用时，我们才能摆脱对这一理论的盲目信仰，而科学地划定这一理论的适用空间，从而使理论研究尽可能地走向客观化。

第二，证伪可以用来证明自己的观点没有被驳倒，尚未被其他观点所取代。证伪的这一功能，曾在卡尔·波普尔的作品中得到经典的表达。他在《猜想与反驳》这部科学哲学名著中，对证伪的这一功能作出了充分的解释。用证伪的方法证明自己的观点没有被驳倒，可以从两个角度展开：一个角度是对已经出现的相反观点要加以驳斥，证明它不成立。比如，现在很多人主张在中国建立辩诉交易制度，但也存在很多反对的声音，如果支持者不能驳倒反对的观点，就很难证明建立辩诉交易制度的正当性。我发现在很多经典的著作或文章中，它的后半部分往往就是驳斥相反的观点。在我接触的论文中，美国康奈尔大学的萨默斯教授所写的关于法律程序价值的文章最具有经典性。这篇文章发表在《康奈尔法律评论》上，当时我读这篇论文的时候，对它的文章结构大惑不解，我以为他会用大量的篇幅从正面论述程序正义的正当性，但是这篇论文只有1/3内容在说程序正义的正当性，而文章2/3的篇幅针对五大反对意见，逐一进行证伪。这是我第一次接触证伪的验证方法。当时没有什么太强的感觉，只是觉得这种论证很新颖，中国很少有学者采用这样的论证方式。现在再回想这篇文章才意识到，他是在做证伪的工作，而这恰恰是文章最大的亮点。

另一个角度是对可能挑战自己理论的潜在观点进行证伪。比如在写论文的时候，我们经常说，"可能有些学者会认为……"，这其实就是在不自觉地运用证伪方法。很多进行经济学研究的人都有这样的感受，只有使自己的观点经受住证伪的检验，才能使自己的观点处于暂时没有被驳倒的状况。因为社会科学和自然科学不一样，很多理论都不能通过实验来验证，而科学的证伪程序则可以保证这些理论处于暂时没有被驳倒、没有被推翻的局面。或许在社会科学研究中，我们如果能做到使自己的理论观点经受住各种各样的证伪程序的验证，这种理论观点就具有很大的说服力了。

如何进行原创性研究

我们前面已经从四个方面讲了社会科学研究的基本方法，强调要研究发生过的经验事实，要具有基本的问题意识，要将社会科学研究上升为概念化，要发挥证伪的双重功能。这都是社会科学研究中必须掌握的基本常识方法。但是，要进行真正意义上的开创性研究，要在法学研究中做出原创性的贡献，仅仅掌握这四个方面还是远远不够的。那么，就大家做博士学位论文而言，如何进行创新性、开拓性的研究呢？下面我结合自己做学问的一些经验和体会，对这一问题谈谈自己的一孔之见。

首先，论文选题一定要"小处入手，大处着眼"。这是许多学者的共同经验。它包含两方面的要求：一是不要动辄寻找那些强调宏大叙事的课题。比如，我曾经看过一篇民事诉讼的硕士论文，题目是《论民事诉讼与法治》；刑诉的学生也曾经写过《论无罪推定与程序正义》。如此宏大的论文选题，有一个重大的缺陷，那就是很难从经验事实出发上升到理论，而往往流于对现有理论的综述。在以前的法学研究中，综述性的研究曾颇为盛行，几乎所有法学学科都会有几大本综述的书籍。如果我们选择这样的题目作为论文选题，要想避开综述性的写作方式，将是非常困难的。二是要选择一个小的切入点，但是这个切入点应当通向一个大的理论问题。举两个例子：在民事诉讼的赔偿标准问题上，中国的民事法庭从来都是不判决赔偿律师费的，实践中经常出现这样的情况：一方当事人打赢了官司，但是获得赔偿的数额还不够支付律师费，导致得不偿失。这是一个小问题，但是它涉及民事诉讼中的重大理论问题，反映出中国的诉讼费制度、中国法官对待诉讼的态度，以及民法中的惩罚性赔偿制度，都存在严重的问题。再如刑事诉讼中，为什么警察不出庭作证？警察不出庭可能是一个非常小的问题，但从这一点出发，我们会发现一些大问题，比如中国的法院在刑事诉讼中有司法审查权吗？法院能审查公安机关侦查行为的合法性吗？在中国的行政诉讼中，可以审查行政行为的合法性，但却没有把侦查行为的合法性纳入其中，这不是非常严重的问题吗？再追问下去，对这种行为我们能否进行违宪审查？《宪法》第37条到第41条规定的公民权利最有可能被侦查人员侵犯，但是它们能被纳入司法审查的范围吗？大家可以看出，仅仅一个警察出庭问题，就可以映射出如此多的大问题来。所以，“小处入手，大处着眼”非常重要，它既有可操作性，又能取得重大的理论突破。

其次，要注重发现基本原则和基本原理的例外。前面已经谈过，理论的例外构成新的理论，原则的例外构成新的原则。在现有的研究中，我们要想从正面提出一个宏大的、一般性的理论问题是非常困难的，因为西方法学研究到今天已经有几百年的历史，几乎所有法律学科中的基本理论问题都已经为西方学者所涉猎。我们现在能做的，就是从中国目前的经验事实出发，发现一般理论的例外，再将例外上升到理论模型，这可能是中国学者做出自己理论贡献的最好契机。比如根据我自己的经验，刑事和解制度的出现，在一定程度上就是无罪推定、程序正义、对抗性司法、沉默权、非法证据排除规则、证据法的例外。因此我提出了公力合作、私力合作两大模型，也许这就是以后进行理论创新的突破点。所以同学们要注意，一种同传统理论相悖的经验事实一旦反复出现，我们不要急着用通行的理论去否定它，而要论证是不是理论出现了例外。也许，例外累积多了，一个新的原则就诞生了。

再次，交叉学科的研究是理论创新的永恒源泉。一般说来，要想在某一法律学科内部寻找理论创新的契机，经常是十分困难的。很多学者都发现，有时候绕来绕去还是西方法学论述过的问题。但是，目前的法律学科是基于法学教学和研究的方便而做出相应的分类的，但法律制度中的问题却并不会随着学科分类而被完全归入相应的某一学科。所以，必然有大量的基本理论问题既无法被完全归入民法、民事诉讼法，又无法被完全归入刑法、刑事诉讼法、犯罪学之中,甚至还有一些基本问题恰恰存在于各个主要法律学科的交汇点上。对于这些处于不同学科的边界或交叉之处的问题,法学者仅仅运用任何一个学科的理论、知识和经验,都很难做出开拓性的研究,而必须求助于多学科理论和知识的综合运用。以下我可以举出五个例子。

第一个例子,中国司法实践中大量出现的刑民冲突现象。对于这个问题,刑法学者不研究,民法学者也很少去探讨,其中的基本理论还有待开拓。在司法实践中,有的案件当事人在民事诉讼中胜诉,但是在刑事诉讼中被判处了刑罚;有的刑事案件中,被告人刑事责任的认定要以民事确权为基础,但是刑事法庭却在确权判决未作出时,确定了被告人的刑事责任。这些是典型的多学科交叉研究的领域,值得关注。

第二个例子,非法证据排除规则。根据这一规则,法院要对警察、检察官违反程序法取得的证据宣告无效。但是,按照普通侵权法的理论,要制裁违法者,就要追究违法行为人的个人责任,非法证据排除规则却并不要求追究违法侦查的办案人员的个人责任,而只是要求宣告其违法侦查所得的证据无效。这在传统的民事侵权法中是无法作出解释的。或许这已经成为一种新型的侵权责任分配问题,暗含着一种程序性法律责任理论的出现,是有可能进行开创性法学研究的一个崭新选题。

第三个例子,刑事被害人问题。它涉及犯罪和侵权的界限、刑事诉讼和民事诉讼的界限、民事赔偿诉讼的独立性等一系列问题。

第四个例子,附带民事诉讼是刑事诉讼中的一个最大难题,理论上还没有出现富有开拓性的论文和著作。这一课题涉及民事诉讼和刑事诉讼的关系、犯罪和侵权的关系,还涉及贪污腐败案件中是否存在被害人的问题。《联合国反腐败公约》第一次提出腐败案件的被害人的概念，它为一种独立于刑事诉讼之外的民事公诉制度的构建，提供了理论基础，而我国在这个问题上也没有形成理论。

第五个例子，宪法与刑事诉讼法的关系。在各国宪法中为何只有被告人的权利，而没有被害人的权利？在没有违宪审查机制保障的情况下，嫌疑人、被告人的权利保障能有多大的发展空间？我国这种“不可诉”的宪法，在为被告人权利提供司法救济方面能发挥多大的作用呢？从这可以看出，宪法和刑事诉讼法的关系问题值得大家好好研究。

最后，要抛弃将现有理论意识形态化、教条化的倾向，不要把任何理论视为绝对的、不容挑战的真理。我们应当意识到，所有的理论都是只能解释一部分问题和现象，具有自己的生命力，都有自己适用的时间范围、空间范围，而不是放之四海而皆准的。只有具备这种意识，面对中国社会转型中的问题，才有创新的可能。

附录三

如何研究法律问题*

在过去的法学研究中，笔者曾经提出了“中国的问题，世界的眼光”这一研究方法上的命题。当时主要是针对中国法学界所盛行的“对策法学”和“思辨法学”现象，提出了法学研究应当将问题作为研究对象、法学者应具有最基本的问题意识的观点。但是，有关法学研究方法的讨论还可以继续深入进行下去。我们可以继续追问以下问题：怎样才能寻找和发现法律问题？如何才能对问题的成因作出准确的解释？如何通过对问题的解释提出一般的法律理论？如何对该项理论作出令人信服的论证……一言以蔽之，面对一个法律问题，我们究竟如何展开研究活动呢？

在近年来的学术研究中，笔者越来越深刻地意识到，法学研究中的几乎所有问题，在一定程度上都是研究方法问题。在目前的研究条件下，资料早已不成为问题。原先为研究者所抱怨的国外研究资料匮乏的

---

* 本文原为《程序性制裁理论》(中国法制出版社2005年第一版，2010年第二版)一书的序言。本版在第一版的基础上做了修改。

问题已经不复存在。大量的来自欧洲和北美的法学著作、教科书和法典都被翻译成中文，并被迅速地推向图书市场；大批西方法学者来华进行访问、讲学，将最新的法学理论和立法动向迅速传播给中国法学界；越来越多的法学者或留学欧美，或从事短期的学术访问，将最新的西方法学思想带回国内。与此同时，对中国立法和司法现状认识得越来越深入，对中国问题的把握越来越准确，也使法学者对于很多问题的分析和解决拥有更大的发言权。然而，这一切似乎仍然不能克服法学研究中的种种缺陷和不足。在表面繁荣的法学研究以及大量“繁衍”的法学论著背后，存在研究方法陈旧、研究视野狭隘和高水平法学成果严重匮乏的问题。而这一切问题的核心，仍然是研究方法问题。

一般而言，科学研究始于对问题的发现和解释。问题是一切科学研究开始的前提和基础。卡尔·波普尔就认为：“从这种方法论的观点来看，我们从问题开始我们的研究。我们总是发现我们处在一定的问题境况中，而且我们选择一个我们希望解决的问题。这种解决总是尝试性的，是一个理论、一个假说、一个猜想。将各种相互竞争的理论加以比较和批判讨论以便发现它们的缺点，并且总在改变、总不定论的批判讨论结果构成所谓的‘当代科学’。”

在胡适看来，科学方法是用事实作起点的，“不要问孔子怎么说，柏拉图怎么说，康德怎么说，我们须要先从事实下手，凡游历调查统计等事都属于此项”。科学研究始于对客观事实的观察。无论是自然科学还是社会科学，都应围绕着如何解释客观存在的经验事实来展开。按照张五常的告诫，“最蠢的学者，是试行解释没有发生过的事”。

不过，科学研究的前提并不是单纯的事实本身，而是事实所蕴含的无法得到解释的问题。对于这种问题,胡适称为"困难的发生",张五常则视为"不明白"。按照前者的解释,"人必遇有歧路的环境或疑难问题的时候,才有思想发生",而"有些困难是很容易得到解决的,那就没有讨论和指定困难的所在的必要"。而真正能够引发科学研究活动的往往是那些既无法得到解释也没有解决之道的"困难"和"问题"。而按照张五常的说法,真正从事学术的人"为文的出发点,永远都是因为有些世事他不明白,要试行解释",而"为了满足自己的好奇心,要对世事多知一点,也为了要明白而想解释一下"。

对问题的解释离不开归纳方法的应用。按照胡适的形容,"平常论理书里说归纳法是'从个体的事实力求出普遍的法则来'的方法。但是这句话是很含糊的,并且是很有弊病的。因为没有下手的方法,故是含糊的。因为容易使人误解归纳的性质,故有弊病。宋朝的哲学家讲'格物',要认'即物而穷其理'……后来王阳明用这法子去格庭前的珠子,格了七天,格不出什么道理来,自己犯病倒了"。事实上,"单去观察个体事物,不靠别的帮助,便想从个体事物里抽出一条通则来,是很不容易做到的事,也许是不可能的事。从前中国人用的'读书千遍,其义自见'的笨法,便是这一类的笨归纳。"

过去,中国法学界较为注重理论分析,而不擅长、也忽略了经验性实证研究,所进行的"理论研究"大多是对西方法学理论的简单重复或者综合总结而已,而不可能提出富有创新性的法学理论。有鉴于此,一些法学者独辟蹊径,注重对经验实证研究方法的运用,亲自到司法实践中去收集素材、掌握数据,并透过对这些数据的统计分析,来发现一些新的问题,并得出一些新的结论。但是,由于不清楚归纳方法的局限性,也根本缺乏最起码的问题意识,有些学者在运用数据统计分析方面出现了"走火入魔”现象。例如,有的研究者对司法、立法乃至研究理论中所存在的问题缺乏最起码的了解,就匆匆忙忙地投入实证调查之中;有的研究者还对自己不了解法律问题“沾沾自喜”,认为这样恰恰可以摆脱一切固有成见之束缚,可以通过数据统计发现一些为正统法学者所“熟视无睹”的问题;还有的学者认为实证研究就如同“公正的审判过程”一样,也要通过数据统计来得出结论,还美其名曰“使结论来自实证研究过程之中”,并为此不惜维护一些尽管符合“实证研究程序”却违背基本经验常识的所谓“科学结论”……所有这些实证研究的偏差,都说明仅仅依靠收集案例、设计因变量并进行数据统计(哪怕是电脑统计)分析的方法,研究者既发现不了真正的问题,也提不出任何假设命题来。这些研究者忘记了一条常识性命题:科学理论不是靠什么“研究程序”推导出来的,而往往来自研究者在某时、某地和某种情境下所提出的假说或者猜想,甚至来自研究者一时偶然的“顿悟”。没有提出假设的能力,研究者纵然掌握了汗牛充栋般的资料和素材,并试图运用归纳方法对这些资料进行分析,也根本无法提出任何具有创新性的理论来。

其实,归纳方法运用的关键,不在于穷尽一切事实和材料,而是在对若干材料进行分析和总结之后,应当适时地提出带有通则性的假设来。按照胡适的经验,“这种方法实行的时候,绝不能等到把这些同类的例都收集齐了,然后下一个大断案。当我们寻得几条少数同类的例时,我们心里已起了一种假设的通则。有了这个假设的通则,若再遇着同类的例,便用已有的假设去解释它们,看它能否把所有同类的例都解释得满意。这就是演绎的方法了。演绎的结果,若能充分满意,那个假设的通则便成了一条已证实的定理。这样的方法,有几个(有时只需一两个)同类的通则引起假设,再求一些同类的例去证明那个假设是否能成立,这是科学家常用的方法。假设的用处就是能使归纳法使用时格外经济,格外省力。凡是科学上能有所发明的人,一定是富于假设的能力的人……那样的(不用假设)的方法,绝不能有科学的发明。因为不能提出假设的人,严格说来,竟可说是不能使用归纳方法。为什么呢?因为归纳的方法并不是教人观察'凡天下之物',并不是教人观察乱七八糟的个体事物;归纳法的真义在于教人'举例',在于使人于乱七八糟的事物里面寻出一些'类似的事物'。当他'举例'时,心里必已有了一种假设。如钱大昕举冲、中……赵、竺等字时,他先已有了一种'类'的观念,先有了一种假设。不然,他为什么不举别的整千整万的字呢?……汉学家的长处就在他们有假设通则的能力。因为有假设的能力,又能处处求证据来证实假设的是非,所以汉学家的训诂学有科学的价值。"换言之,"汉学家的归纳手续不是完全被动的,是很能用'假设'的……他们所以能举例作证,正因为他们观察了一些个体的例之后,脑中现已有了一种假设的通则,然后,用这些通则包含的例来证同类的例……把这些个体的例所代表的通则演绎出来。故他们的方法是归纳和演绎同时并用的科学方法。"(胡适:《清代学者的治学方法》)

提出假设尽管是科学研究的关键一步,也是科学理论赖以产生的前提和基础,但是,要提出富有创见的假设,却是十分不容易的。一个没有经过科学方法训练、没有相关学术积累的人,纵然每天面对各种各样的问题,也很难提出富有新意的假设来。正如一个从事侦查、公诉、审判和辩护活动的法律职业者,假如不掌握基本的研究方法,不具备基本的法学素养和法律积累,就根本不可能提出任何假设。对于这一点,胡适就给予了特别的强调:"这种假说的由来,多来自平日的知识和经验。语云:'养兵千日,用在一朝。'我们求学亦复如此。这一步是为最重要的一步。要是在没有思想的人，他在脑袋中，东也找不到，西也找不到，虽是他在平常能够把书本子倒背出来，可是没有观察的经验和考虑的能力，一辈子的胡思乱想，重视不能解决困难的啊。”这显然说明，研究者要具备较高的提出假设的能力，就必须要“博学”，因为只有“博学方才可以有许多假设，学问只是供给我们种种假设的来源。”一个顶尖级学者与一个初学者的最大区别，恰恰就在于面对同样的问题和同样的研究素材，前者可以提出出乎人们意料的假说和命题，而后者就很少具备这方面的能力，或者只会提出一些初级的假设。

在提出假设方面，张五常则强调想象力的重要性。当然，能够具有想象力的学者往往要同时具备天分、感情和经验三个要素。具备了这些条件，研究者也不一定会提出富有创见的假设。实际上，“创见并非意图要有创见——或为创建而下功夫——创建就跟着而来的。创见往往是‘有意栽花花不开，无意插柳柳成荫’，或是‘踏破铁鞋无觅处，得来全不费功夫’的事。创见意味着一个崭新的观点，可遇而不可求，没有什么分析、没有经过什么逻辑推论而‘出现’的”。张五常特别举了科斯的例子。他认为科斯的天才所在，是对任何问题先以预感作结论，而这结论往往与一般人所致的不同。科斯的预感不一定对，但肯定令人耳目一新；他的出发点通常是一条浅问题，跟着把问题从不同的角度去看，然后以预感作选择答案。有了答案之后，他才会以逻辑推理来证实。

可见，科学研究是完全允许研究者通过预感、顿悟、想象等方式来提出富有创见的假设的。那种以为所有结论只有在研究过程结束之后才可以产生的观点，多多少少有点形而上学或者教条化了。事实上，对于很多天才学者而言，假设和结论的产生往往是一闪念之间的事情，而要论证这一假设和结论却要花费很多功夫，运用各种各样的方法。

有时候，研究者在解释同一个问题时可能提出了不止一个假设。面对多个可能的假设，研究者需要有所取舍，从中选择一个最适当的假设，以此作为立论验证的对象。研究者在对多个假设都无法作出取舍判断的时候，还可以对这些假设都进行验证活动，从而最终选择那个得到证实的假设，并视那些得不到证实的假设为不成立的。很显然，对假设的证实应为科学研究的重要环节，也是使假设从猜想变成科学结论的关键一步。

对一项假设的命题进行证实，可以有多种不同的方法。对于这一点，很难从一般化的角度作出概括和归纳。不过，无论从何种角度加以论证，研究者都需要提出足以令人信服的论据来。一般而言，这种论据来自两个方面：一是理论上的根据，包括已有的学说、理论和原则；二是经验实证方面的论据，如相关的数据统计、案例、现象、访谈等。要使理论走向客观化，研究者所用的论据必须既要具备真实性和可靠性，又要具备相关性和令人信服性。与此同时，研究者的论证过程也应当具有可验证的属性，也就是说，任何相关领域的学者如果想对该论证过程加以验证的话，都可以通过对研究者逐项论据的分析和推演，对有关假设作出同样的证明。这一点，可以称为科学理论的“可反复验证性”。

可以看出，在解释问题过程中善用归纳方法的主要标志，就在于提出带有通则性的假设，并对该项假设作出具有客观性的验证。但是，仅仅使用归纳方法是不会自动产生科学的理论的。因为科学理论之区别于一切信仰、神学、形而上学的关键之处，并不仅仅在于它是可以得到验证的。事实上，任何一位信仰基督教的人士都可以提出旨在证明“上帝确实存在”的证据，任何一位坚持某项教条的人士也可以提出证据证明该教条的正当性，这其实并不困难。但是，这种论证未必会产生令人信服的结论。原因很简单,这只是证明其结论在某些条件和场合下是成立的,但并没有证明在其他所有场合和条件下都是成立的。因此,要使假设得到全面的验证并转化为科学的理论,还必须借助于演绎方法。

按照卡尔·波普尔的看法,一般情况下,“我们决不能根据事实论证理论”。根据盛行的观点,假说属于一种尚未得到证明的理论,而理论则是已经得到证明的假说。但在卡尔·波普尔看来,“在所有这一切的决定性论点,即一切科学理论的假说性质,是爱因斯坦革命的一个相当平常的结果,它表明,甚至极为成功地经过检验的理论,例如牛顿的理论,也应该认为只不过是假说,是对真理的接近”。正是基于任何理论都属于假说的论点,卡尔·波普尔才提出了“科学理论如果未被否证,将永远是假说或猜想”的著名论断。(卡尔·波普尔:《无尽的探索》)

按照这种科学理论的证伪理论,运用归纳方法最多只能提出一种未经证明的假说。除非运用反驳和否证的方法,否则我们永远无法通过归纳方法提出科学的理论。毕竟,一万个天鹅是白色的事实,也并不能证明所有天鹅都是白色的。“归纳问题的这种解决产生一种科学方法的新理论,引起一种对批判方法、试错法的分析:提出大胆假说,使它们接受最严格的批判以便弄清楚我们在何处犯了错误”。这种可证伪性和试错法的运用,意味着研究者需要用演绎方法来代替归纳方法,也就是“通过对理论的演绎结果的否证和反驳来对理论本身加以否证和反驳”,这显然属于一种演绎推理方法。因此,要使“所有天鹅都是白色的”这一假说变成科学理论,就需要对这一论断进行演绎推理,看一下能否推导出错误或者虚假的结论。或者可以提出相反的假设或论断,然后对这些足以推翻上述假设的相反假设进行证伪。如果能证明所有可能提出的相反假设都是不成立的,那么,上述假设就是成立的科学理论。但即便如此,这种理论也并不等于真理,而属于尚未被推翻或者被证伪的假说而已。

卡尔·波普尔对科学理论难以得到证实的断言,可能略显悲观了些。不过,对假说的证伪和否证的确是验证理论之科学性的关键所在。在从事经济学研究的张五常看来,科学研究的过程其实很简单:科学上的学问是因为不明白而要试作解释,"找到了认为需要解释的现象,你就可以自己所知的理论作分析,有了大概的答案,就以假说的形式来处理。再到市场收集证据,印证自己提出的假说是否被推翻了。这样,博士学位论文就是一级的。"张五常在谈及自己写作博士学位论文《佃农理论》的体会时,就强调了证伪对于验证理论的重要性:

"经济是一门科学;科学不是求对,而是求不被推翻。自己的佃农理论在逻辑上找不到错处,那么依照科学的方法。验证时我得设法把理论推翻,若推翻不了。理论就算是有所用场。"

"1996年6月,我集中于以台湾土地改革的农业资料来推翻自己的佃农理论。苦思两个星期,我写下可以推翻这理论的多个假说或含义。我想,这些含义那样清楚,用不着什么高级的统计了,而把数据谱入电脑,所需时间多于用手加加减减,乘乘除除——这样算出来的推翻了理论就再找题材吧……"

"(验证理论)这章写好后立刻寄给艾、赫二师……我兴高采烈地去找艾师,他竟然说:'我怎知道你文内的数据资料不是你自己制造出来的?'赶回长堤,过一天的清早又到加大找艾师,把搜获的资料原版给他看。他竟然又说:'你怎知道这些资料不是台湾政府刻意制造出来的?'我逼着再与台湾的有关机构联络。当我把细说收集资料的方法的台湾回信给艾师看时,他站起来,望出窗外,说:'我们早知你是可造之才,所

以要严格一点。现在你知道学术研究是怎样的一回事了。'"(张五常:《无常论学术》)

张五常所说的验证理论的"求错"方法,其实与卡尔·波普尔所说的"可证伪性"是一回事。这是最为中国学者——尤其是法学者所忽略的研究方法。若干年前,笔者在研究美国学者萨默斯的"程序价值"(process values)理论时,就发现他为了论证"程序价值"的独立性,专门设想了五种可以对他的论点构成挑战的质疑,这些质疑涉及他理论的各个方面,然后逐一进行了反驳,并在反驳过程中重申或者进一步阐释了自己的观点。而为了防止自己提出的"程序价值"理论遭到误解,萨默斯在分析"程序价值"的各项具体内容之前,还精心设计了一套旨在确定每一项价值的程序,并按照这一程序逐一分析各项"程序价值"。当时的感觉是萨默斯的论证避免了过于抽象的思辨,而更带有脚踏实地的"实证"色彩,整个论证过程十分严谨和合乎逻辑,得出的结论也令人信服。但在今天看来,萨默斯所运用的就是一种证伪方法,也就是在提出"程序价值"的独立性及其具体内容之后,又提出了若干项可能对其假设构成有力挑战的命题,并对这些命题进行了证伪和反驳。一旦这些反对假说被逐一推翻,那么,不仅自己的假设得到了验证,而且该假设的各项要素还可以得到进一步的解释和论证。事实上,很多学术高手在论证自己的理论时不仅满足于正面的证实——证明其成立,而且还要对相反命题加以证伪——也就是说证明相反的命题不成立。实际上,这种证伪方法与几何学中常用的"反证法",具有异曲同工之妙。

当然,在从正面论证和反证两个角度论证了假设之后,研究者还应当做的工作就是使该项假设上升到一般化的高度。所谓"假设的一般化",是指将有关假说引用到其他更多的现象和领域中去,从而使该项理论具有更大、更为普遍的解释力。当然，能够在科学研究上提出一般性理论命题，并不是一般研究者所能做到的。对于大多数研究者而言，穷其毕生精力所能做到的，也只是提出并论证了若干项假设而已。至于提出一些名为"定理""定律"的，恐怕研究者既要具有较高的智商和才气，也要有一些运气和机遇了。假如有人能够做到这一点，就足可以与学术大师相提并论了。

需要注意的是，不论是所提出的假设还是将假设一般化之后所提出的理论，都必须有确定的外延和边界，也就是要有明确的适用范围。换言之，对于研究者来说，清楚地了解其理论对于哪些场合和哪些对象是不适用的，这是标志着理论具有客观性的重要一点。所谓"没有放之四海而皆准的真理"，"真理往前再走一步，就是谬误"，说的都是这个意思。因此，一项成熟的理论总是具有一个显著的特征：研究者能够告诉后来者该理论具有哪些局限性，以及该理论在那些场合下是不适用的。那种在任何场合下都可以用作解释现象的"万金油"式的理论，要么属于被误用的理论，要么根本就不是科学的理论。

概括起来，几乎所有科学研究或者科学理论的提出，都要包括若干项必不可少的过程要素：(1)在经验事实中发现问题；(2)运用现有的理论对该问题进行解释，在无法作出妥当解释的情况下，提出真正的问题；(3)提出假说，也就是说可以对该问题作出解释的假设命题；(4)对假说进行论证，以证明其可成立性；(5)运用证伪或否证方法，提出若干项足以推翻该项假说的命题，然后对这些命题进行证伪；(6)将那些经过证实和证伪都不可推翻的假说，放在其他不同的领域进行验证，以将其上升为一般化的理论命题。

如何进行原创性法学研究

今天我要讲的题目是《如何进行原创性法学研究》。那么,什么是原创性法学研究？对于这个问题的理解,可谓仁者见仁、智者见智,很难有统一的理解。尽管如此,三方面的切身感受促使我给大家讲讲这个题目:*

第一,近年来法学博士学位论文的数量越来越多,但是有原创性贡献的文章却不是太多。在博士学位论文中,我认为有一些确实取得了一定的突破,理论上有一定的原创性。但是,与近年来法学博士学位论文迅速膨胀的现状不相适应的是,博士学位论文的水平没有取得显著的提高。我每年都参加对多篇博士学位论文的指导、评阅和答辩工作,并拜读过大量已经出版的博士学位论文,但坦率地说,真正具有原创性的博士学位论文并不多。

第二,我们现在做学问已经有了较好的条件,但是对于如何做研究

* 本文系笔者2007年在北大法学院博士生"法学前沿"课程上的讲稿。褚福民整理了本文的初稿。本版在第一版的基础上做了修改。

还缺少较为深入的讨论。一方面,处于社会转型期的中国正面临着越来越多的问题。从事各个法学学科研究的同学可能都有体会,中国现实中活生生的问题层出不穷,大量的资料和案例扑面而来。我在很多场合讲过一个观点:社会转型必然带来法治转型,而法治转型加上全球一体化带来的冲击,必然会产生很多矛盾,带来大量的问题。因此我提出,现在的中国是世界上问题最多的一个国家。且不说国家权力的滥用问题,即使是在公民主体之间的法律关系方面,我们面临的问题可能也是最多、最复杂的。比如近年来,物权法制定过程中的纷争、环境法执行中面临的困境、知识产权保护中遇到的尴尬境地,都在一定程度上体现出中国的问题。但另一方面,我们可以获取的资料越来越多,很多外国的名著都被翻译为中文,很多同学也有机会到国外访问、留学,而回国的学者也会带来最新的学术信息和研究动向。这些都属于我们做学问的优越条件。但与此同时,如何做研究的问题仍然是大多数研究者不得不认真对待的问题。很多研究者将外国的资料翻译、整理一下,再略微做一些分析,就成了自己的研究成果。这种研究是在做学问吗?学者的文章动不动就提出对策、改革建议,这是法学研究的归宿吗?

第三,法学研究普遍面临着方法论不成熟的问题。与上述两个优势条件不相适应的是,法学研究方法还处于较为原始和落后的境地。这越来越阻碍了学术研究的深入发展。各位都应当意识到,经过长达四年的法学博士生学习生涯,最后的博士学位论文应当具有一定的原创性和学术价值。但是,现有的研究方法却在某种程度上阻碍着这一目标的实现。

基于以上三点原因,我觉得有必要讲一下什么是原创性法学研究。当然,我们不能期待博士学位论文的每一部分都有原创性,要求博士生仅仅经过四年的阅读、思考和写作,就能够推出具有划时代意义的著作,这是不切实际的。我们可以看看历史上伟大的思想家,他们贡献给世人最伟大的作品通常是经过十几年甚至几十年的积累而完成的。比如说罗尔斯的《正义论》,那是经过二十多年的积累、在数十篇论文的基础上形成的世界名著。再如哈特的《法律的概念》,也是经过多年的积累才形成了自己的体系和独特的概念。尽管如此,我认为博士学位论文至少应当具有一定的原创性,比如说一篇博士学位论文可能会有七八章的内容,那么至少应该有一章或两章具有突破性的理论贡献,否则这篇博士学位论文很难达到名副其实的标准。从这个角度来说,博士学位论文与硕士学位论文是不一样的,与一般的学术作品也是不同的。现在很多成名成家的学者,重新审视他们做出的贡献,很多人都认为博士学位论文是其中最为重要的一部分,而且博士学位论文会影响他们以后的学术生涯。围绕"如何进行原创性法学研究"的问题,我这里主要讲七个问题,首先谈谈什么是原创性法学研究,什么不是原创性法学研究,然后从五个角度切入,逐个分析比较可能进行原创性法学研究的基本路径。

什么是"原创性研究"

所谓原创性研究,贵在"原创",这就意味着一个人的研究,应当有创新性的理论贡献。我认为,原创性研究的"原创"主要体现在三个方面:

第一,原创性研究应当能够提出一些新的理论和概念。如果一篇论文没有提出任何新的理论和概念,我敢斗胆判断,这种文章的创新性是不够的。大家看现在的学术专著,越来越强调文章最后的索引。我在最初开始学习法律、看学术文章时,对索引并不是特别重视,在本科时读外国的原著,对于书后面的索引还产生过一些疑惑,这些索引有什么作用呢?与外国专著相对应的是,中国学者的专著基本上没有索引,虽然有的学者在其著作的最后列举出参考书目，但是它与索引具有本质区别。2002年我到耶鲁大学做访问学者时，曾经就这个问题同美国学者交换过意见。他们表达的一个观点，使我对索引开始有了新的认识：一本专著的索引中独创性的概念越多，这篇著作的贡献越大。近年来，我国的专著或者博士学位论文也越来越重视索引，这其实反映出我们对原创性研究的重视，对独创性概念或者理论的重视，因为索引中的新概念是原创性研究的标签化体现。当然，我们不能为了概念而提出概念，为了理论而发展理论，提出这些概念或理论的前提，应当是这些概念或理论能够立得住的。

第二，原创性研究应当具有实质上的理论推进。与前人相比，我们的论文或著作应当将该领域的研究往前大大推进一步。这方面最经典的例子，是美国斯坦福大学的帕克教授在20世纪60年代提出的"正当程序"和"犯罪控制"模式理论，这一理论概括已经成为诉讼法学研究中的经典，引用率相当高。在20世纪60年代，沃伦担任美国联邦最高法院首席大法官时，领导了一场"正当法律程序革命"，推进了自由主义政治哲学在刑事司法领域的适用，也发展了宪法中的权利保障问题。但是这场革命在美国国内引起了极大的争议。针对正当法律程序的改革，美国社会出现了两大思潮。正是在这样的社会背景下，帕克教授以上述围绕正当法律程序革命展开的争论作为经验事实基础，把美国刑事司法领域的价值思潮概括为两个模式——正当程序模式（due process model）与犯罪控制模式（crime control model）。由此可以看出，帕克提出的两个模式理论，并不是改进美国司法状况的建议，而是一种在客观描述基础上进行的模式化概括，这种研究无疑推动了法学理论的实质发展。该理论从提出至今经过了40多年，仍然受到学者的普遍认可和引用，已经成为诉讼法学研究中的经典理论。

我们再来看格里菲斯教授的贡献。1976 年,时为耶鲁大学副教授的格里菲斯,发表了一篇题为《刑事诉讼的第三种模式》的论文,提出了刑事诉讼的两个模式——争斗模式(the battle model)和家庭模式(the family model)。格里菲斯认为,帕克教授提出的正当程序和犯罪控制模式,是针对国家和个人之间的争斗所提出的理论,是对抗性司法在理论中的表现,两个模式要么强调保护国家利益,要么侧重保护被告人的权利。然而在实践中,这种理论概括却难以解释很多现象,比如在未成年人犯罪的案件中,是犯罪控制重要,还是正当程序重要?美国在 19 世纪末出现了世界上第一个少年法院——芝加哥少年法院,它创造了影响全世界的少年司法制度。这种司法制度既没有强调正当法律程序问题,也没有突出传统意义上的犯罪控制价值。在观察和分析这些经验事实的基础上,格里菲斯对帕克教授的两个模式理论进行了理论上的推进。他认为帕克教授的理论只解释了对抗性诉讼模式,而没有解释非对抗性诉讼模式。针对少年司法等非对抗性司法,格里菲斯教授提出了家庭模式的概念。在体现家庭模式的制度中,注重关爱、教育和治疗,注重非正式的争端解决机制,注重矛盾的彻底解决。以上这些问题,在帕克的两个刑事诉讼模式理论中很难得到解释,而家庭模式的提出却很好地总结和解释了这些经验事实。

“家庭模式”理论提出以后,遭遇了很多学者的批评。他们认为这种概念是臆造出来的、不切实际的和没有意义的。然而 20 多年过去了,越来越多的学者认识到格里菲斯教授做出的巨大贡献,以及他天才般的预见能力。因为到目前为止,我们已经发现有两种刑事诉讼中的制度与家庭模式息息相关:一个是少年司法制度在全世界的蓬勃发展,另一个是世界范围内恢复性司法运动的勃兴。刑事和解、圆桌会议式的审判等制度不断得到改革、试验和探索。在这些制度中,没有正当法律程序的容身之处,因为这些制度都是非正式的,传统的正当程序理论在这里无法适用;这些制度也不再强调犯罪控制,在很多轻微的刑事案件中,通过调解、和解就处理了,不再追究被告人的刑事责任。

可以看出,原创性研究就是在别人研究的基础上提出一个新的理论,对于前人的研究做出理论上的突破。在这方面,格里菲斯对于帕克理论的发展堪称一个经典的例子。他的贡献不仅仅在于提出了一个概念、一个标签,而是让我们认识到刑事司法制度在传统的“程序正义”“实体正义”之外,还存在第三种法律价值,它为以后的司法改革奠定了哲学基础。

第三,原创性法学研究一般都是从经验到理论的研究。从经验到理论的研究方法,最早的提出者是黄宗智先生,他在新近的一本专著《经验与理论》中提出了这个概念。我认为这本书是近几年来最为重要的法社会学、法经济学著作。黄宗智先生在加利福尼亚大学洛杉矶校区做教授,从他的文章中我们可以发现,他的研究范围非常广泛,从法律史到民法制度、诉讼制度,再到中国经济改革中的一些问题,都是他所关注的。黄先生能够在法律、经济、社会、历史等众多领域发生过的经验事实中提出理论,显示出他在研究方法上的过人之处。

从经验到理论的研究方法,意味着几乎所有的理论都不是从概念出发得出来的。换句话说,几乎所有的社会科学研究的经验和过程都存在一个普遍的规律,从概念到概念、从演绎逻辑出发是无法提出原创性理论的。为什么单纯运用演绎方法一般是无法提出原创性法学理论的呢?

因为演绎逻辑遵循从大前提出发、从一般到个别的研究思路，它只能对一般性的理论加以运用。就像大家在中学做几何题的经历一样，以基本原理为前提，分析题目中的具体要求，从而得出一个小的结论。这种演绎过程是从一般到个别的推理过程，是运用一般原理的过程，而没有挑战一般原理，这种情况下如何做出原创性贡献呢？所以，我在讲课中多次引用著名语言学家王力先生的名言：真正有创见的研究，都是“先归纳后演绎”。“先归纳”意味着从个别到一般，这是归纳、提出假设的过程；“后演绎”意味着在归纳、提出假设的基础上，再进行逻辑的推演，这是证明、验证假设的过程。用我的语言表述这样一种研究方法，就是从经验事实出发，上升到一般性的理论。从经验到理论的研究方法，还有一个重要的问题是社会科学研究的概念化。中国从事社会学、历史学、经济学研究的一些学者，常常提及研究中的概念化，这与我说的从经验到理论的研究方法具有异曲同工之妙，这个问题我将在后面具体介绍。

所谓“从经验到理论”，要求我们的研究从大量的现象、事实和问题出发，在总结、概括和归纳的前提下，提出概念、揭示命题、上升为一般性的理论，这是典型的归纳研究方法的运用。我所推崇的一些中外学者在这一点上经常是不谋而合的。比如胡适先生就提倡，在做学问时从个别现象出发，发现问题并上升为理论。因此他一再主张，主义不能够凭空产生，更不能把国外的主义直接移植过来，应当从中国的问题出发提出主义。我国香港地区经济学家张五常先生在他的文章中指出，永远不要研究没有发生过的问题，一个愚蠢的学者往往研究没有发生过的问题。所以不管是进行经济学研究，还是进行社会学研究、历史学研究、政治学研究，甚至法学研究，都要从经验事实出发，从事实和现象出发，关注现实问题，在发现问题的基础上提炼出理论。

我们在前面反复强调"从经验到理论"的重要性，那么什么是经验？什么是理论？关于真正的理论，我在前面已经进行了分析，学者的研究要有理论的标签、理论的推进和理论的贡献。那么经验是什么？经验从何而来呢？我认为经验的来源主要包括以下几种：

（1）案例。中国的司法实践出现的大量案件应当引起我们的关注。最近几年发生的杜培武案件、佘祥林案件、聂树斌案件、刘涌案件、王怀忠案件，都引起了社会的广泛关注，从学者研究的角度来说，它们集中反映出中国司法实践中的问题，是研究中国问题很好的资料来源。

（2）判决书。判决书是研究中国司法现状最为直接、最为准确的信息来源，一份刘涌案件的再审判决书，可以供我们研究法院对待刑讯逼供问题的态度、最高人民法院关于再审的主张、审判过程中对证据的审查判断等诸多方面的问题。而且，研究最高人民法院的判决书，可以在很大程度上反映中国法院系统对某一问题的主流态度，不会带来以偏概全的问题。

（3）统计数据。我们既可以使用现有的统计数据，也可以去调查、寻找数据。对于数据的搜集和使用。现在有一种误区，好像我们不去调查几个法院、检察院、公安局，我们就没有进行实证研究，好像实证研究就是一个个的表格分析、一堆堆的数据统计。我认为这种将数据神圣化的观点，实际上误读了实证研究的真谛。现在很多实证研究都有一个致命的问题，那就是在资料堆中打转，没有提出假设，没有提出理论，没有作出理论上的贡献。我认为从经验事实出发，固然要强调对经验事实的了解，但这仅仅是研究的开始而不是归宿，社会科学研究最为关键的一步是从经验事实出发提出理论，如果仅仅是详细的资料分析而提不出任何理论，这种研究还远远没有完成。其实，了解经验事实并不一定要搜集一堆数据，收集数据仅仅是调研方法的一种，并不是唯一的方式。

（4）改革的举措和效果。最近一段时间，我一直在研究中国近十年来的改革，包括官方推动的改革和自生自发的改革，比如审判方式改革、量刑建议、暂缓起诉、刑事和解、少年司法改革等。其中获得成功的基本上都是司法实践中自生自发的、民众普遍满意的改革，而那些直接引自西方的制度变革却无一例外地遇到了挫折。这一基本事实值得我们进行深刻的反思。针对这些改革举措，我们如何进行研究呢？过去学者的研究思路基本上是进行价值判断，主张这些改革是好是坏，并提出自己的理由。但是这种研究思路怎么可能做出理论贡献呢？出于每个人不同的判断、知识背景甚至利益，学者的观点可能会有极大的差异，支持或者反对一种改革的主张究竟有多大的价值呢？面对这些改革措施，如果我们把它当作已经发生的经验事实、当作研究的对象，解释清楚出现的原因、提出变革背后的影响因素，难道不是更有意义吗？

此外，我们还要注意观察普通民众对司法的看法，比如死刑复核权收回后民众的反应，刘涌案件改判后民众对判决的不满，这些都是非常有价值的研究资料。大家注意，我们不是要研究民众的反应是否正确，而是要将普通民众对司法的看法当作已经发生的经验事实予以关注和研究。当然，还有一种经验事实值得我们关注，那就是学术的争论。比如诉讼法学界前几年针对法律真实和客观真实的争论，我们能否透过这种争论提出一种理论？是什么逻辑在这种争论背后发挥作用？如果我们能够按照这样的思路展开研究，是不是也具有创新性了呢？

要说清楚“从经验到理论”的研究方法，我们可以审判方式改革问题为范例进行深入的分析。这一问题上，传统的研究方法是这样：大前提是审判方式改革有两个来自西方的理论基础，一是程序正义理论，二是诉讼模式理论；小前提是中国司法审判的现状；由此得出的结论是中国目前的当事人主义审判模式还不完善，今后的改革方向应当推进对抗制审判方式的深入。那么，按照“从经验到理论”的方法应当如何开展研究呢？我近期从案卷笔录的角度研究了这一问题。在这一研究中，我按照从经验到理论的方法进行了一些尝试，有了一点心得。在研究之初，我将研究的对象设定为审判方式改革及其后果，将中国审判方式改革的实践作为一种经验来研究，试图提出一种新的理论来解释它。也就是说，我要研究的不是中国应当如何改革审判方式，而是研究中国在进行了审判方式改革之后，实践中的审判是什么样子的，为什么会出现这种情况，会带来哪些后果。当时为了写这篇论文，我翻阅了 20 多个案件的审判笔录材料，旁听了数十次审判，阅读了几十份刑事案件的一审判决书。通过描述司法实践中的现状，我提出了一个新的理论——中国审判方式改革十年来的司法实践表明，我们的审判方式既不是职权主义的，也不是当事人主义的，而是“案卷笔录中心主义”的审判方式。案卷笔录是法庭调查、法庭辩论乃至整个法庭审判的核心：开庭前移送法院的是部分案卷笔录，法庭上宣读的是案卷笔录，法庭审判后移送的是全部案卷笔录，法官作出裁判的依据同样是案卷笔录。在此基础上，我继续分析：在案卷笔录中心主义的审判方式下，有证据能力的概念吗？司法实践表明，中国的法庭审判中不存在证据能力的概念和审查。同时，中国的审判中也不存在证明力的概念。因为公诉人在法庭上念笔录，意味着证据的证明力问题没有受到任何规制。那么，法庭上有证明活动吗？在如此短暂的、以宣读笔录为核心的法庭审判中，证明对象、证明责任、证明标准根本不存在。而且法官认定案件事实的活动也不是在法庭审判中,而是通过庭后阅卷产生裁判结论。在这种情况下,法官可以任意变更罪名,根本不会受到证明对象的限制;法官可以自行调查、收集证据,使证明责任的分配没有意义。通过上述分析可以看出,在案卷笔录为中心的审判方式下,没有证据能力、证明力的概念,也不存在司法证明活动。因此我得出结论,中国根本没有法庭审判;中国的真正问题不是改革审判方式,而是重建审判制度。这样一来,我从案卷笔录这个小的切入点出发,得出了一个宏观的结论,提出了一个理论命题。

区分"法制"与"法学"

要进行原创性法学研究,我认为首先应当区分"法制"与"法学",这是进行原创性研究的前提和基础。为什么这样说呢?我们首先通过两个例子说明区分"法制"与"法学"的重要性,然后再进行概括。第一个例子是刑讯逼供。这是我国刑事法学研究中一个比较大的问题,传统的研究方式是:首先分析国外治理刑讯逼供的基本经验,包括沉默权规则、口供自愿法则、非法证据排除规则等;然后研究中国发生刑讯逼供的制度原因,比如讯问犯罪嫌疑人时没有律师到场,犯罪嫌疑人不享有沉默权,讯问的时间、次数、场所不受限制,刑讯逼供得来的口供无法排除,法院对排除非法证据的申请没有程序性审查等;结论是为了解决刑讯逼供问题,需要引入以下制度,包括沉默权规则、口供自愿法则、讯问时的律师在场制度、非法证据排除规则等。大家注意,这样一种研究方式所要解决的问题是如何改善中国的法制,而不是进行真正的法学研究,因为这种研究没有获得任何理论上的突破和贡献,没有提出任何理论上的新概念、新命题。

与此相对应,大家再来看另外一种研究刑讯逼供的方式。有的学者提出,刑讯逼供在中国的发生,可以从法社会学的角度切入展开研究:中国现行的公、检、法人员的管理方式,导致了刑讯逼供的发生。中国现行的对公、检、法人员的管理,是一种数字化的管理方式。就像实践中有关部门对一个建筑工程的完成会规定最后的期限,要求在某个确定的日期前完成特定的工程,在我国的刑事司法实践中,有关部门对于案件的侦破也常常规定一个最后期限,这是数字化管理破案制度的一种体现,而且这种管理制度在实践中走向了政治化。比如很多地方发生了社会影响巨大的案件之后,党政一把手会直接负责案件的侦破,一旦案件无法侦破成功,将会影响很多官员的政治前途。在十几年之前,某地曾经发生过轰动全国的抢劫运钞车案件,根据媒体的报道,该市公安局局长给负责案件的干警下了死命令,要求他们在一个月之内破案,否则就将对他们进行纪律惩戒。据说,假如案件不能如期侦破,该公安局长也要面临引咎辞职的风险。

在中国的司法实践中,还出现过招标破案的闹剧,这是数字化管理的畸形表现。一个案件发生后,不同的办案组以投入时间和费用为竞标基础,在成功破案的前提下,花费时间短、费用少的办案组将获得案件的侦破权。比如有的办案组提出用20天和1万元钱破案,而有的办案组说用10天、5000元钱就能破案,最后当然是后者获得案件的侦破权。各位可想而知,在这样的管理制度下,一旦办案人员发现了犯罪嫌疑人,而犯罪嫌疑人又拒不供认有罪,他们会手下留情吗?刑讯逼供的发生不就是必然的结果吗?从办案机关量化管理的角度切入研究刑讯逼供发生的原因,不是很有新意吗?这难道不是法学研究中的贡献吗?大家比较一下就会发现,后一种研究思路是从法学的角度展开的研究,从此出发继续深入探究下去,我们就可以提出一些概念和理论,这才是真正的法学研究,而这是前一种"法制"研究所做不到的。

我们再举一个例子。对于无罪推定问题的研究,原来的基本研究范式是,研究无罪推定的概念、意义、理论基础、在国际公约中的规定,然后分析中国目前没有贯彻无罪推定原则的现状、带来的问题,最后谈中国贯彻无罪推定原则的立法建议,这无疑也是一种以改进法制为目的的研究思路。而有的学者从立功、嘉奖制度切入研究无罪推定原则,这种研究方式无疑更有意义。中国的经验事实告诉我们,在公安机关侦破案件、刚刚移送检察院审查起诉时,有些地方的党政部门就组织立功、嘉奖大会,对办案人员进行奖励。在杜培武案件中即是如此,案件侦破后专案组成员集体立功,工资获得提升,并在当地电视台进行了详细报道。大家想一下,在案件尚未起诉到法院的时候,犯罪嫌疑人按照无罪推定原则应当是无罪的人;而有关部门对侦查人员给予立功、嘉奖等奖励,意味着他们办理的案件没有问题,抓获的犯罪嫌疑人应当是有罪的人,这是实践对理论的彻底颠覆,实际刑事诉讼活动中怎么可能贯彻无罪推定原则呢?如果法院在审判时发现侦查人员存在刑讯逼供行为,案件的事实不清、证据不足,法院应当怎么处理呢?既然公安机关都已经召开了立功、嘉奖大会,如果这时候判处被告人无罪,公安机关的脸面何在?对获得立功、嘉奖的人员应当如何处置?为了应对这种现状,法院创造了"留有余地"的判决,该判死刑的被告人判处死缓。实践中,杜培武案件、佘祥林案件都曾存在这种裁判逻辑。由此可见,侦查机关在法院作出生效有罪裁判之前举行立功、嘉奖大会的制度,可能是导致法庭审判流于形式的重要原因,这直接导致无罪推定原则没有存在空间的问题。研究者深入思考下去,就可以从这个现象中提炼出"侦查中心主义的诉讼构造”这一理论概念,并运用这一概念来解释大量的经验事实。因为侦查结论是审判活动的前提,某种程度上它比审判重要得多,侦查阶段确认的犯罪嫌疑人往往就是最后法院定罪量刑的犯罪人,审判只是对侦查结论的确认而已。可以看出,相对于那种动辄提出立法建议的方法而言,这种研究方法是不是更有可能取得理论上的突破呢?

在分析了上述两个例子之后,我要给大家区分一下法制和法学。

首先,学者研究的直接目的不是推进法制的改革和立法的完善,那应当是政治家和社会活动家的任务,而学术研究的使命则是要提出概念、推进理论的发展。“发现真理”这句亚里士多德的名言,现在已经成为一些著名大学的校训,而这也是学者进行研究的终极目标。我们国家的法制现状确实存在很多问题,需要政治家、社会活动家来推动问题的解决,但这毕竟不是学术研究活动。一个国家纵然存在很多问题,也要容许一些职业研究者进行理论研究,而不是苛求所有人都去从事推进法制的工作。

其次,法学离不开法制,法学研究应当从法制的经验中寻找有规律的现象,并提出理论和概念。也就是说,我们的法学研究要来源于法制,但同时要高于法制。我们通常说艺术来源于生活,但要高于生活,其实理论研究也同样如此。同学们想一下,如果艺术没有再加工,完全照搬生活的现状,会有什么美感呢?艺术作品需要艺术家们天才般地发现美的能力,艺术创作应当将生活中具有美感的瞬间捕捉下来,这样的作品才有价值;那些直接来源于实践、照搬实践的作品,只能说是一种粗糙的录像活动,而不能说是一种艺术。同样的道理,法制现状本身不是法学,我们要学会从法制中提出理论和概念,这样才能体现出研究者的创造力和贡献。

那么我们如何才能做出创造性的贡献呢？我觉得法学研究者对待法制，需要遵循两条基本的路径才能做出原创性的贡献：第一种研究路径是进行模式化的总结；第二种研究路径是将经验研究上升为因果律。前者的研究主要是在设定参照系的前提下，揭示某一事物的本质属性和基本特征，而后者的研究则解释了问题发生的深层原因。

所谓模式化的研究，是指研究者将大量的法制经验、现象上升到模式化的高度，在寻找到参照系的前提下，对某一事物的性质做出一种理论上的概括，这是研究者比较容易做到的贡献。最近十几年，研究诉讼问题的学者在模式化分析方面取得了贡献：

其一是诉讼构造模式。我们把欧陆法国家的诉讼构造称为职权主义的诉讼模式，而把英美法系国家的诉讼构造概括为当事人主义的诉讼模式。在这种诉讼模式的概括下，研究者对各种诉讼程序问题的讨论，可以集中到两个维度上面：一是控、辩、裁三方的法律关系和诉讼地位。除此之外我们不用关心证人、鉴定人、翻译等人的诉讼地位，因为他们虽然同样参与刑事诉讼活动，但是他们对于诉讼模式的概括基本没有影响。二是诉权与裁判权的关系。当事人主义和职权主义的诉讼模式，区分的核心问题是诉权和裁判权的关系，两者关系的不同，直接决定了不同诉讼模式的归属。按照一位美国学者的划分，我们可以从程序控制（process control）和结果控制（outcome control）两个方面分析诉权和裁判权的不同作用；而诉权和裁判权的不同作用，实际上就体现在不同的主体对于诉讼程序和诉讼结局方面的不同控制力。在诉权发挥作用比较大的场合，当事人主义诉讼模式的特征就比较明显；而在裁判权居主导地位的诉讼模式中,职权主义诉讼模式的特征就比较突出。从上述分析可以看出,职权主义和当事人主义的概念,将控、辩、裁三方的诉讼地位、诉权与裁判权的关系、程序控制和结果控制的不同作用等若干重要的理论问题串到了一起,这对于研究刑事诉讼程序起到了基础性的作用。

其二是帕克的犯罪控制和正当程序模式。职权主义和当事人主义是从诉讼构造方面进行的理论概括,而正当程序、犯罪控制则是一种价值模式。所谓正当程序模式,是将刑事诉讼活动视为人权保障活动、对国家的刑事追诉施加障碍的活动。帕克将它形象地喻为“跨栏赛跑模式”,每一个法律制度就像跨栏赛跑中的栏杆,阻碍着国家的追诉活动,只有越过这些障碍才能实现打击犯罪的目的。而犯罪控制模式又被称为“接力比赛模式”,警察、检察官、法官是打击犯罪这场接力比赛中的三个运动员,他们共同完成控制犯罪、打击犯罪的任务。这两种模式是对当时美国社会出现的思潮、价值观的概括,但是它对于分析刑事诉讼中的现象、问题,具有普遍的解释力。而且,尽管帕克教授是通过研究美国的制度、问题和经验事实而提炼出来的程序价值模式,但是这种理论上的概括已经超越了美国,它对于解释各国的刑事诉讼问题,具有普遍的意义。

除此之外,模式研究方面的第三个巨大贡献是格里菲斯教授提出的家庭模式和争斗模式。这种理论上的概括让我们认识到,刑事诉讼中除了实体正义和程序正义之外,还存在第三种法律价值——关爱、治疗。当代中国的司法实践出现了刑事和解制度,在这种制度的背后体现出第三法律价值的新的表现形式——和谐、社会关系的修复、社会矛盾的真正化解。通过这三个例子可以看出,模式化的研究可以做出独创性的理论贡献,取得的成果已经受到了广泛的承认。

那么,模式化研究为何能做出独创性的贡献呢?通过模式化的概括,我们能够把大量的现象上升为概念和理论,这是模式化研究能够做出独创性贡献的最重要的原因。在模式化研究的基础上提出的理论,一方面能够节省大量的资源,因为理论是信息节约的工具;另一方面,作为从众多现象中抽象出来的理论,可以对一系列的相关问题具有普遍的解释力。另外,模式化的研究方式,可以为后来的研究者奠定前提和基础,以后的研究者可以从更高的起点出发研究问题,避免面对一盘散沙的研究现状,推进了理论研究的进展。

第二种研究路径是将经验研究上升为因果律。所谓将经验研究上升为因果律,是指从一个国家法制的经验事实中提炼出概念,解释大量经验事实发生的原因。当一个概念、理论能够解释大量现象发生的原因时,这就是一种能够揭示因果律的理论,我们认为能够提出这种理论的研究达到了自然科学和社会科学研究中的最高境界。

比如大家都比较熟悉的芝加哥大学法学院的科斯教授,他提出了科斯定理,获得了诺贝尔经济学奖。很多从事经济学研究的学者认为,其实科斯定理本身很简单,它是从大量的企业交易过程等经验事实中提炼出来的,但是科斯定理能够解释大量日常生活现象发生的原因,能够成为一种概括因果律的理论,这是科斯定理的伟大之处。

我最近的研究,试图在两个问题上进行揭示因果律的努力。一是研究中国法律程序被架空的原因。大家如果有兴趣,可以看一下我发表在《中国法学》2007 年第 6 期的一篇文章——《程序失灵问题的初步研究》。通过研究我发现,中国刑事诉讼中最普遍的一个问题是程序失灵,大量的法律规则被潜规则所取代:合议制被独任制所架空,无罪推定、疑罪从无被有罪推定、留有余地的判决所代替，逮捕异化为定罪的预演，取保候审成为缓刑的前奏，法庭审判完全流于形式，两审终审制名存实亡，而审判独立的丧失在再审程序中体现地最为明显。实践中存在那么多法律程序被架空的现象，而我们的学者却还在鼓吹改革刑事诉讼法，这难道不值得我们反思吗？中国的《宪法》《刑事诉讼法》是两部在实践运行过程中基本上被架空的法律，那么它们为什么落到了如此的地步？从因果关系的角度，我试着提出了几个解释性的理由。比如，遵守法律程序可能导致办案人员利益的损失，这是我提出的第四个因果律。一个办案人员对被告人适用逮捕措施后，法院认定被告人无罪，在特定情况下办案机关和人员根据国家赔偿法的规定，就要对错误逮捕承担国家赔偿责任。这意味着，办案人员会因为自己作出的决定而遭受惩罚，那么为了避免受到类似不利的对待，办案人员就会想法设法地规避风险，其带来的必然结果是架空法律规定的程序，侦查人员与批捕人员、公诉人员、审判人员提前沟通。大家想一下，在一个办案人员因为遵守法律程序可能会遭受法律惩罚的时候，他还会遵守法律程序吗？

再如按照中国司法实践中的业绩考评制度，法院判决被告人无罪，就要惩罚侦查人员、公诉人员；检察院作出不起诉的决定，就要惩罚批捕人员；公安机关移送批捕的案件没有获得批准，侦查人员就要受到不利对待。我们现在的制度是以后一个机关、阶段的决定来评判前一个机关、阶段的工作质量，在这种情况下，前一个机关、阶段的工作人员只能提前与后一个机关、阶段的工作人员进行沟通，把法律规定的制度彻底架空。如果我们能够真正发现、验证这样一个理论假设，那么中国现在进行的所有的司法改革，如果绕开问题谈对策，终将无法逃避失败的命运。我从这个角度的分析，可以在某种程度上解释清楚法律程序被架空的原因,这可以看作我在因果律的研究方面取得的初步成效。

我最近研究的另一个问题是,中国最近十年来的改革有些成功了,而有些却失败了,原因何在？量刑建议、刑事和解等改革措施获得了社会各界的关注和支持;而几乎所有由学者提倡、主张的改革方案都失败了,比如辩诉交易、审判方式改革。从这样的对比中我们可以发现一个规律,实践中的制度需要并不是以完善的理论为必要条件的,它必须满足诉讼过程中利益各方的需要,必须能够解决实践中的问题,否则即使再完美的理论,也必然会面临失败的宿命。我想,这样的分析对于解释实践中的问题会有所帮助。

综合以上分析,我们可以在一定程度上区分法制和法学。作为研究者,我们应当从模式化的角度去概括、抽象、提升问题,从因果律的角度去分析、解释问题,而不要动辄提出立法建议、研究“怎么办”的问题。因为如何行动、如何解决制度中的问题,这应属于政治家关心的问题,这属于典型的政治问题和法制问题。而学者的使命则是研究现象、提出理论问题并提炼出概念和理论,这是学术研究的使命,也是法学研究的归宿。说得坦白一些,区分法制与法学的前提,就是在政治职业与学术职业之间作为基本的界分。

在法制改革中发现制度的深层结构

在一个制度没有发生变化的时候,要发现这个制度背后的深层结构是非常困难的,那需要研究者具有非常敏锐的观察力。而经验表明,当一个制度发生剧烈变化的时候,恰恰是观察这个制度深层结构的最佳时期。当我们发现一个制度的改革、转型带来的只是表面的、技术性的制度变化,而深层的结构没有被触动的时候,就很有可能开始了一种原创性的研究,可能揭示出没有制度背后的深层结构,这是我们做出理论贡献的最佳时机。

那么,究竟什么是深层结构?深层结构一方面是指一个国家、社会制度背后的深层次因素。**用法国比较法学家勒内·达维的话来说,立法者大笔一挥,法律条文就会发生改变,但是法律条文背后的东西不会轻易变化,它同一个社会政治、经济、文化等各方面的因素发生着紧密的联系。**改造一个国家法律背后的深层结构,就如同改革一个国家的语言一样,不可能在短时间内真正实现,它要受到各方面因素的限制。当年一些从国外留学归来的学者,曾认为象形文字是中国落后的根源之一,野心勃勃地要取消方块字,引进拉丁文字来改造中国的语言文字,结果最后以失败而告终。为什么一个社会的精英无法改变它的文字呢?因为文字不仅仅是文字本身,它背后有一个民族的政治、经济、历史传统等各方面的因素在发挥作用。同样的道理,法律制度的深层结构,就是法律赖以存在的政治、经济、文化等社会基础,它同样是非常稳定的、与多方面因素相互联系的。因此我提出一个观点,法律这个学科注定是开放的,不可能像有些学科那样具有自给自足的体系。现在越来越多的人使用经济学、历史学、政治学、文化学等多学科的知识研究法律。而这样的研究方法,就充分体现出法律学科的开放性。另一方面,深层结构又是指长期稳定不变、对一个制度发挥作用的思想观念。如果我们能够把法律背后的思想观念、法律传统揭示出来,并通过理论加以总结出来,就可以做出比较大的贡献。可以举几个例子对此加以说明。从 1982 年《宪法》颁行以来,我们一直在强调被告人享有辩护权的重要性。此后,辩护权的内涵从广度到深度都得到了不同程度的扩展。从实体性辩护、证据性辩护到程序性辩护，这些讨论体现了一个基本方向，那就是进一步扩大辩护权的范围，给予被告人更为充分的权利保障。辩护制度的这种发展具有两个基本的方向：其一是被告人有权选择诉讼角色，以保障供述的自愿性；其二是针对所有违反法律程序的行为，被告人都有权发动一场程序合法性之诉，他可以把警察、检察官、法官的违法行为作为司法审查的对象。这样的研究在我们面前呈现出一幅多么美好的图画啊！

但在书本法律加强辩护权的保障的同时，辩护制度在司法实践中却出现了另一趋向，那就是辩护权处于越来越明显的困境之中。其一，犯罪嫌疑人在侦查阶段有如实回答的义务，如果犯罪嫌疑人拒绝回答问题或者“没有如实陈述”，就都将成为法院从重量刑的依据。其二，在法庭审判过程中，如果被告人做无罪辩护，将被视为认罪态度不好，同样可以作为从重量刑的依据。济南市中级人民法院审理王怀忠案件的一审判决书中，就表达了这样一种裁判逻辑：“被告人王怀忠在法庭审判过程中认罪态度不好、无理狡辩、依法判处死刑立即执行。”一个人仅仅因为行使辩护权就会带来从重惩罚，辩护权还有存在的空间吗？其三，媒体对河南省卢氏县委书记杜宝乾案件的报道，使我们再一次看到了司法机关对待辩护的真实态度。在法庭审判中，杜宝乾反复提出侦查人员存在刑讯逼供行为，要求法院排除非法证据。法院在检察机关的强烈要求下，作出了这样的裁判结论，“被告人在法庭审判中认罪态度极度恶劣，竟然以指责办案人员存在刑讯逼供行为的方式来达到狡辩的目的，本院依法从重判决”。从以上三个经验事实中，我们可以提出三个问题：从“坦白从宽、抗拒从严”发展到“辩护从严”，一个人会因为行使权利而遭受惩罚，谁还会行使辩护权呢？一个犯罪嫌疑人没有拒绝回答的权利，他还可能有选择诉讼角色的自由吗？非法证据排除规则还有适用的空间吗？

不难看出，在刑事辩护问题上，实际存在两套话语系统：一是以正当程序、无罪推定为核心的现代辩护理念；二是以“坦白从宽，抗拒从严”为标志的本土司法理念。经过30年的法制建设和“思想启蒙”，中国刑事诉讼制度中的深层结构始终没有发生根本的变化，那就是强调犯罪嫌疑人、被告人的服从、配合义务，不承认他有与国家平等对抗的权利；被告人的沉默、无罪辩护仍然被视为一种政治上的反动，认为这种行为不具有任何正当性。很显然，这里存在两种法律话语的博弈，以中国本土法律传统的胜利而告终，而那些来自西方的制度和理念最终都被架空了。在这样一种活生生的现实面前，学者们还在掩耳盗铃式地动辄提出引进英美法、大陆法国家的制度，那这样的对策研究究竟能解决什么问题呢？

还可以再举一个例子。最近我对死刑复核程序进行了一些研究，通过观察死刑复核程序收回后的状况，我发现实践中的制度在四个方面没有发生任何变化：一是法官单方面会见律师。法院现在宁愿允许法官和律师单方面接触，也不组织开庭，不以庭审的方式听取控辩双方的意见。二是法官单方面到地方提讯被告人。这意味着省高院、中级人民法院和基层人民法院的法官，要陪同最高人民法院的法官进行提审活动，这必然会带来无穷无尽的不应有的接触。三是法官自行进行庭外调查。当法官在复核死刑案件中认为一个案件的证据有问题时，通常是一个人亲自到案发现场等地调查证据，并把调查得来的证据直接作为定罪量刑的根据，没有当庭质证和辩论，律师不到场、公诉人不到场，甚至就连合议庭其他成员也不到场，在这种情况下还有什么公正审判呢？四是审判委员会讨论案件时，辩护人无权到场，但是检察院可以有代表参加审判委员会，进行“法律监督”，在这种情况下控辩双方的平等如何保障呢？

在审判制度频繁改革的表象背后，其实存在三个深层结构，一直在影响着中国的刑事司法制度：一是实体真实发现主义的理念。中国的法官具有一种神探般的形象，这同包公断案、狄仁杰判案、皋陶断狱具有历史的延续性。从皋陶断狱开始，中国的法官都是事实真相的发现者，不甘心仅仅坐在法庭上听审，这是中国司法的最基本特征。而现在最高司法机关一直在强调，法官要深入群众、调查研究，正是这样一种法官定位的体现。二是非诉讼化的裁判方式。在中国的法庭审判中，法官拥有很大的自由裁量权，很少受到诉权的制约：在庭审过程中，控辩双方无法真正有效地参与法庭审判；在法官作出裁判时，控辩双方的意见很难得到同时的听取和对待。这意味着，所有实质性的裁判活动都是法官单方面作出的，缺乏最基本的诉讼化特征。三是内部审批式的司法决策方式。案卷在司法机关内部流转，很多案件的裁判要报上级司法机关审批，这又是中国刑事司法的一个深层结构。

通过对死刑复核程序的研究，我将现行审判制度的一审、二审、再审，以及中国古代的司法审判制度的传统结合起来研究，发现了贯穿始终、各种审判制度之间一脉相连的逻辑线索，揭示了上述三个深层结构。在对死刑复核制度的研究过程中，我最大的体会是，透过死刑复核制度这一切入点，研究中国刑事司法的深层结构问题，这种研究方式比就事论事地谈死刑复核程序具有更多的原创性。

发现一般原则的“例外”

几乎每一学科都有一些公理性的原则和理念，刑法中存在罪刑法定、罪刑均衡、法律面前人人平等等基本原则，刑事诉讼法中存在无罪推定、程序正义、禁止强迫自证其罪等基本理念。过去，研究者面对中国法律制度中出现的问题，往往采取简单的演绎推理的研究方法，将这些基本原则和理念视为逻辑推论的大前提，将中国司法制度中的问题看作小前提，最后提出一种按照基本理念来改造中国诉讼制度的结论。甚至在面临基层司法机关所作的大量自生自发的改革举措时，研究者也动辄将其视为"基于部门利益而作出的应对之策"，而否定其正当性。结果，这种研究要么令人遗憾地滑向浅薄的对策法学，要么陷入某种价值倾向明显的批判论调之中。

其实，假如我们将各个学科中的基本原则、理念视为不可挑战的"公理"，并对所有与之不相符的制度、实践和改革举措都采取否定的态度，那么，我们事实上就等于将这些原则、理念视为带有意识形态意味的"教条"，而违背科学研究的基本规律。其实，科学理论的发展往往具有这样一种逻辑：在某一理论被尊奉为"真理"之后，一系列经验事实显示出该项理论存在例外，例外的成立意味着该项理论有其不适用之处；例外的逐渐累积，慢慢在理论上具有了从量变到质变的效应，一种新的理论逐渐得以形成。因此，面对各个学科的基本理论，研究者可以从两个角度着手去发现理论的例外：一是研究这一理论有无违背逻辑之处；二是从经验事实出发，发现这一理论对实践缺乏解释力的地方。这就要求我们在研究过程中，不能将某些原则当作信仰，变成任何人不能反驳的真理，而应当踏踏实实地去研究问题，客观地研究经验事实、发现问题，然后发现一般原则的例外。大家不要忘记罗马法上的一句格言：原则的例外经过累积，就成为新的原则。下面我以刑事和解为范例，对这一点作出具体的解释。

最近一段时间我对刑事和解给予了较多的关注，并在此问题上发表了两篇重要论文。所谓刑事和解，简单来说就是刑事案件的被害人与被告人就民事赔偿问题达成了协议，被告人在认罪悔过的前提下，向被害人提供经济赔偿,被害人在愿意谅解的前提下,接受被告人的民事赔偿,并向司法机关放弃对被告人的刑事追诉要求,或者要求司法机关作出较为轻缓的刑事处罚。在刑事和解取得成功的案件中,刑事案件一般有两种处理结果:司法机关要么不追究被告人的刑事责任,要么对被告人作出较为宽大的刑事处罚。对于刑事和解,法学界存在三种不同的评价意见:

一部分学者认为,刑事和解制度背离了刑事法治的基本原则,比如罪刑法定、罪刑均衡、适用刑法一律平等原则。被告人的行为按照法律规定是构成犯罪的,而在部分适用刑事和解的案件中,被告人和被害人达成协议之后,检察院可能对被告人作出不起诉的决定,这意味着被告人在法律上无罪了,这无疑背离了罪刑法定原则;对于一个人的行为,法院本应当是定罪处刑的,而在达成刑事和解协议的案件中,公安司法机关对于被告人可以从轻处罚或者不追究刑事责任,这种情况下罪刑还均衡吗?刑事和解制度的最严重的问题出现在适用刑法一律平等原则上,对于同样的故意杀人行为,如果被告人能够拿出足够多的钱赔偿被害人的家属,那么被告人的命就可以保住,而如果被告人没有钱赔偿被害人的家属,就要适用死刑,这种情况下还存在法律面前一律平等吗?有人甚至对刑事和解讽之以"同命不同判""花钱赎刑"。

还有一些学者认为,刑事和解制度违反了无罪推定、程序正义等诉讼法中的基本原则。在适用刑事和解的案件中,很多都是证据不足的,按照无罪推定原则这种案件本应当是判无罪的,但是在特定情况下,对于一些适用刑事和解案件中的被告人,法官会认定其有罪,这难道不是违反了无罪推定的基本原则吗?法官、检察官在这种案件中难道不是按照"有罪推定"的思想来办理的吗?另外,在适用刑事和解的案件中,程序正义的基本原则也被违反了，因为控辩双方无法有效参与，法官的中立性无法保障，判决书的说理性也比较差。

当然，对于刑事和解制度，也有不少人士持肯定态度。一些学者从两个角度论证刑事和解制度的正当性：一方面，这种制度体现“冤家宜解不宜结”的理念，符合中国古代的“和合文化”；另一方面，刑事和解制度是近几十年来西方兴起的恢复性司法运动的体现和反映，恢复性司法运动中强调社会关系的修复，以及被害人、被告人关系的和解，这同中国的刑事和解运动的精神内核是一致的。

对于刑事和解问题，我最初的研究只是涉及其产生的社会原因、所达到的社会效果等问题。比如，刑事和解在一定程度上规避了刑事附带民事诉讼判决执行难的问题，大大缓解了被害人上访申诉的问题等。但是一经深入观察基层司法机关的司法实践，才发现问题并没有这么简单。大家都知道，从贝卡里亚以来，在刑事司法领域中一直有几个基本的假定——犯罪被视为孤立的个人对抗统治秩序的活动，因此犯罪的基本特征是社会危害性，在此基础上我们强调实行国家追诉原则，强调对犯罪行为要有罪必罚，刑事诉讼也在此基础上与民事诉讼发生了分野，后者强调当事人处分的原则，而刑事诉讼则要求司法机关发现案件事实的基础上统一地追究犯罪人的刑事责任。很显然，刑事和解制度与这些基本假定都发生了冲突。我们与其根据基本原则和理念来批评甚至否定刑事和解制度，倒不如根据刑事和解兴起的原因及其所达成的社会效果，来挑战这些基本理论假定的普适性。毕竟，理论来源于实践，也应在实践中接受检验。按照这一思路，我提出刑事和解制度作为一项自生自发的改革，对传统刑事诉讼理论提出了重大挑战，并带来了以下三个方面的理论突破：

第一，刑事和解制度的适用，意味着被告人和被害人达成了合意、放弃了对抗，这种诉讼状况就不再有无罪推定、程序正义等理念存在的空间，因为传统的基本原则建立在对抗性司法的基础之上，而刑事和解制度则体现了一种被告人与被害人双方的合作，它构成了无罪推定原则、程序正义理论的例外。在此基础上，我提出了合作性司法的概念，并将其视为与对抗性司法并立的一种诉讼模式，同时还将国家和个人的合作（如辩诉交易）称为“公力合作模式”，而将被害人和被告人的合作则称为“私力合作模式”。

第二，透过刑事和解制度，我提出了一种“第三法律价值理论”。从贝卡里亚到帕克，主流的刑事诉讼理论一直坚持诉讼价值的二元构造，要么强调实体真实、发现真相和控制犯罪，要么坚持正当程序、程序正义和保障人权。帕克在总结这一理论源流的基础上，创造性地提出了二元化的诉讼模式理论。而格里菲斯当年在挑战帕克理论的基础上，将刑事诉讼概括为两种新的模式，并创造性地总结了“家庭模式”理论，将关爱、治疗作为基本的价值追求。在格里菲斯的理论中，我们可以看出第三种法律价值的萌芽。而通过研究刑事和解制度，我认为所谓的“第三法律价值”，不仅表现在关爱、治疗等方面，还体现为社会关系的修复、社会矛盾的化解，这一价值既不依附于实体正义，也不依附于程序正义，而是独立的第三法律价值。

第三，传统的程序正义理论是基于对抗性司法而提出的理论，强调控辩双方诉讼立场的对立和诉讼地位的对抗。而基于对刑事和解的研究，我提出了基于合作的程序正义的概念。在被告人与被害人达成合意、放弃对抗和达成和解的情况下，他们的意愿直接决定了案件的实体结局，这意味着程序决定了裁判的实体结局。同时也意味着实体结局的正义标准具有不确定性,而只要按照公正的程序产生了结果,结果就具有公正性,这岂不就是罗尔斯所说的"纯粹的程序正义"吗?不仅如此,司法机关对被告人与被害人所达成的和解协议给予了尊重,放弃了那种"有罪必罚"的态度适度尊重了被告人与被害人的选择权和处分权,这难道不是对传统的国家追诉原则的超越吗?

学科交叉,问题整合,提出大的理论

运用传统的对策法学和法解释学方法,我们为什么难以做出开创性的理论贡献?这主要是因为研究者往往站在一个制度的内部,在较为狭隘的视野下进行就事论事的研究,最终只能提出改进立法的对策,或者对某一条文作出"符合立法原意"的解释,而既无法发现宏观的理论问题,更难以提出具有穿透力的理论。而社会科学的方法则强调问题是一切科学研究的逻辑起点,要求研究者不局限在法律条文的修改和解释问题上,而是观察法律制度实施的社会效果,在法律实施中发现新的问题。这就要求研究者不受法律制度内部视角的限制,可以站在法律制度之外,观察法律的实施情况,也可以站在法律制度的交叉点上,从学科交叉的角度研究大的理论问题。

其实,在目前条块分割的学科分类制度下,每个法律部门中的问题几乎都得到了较为充分的研究,研究者要想从某一学科内部提炼宏观的理论问题,已经变得非常困难了。但是,一旦我们将视野投向学科之间的交叉领域,我们就会发现大量新的研究课题。而很多问题竟然属于从未得到开垦的处女地。

我们可以人权问题为例来进行说明。人权问题既是宪法学关注的问题,也属于法理学研究的对象,还属于国际法学者研究的课题。在我看来,人权问题不光是一个法律理论问题和国际法问题,更属于各个部门法都会涉及的理论问题。就人权谈人权是研究不出什么结果来的。在人权问题上,西方学者已经发表了浩如烟海的论著,有关的理论流派也已经脉络清晰,中国学者似乎很难做出开创性的贡献,而注定只能直接总结和归纳西方学者的论述而已。事实上,我们很多人权学者不就在做这样的工作吗?但是,假如我们转变一下视角,将人权问题看作一个“侵权问题”,并根据“侵权的源头”来探究人权保护的重点的话,那么,人权领域就会出现大量亟待研究的新课题。从侵权之源的角度来看,嫌疑人、被告人权利的最大威胁来自国家,被害人的权利则往往受到犯罪人的侵害,并受到国家司法机关不作为的消极影响。这就可以解释为什么几乎所有国家的宪法都只强调嫌疑人、被告人的保护,而很少提及被害人的权利保护的问题。但是,刑事司法制度过去在人权保护问题上走了很多弯路,其中最为突出的问题就是在强调被告人权利保护的同时,忽略了被害人的权利保护问题。西方国家兴起的被害人国家赔偿运动和恢复性司法运动,就着重强调解决被害人的民事赔偿和精神需要问题。中国近年来出现的刑事和解运动和被害人国家司法救助改革,体现了解决被害人民事赔偿问题的动向;最近兴起的量刑程序独立化的改革动向,则显示出被害人获得刑罚正义的需要开始得到尊重。从权利实现的角度来看,人权问题的核心其实就是权利救济问题。而救济的源头尽管在民事侵权法之中,却可以延伸到各个公法领域,涉及“实体性救济”“程序性救济”以及“宪法性救济”等诸多方面的问题。由此可见,从多学科交叉的角度考察人权问题,我们可以发现一系列新的研究课题,并有可能做出一些新的理论贡献。

通过运用交叉学科的研究方式,将相关学科的问题整合起来进行研究,可能会提出大的理论。在这个问题上,我几年前对劳动教养问题的研究就有着一定的理论突破。在研究过程中,我把刑法、刑事诉讼法、行政法、宪法等诸多学科的知识综合运用,从多学科交叉的角度研究劳动教养问题。通过研究,我发现劳动教养问题其实是中国公法领域中的头号难题,研究者单纯运用任何一个学科的理论和知识,都很难将这一问题说清楚。

从性质上说,劳动教养是由公安机关直接行使的行政处罚权,由于它处理的对象介于治安处罚和刑事处罚之间,因此可以说它是一种特殊的行政处罚措施。以北京为例,盗窃1000元以上的行为构成盗窃罪,要承担刑事责任;而对盗窃300元以下的人适用治安处罚,行政拘留最高为15天;如果一个人盗窃300元到1000元,那么这种行为就属于严重的行政违法行为,要适用劳动教养加以处理。也就是说,中国的刑事处罚是定量的,行为人盗窃1000元以下就不构成刑事犯罪;而西方国家的犯罪是定性的,即使在超市中偷了一块面包也构成犯罪,只不过随之而来的刑罚可能是罚款、社区劳动,而不是羁押。中国的定罪有定量和情节方面的要求,这有一定的合理性,这样可以防止定罪的扩大化,使入罪率保持比较低的水平,也使行政处罚具有一定的替代刑事追究的功能。但问题的关键在于,中国普通的行政处罚针对的是比较轻微的违法行为,于是在中国的公法处罚体系中出现了一个空当:针对比违反治安管理处罚法的行为严重,而又没有达到犯罪所要求的定量情节的那部分行政违法者如何处理?这就给劳动教养的适用留出了空间。实践中,被适用劳动教养的主体主要包括三类:第一类是轻微的盗窃、抢劫等犯罪行为;第二类是卖淫嫖娼、吸毒人员;第三类是政治类违法行为。中国1997年

《刑法》废除了反革命罪,但是对于某些特定的行为人,公安机关可以对其适用劳动教养。

有些学者认为,中国只要把劳动教养废除就能解决问题了。但问题却没那么简单。如今,我们已经废除了劳动教养制度,但是,在中国的政治体制下,对于卖淫嫖娼者、特定的政治违法者应当如何处理?再如对于盗窃700元的行为,如果用治安管理处罚法加以处罚,可能显得太轻;而如果要将盗窃700元的行为入罪,那就要修改刑法、取消定罪的情节因素,我们能够说服中国的立法者、法官、检察官、警察甚至刑法学家,将定罪所要求的定量和情节因素取消吗?面对这些需要惩罚的行为,我们总要有特定的制度来处理它,就像市场有需求就会有供给一样。在这种情况下,即使我们把劳动教养取消了,把三种公共处罚措施合并为统一的刑事处罚制度,真的就能解决问题吗?

其实,假如站在刑事司法制度的外部来观察问题的话,有几个问题是需要认真面对的:

第一,统一的刑事处罚体系,会带来定罪率的无限扩大。目前中国一年的劳动教养人数有十万,被行政处罚的人数高达几百万,如果将这些处罚全部纳入刑事处罚体系,意味着这些被处罚者都将成为罪犯。大家不要忘记,在中国人的观念中,犯罪意味着一种道德上的否定评价,而且中国的犯罪前科消灭制度还没有建立起来。一旦某人成为罪犯,他终生都是罪犯,犯罪的前科将影响他的社会生活、家庭生活,影响他自己的参军、就业,甚至下一代人的工作、学习和生活。当然,现在实践中的改革举措可能出乎我们的预料了。最近我看到相关的报道,一些地方的基层司法机关开始创立"前科消灭"或者"前科封存"制度,对于被判处三年以下有期徒刑的未成年罪犯,只要服刑完毕,前科立即撤销。可以说,这样的改革试验为我们下一步的制度变革奠定了基础,也为理论研究提供了有用的素材和资料。

第二,中国的刑法学家普遍认为中国刑法中的定罪受到严格的定量因素、情节要求的限制,这是我们刑法的优势,它使一部分轻微违法的人不会被纳入罪犯的范围。如果我们取消这些定量因素、情节要求,像美国那样将在超市中盗窃一块面包的行为都认定为犯罪,那么中国的罪犯数量会激增。在中国以稳定作为首要目标的政治体制中,能够承受这样的压力吗?我们的普通民众一直将犯罪和道德上的否定评价画等号,如果突然之间我们的身边有那么多人是罪犯,民众的道德观念能够接受这种改变吗?

第三,如果将三大公共处罚措施合并,我们使用什么样的措施来处理卖淫嫖娼者以及吸毒人员呢?在中国,这些行为虽然不构成犯罪,但是属于行政违法行为。既然属于行政违法,就应当有相应的处罚措施。一旦劳动教养制度被废除了,应当由哪种措施来处理这些违法者呢?我在这里并不是想提出建议,也没有作出价值判断,而只是对可能发生的问题提出一种预测。

假如我们转变研究的思路,将这些实践中的问题作为经验事实进行研究,进行理论上的概括和归纳,那么,这可能是我们做出理论贡献的最佳路径。通过从宪法、刑法、行政法、诉讼法的角度研究劳动教养问题,我在学科整合的基础上,提出了三大公共处罚体系的概念,认为中国在普通的行政处罚与刑事处罚体系之外,其实存在以劳动教养为龙头的一系列收容制度,比如收容教养、强制医疗、强制解毒等剥夺人身自由的制度。这种三元化的公共处罚体系,是中国整个公法的基本模式。

在学科交叉、问题整合、提出大理论的研究方法中,我需要再强调一下学科交叉的问题。交叉学科的研究具有非常重要的意义,我们可以从别的学科那里汲取营养,为本学科中相关问题的研究提供一个新的分析视角,产生新的灵感。到目前为止,从刑事诉讼法学的角度来看,我们可以发现若干个可以从事学科交叉研究的领域。比如对刑事附带民事诉讼问题,刑事案件和民事案件的冲突问题,我们可以进行多学科的交叉研究。对于被害人问题,我们既要从犯罪学的角度来研究它,又要从刑法的角度来分析,还可以从刑诉法、社会学的角度来考察它。我们现在将犯罪的本质特征定位为社会危害性,但是对于那些有被害人的案件,犯罪必然具有严重的私人侵权性。根据我们的常识和生活经验,犯罪行为是通过侵权来实施了危害社会的行为。如果从这样的角度考察犯罪,是不是犯罪的概念都可能会发生变化呢?对于国家赔偿问题,如果从交叉学科的角度来看,它不仅是一个人权问题、宪法问题,还是一个行政法问题、诉讼法问题。其实,国家赔偿应该分为行政赔偿和刑事司法赔偿,它们从理念到制度设计都是有区别的:行政赔偿适用违法责任原则,而刑事司法赔偿要区分程序性损害赔偿和实体性损害赔偿,分别适用不同的归责原则。如果多从交叉学科的角度看待问题,我们会在司空见惯的题目中发现新的理论增长点。

最后,我想再强调两点:(1)一个国家的法制状况尽管不尽如人意,但是法学研究者完全可以做出开创性的法学理论。我们从事理论研究的学者,不应该跟在法制后面亦步亦趋,而应该有独立的法学研究品格。(2)我们应当抓住难得的历史机遇,从社会转型中发现问题、提出概念和理论,做出原创性的法学贡献。借用“国家不幸诗家幸”这句名言,我们可以将现时期的制度混乱看作法学研究的最佳时机,因为在一个国家处于转型期、社会矛盾比较突出的时候,恰恰是重大的理论容易出现的时候;在这一时期,社会的转型带来了原有社会秩序的失灵,而新的有效的秩序却尚未建立起来,这就给法律制度的发展提供了多种可能性,具有极大的不可预期性,而法学研究者如果抓住时机,就可能在理论研究上做出突破性的贡献。然而,原创性理论贡献的前提,是法学研究方法的转型,因为没有研究方法的转变,即使理论创新的宝贵机会发生在身边,也会悄然消失,以致留下千古遗憾。研究者时刻要记住,“工欲善其事,必先利其器”!

附录四

惊心动魄的跳跃*

在近年的学术研究中,笔者对于中国刑事诉讼模式问题给予了极大的关注。笔者曾在《刑事诉讼的中国模式》一书中讨论过这一问题,也提出了一些旨在揭示中国刑事诉讼之特性的模式概念。无论是对“对抗模式”与“合作模式”的概括,还是对“案卷笔录中心主义”“积极的实体真实探知主义”的归纳,无不体现了“从经验事实上升到概念”这一研究思路。作为对一种新的研究思路的探索和尝试,该书放弃了那种试图提出“放之四海而皆准”的“基本原理”的想法,而专注于研究“中国问题”,将中国刑事诉讼的一些重要方面进行类型化的分析,并对一些问题形成的原因作出解释,在此基础上实现“概念化”的目标。该书尽量避免那种过于自信的价值判断,也极少提出解决问题的对策和立法构想,而立足于对问题的存在及其成因的客观解释;该书没有局限于对法律条文之优劣得失的讨论,而尽量关注刑事程序法的“实施状况”,从而将“社会中的法

---

* 本文原系笔者《刑事诉讼的中国模式》(法律出版社 2008 年版)一书的序言,本版在第一版的基础上做了修改。

律”而不是“书本中的法律”作为研究的对象；该书也不满足于对各种诉讼问题的技术性描述，而试图透过一系列纷繁复杂的事实和现象，揭示出那些隐藏在制度背后的深层结构因素，并将这些因素尽可能地上升为概念和理论。因此，这项断断续续的研究，基本抛弃了传统的对策法学和法解释学方法，引入了社会科学的一般方法。

在法学研究中引入社会科学方法，是由于传统的“规范法学”方法具有一些越来越明显的缺陷和不足。熟悉中国现行刑事诉讼制度的读者不难看出，当下的刑事诉讼问题很多都不再属于一种“规范法学”层面的问题。无论是立法者、司法界人士还是部分法学者，都可以想当然地认为“法律程序的设计本身没有问题，问题主要出在法律实施环节”。这种说法已经为我们司空见惯、见多不怪了。但是，为什么一种经过精心设计的法律程序竟然得不到实施？立法者究竟是要建立一套“理论上十分完美”的法律程序，还是要建立一套大体上具有实施可能的程序？假如是前者的话，我们可以很容易地从西方两大法系国家移植最“理想”的制度，而根本不必顾及这些制度会不会得到实施。但我们只要对法律实施和权利实现问题给予最起码的关注，就不能置法律实施的条件于不顾，而需要研究法律修改和实施的社会背景、社会环境和社会变迁等因素。

由此看来，要对中国刑事诉讼问题做出令人信服的研究，我们就不能再坚持“规范法学”的固有立场，仅仅将法律的制定、修改作为法学研究的对象，而需要关注法律在社会中的实施状况。换言之，我们需要从对“书本法律”的迷恋，转向对“社会中的法律”的高度重视，将法律程序的实施问题视为一种社会现象，从而从社会科学的视角，经过观察、思考与研究，运用一套科学的方法，提出一套具有普遍解释力的概念和理论。而过去的规范法学方法，显然在这一点上具有明显的局限性。

传统的规范法学方法特别推崇对策研究思路。所谓“对策法学”，其实也就是以法律的制定、修改和完善作为归宿的规范法学方法。狭义的“对策法学”，是指那种动辄讨论立法对策、改革建议和制度变革思路的方法。而广义的“对策法学”，则泛指一切为改革法律制度而提出理论思路的研究，这既可以包括那种实用的对策研究，还可以涵盖以“洋为中用”为目的的“比较考察”，以“古为今用”为归宿的“历史分析”。甚至就连对中国问题的实证考察，都逃脱不了从“发现问题”到“解决问题”的因果锁链。

刑事诉讼法学无疑属于“对策法学”的重灾区。从1996年之前“同仇敌忾”地推动《刑事诉讼法》的修改，到今天几乎“异口同声”地倡导“《刑事诉讼法》的再修改”，这种为改良刑事程序所进行的对策研究，耗费了法学界的宝贵学术资源，使无数法学者付出了极大的学术投入，却只取得一些与投入极不相称的社会效果。从法学理论推进的角度来说，越来越多的学者投入对策法学研究之中，必然导致一种实用的、依附于立法决策机构的短视研究越来越盛行。可以说，一种追求充当“某某法之父”的学术氛围，是根本不利于学术大师脱颖而出的，也不可能推动原创性理论的出现。而从对策法学的结果来看，随着不同国家机关对“部门利益”的高度关切，中国的立法活动越来越变成一种针对不同部门利益的协调过程。尤其是涉及公、检、法、司等各个部门权力重新分配的“刑事诉讼立法”活动，更是引起各个部门的高度关注。而在协调部门利益、调整部门权力方面并不具备明显优势的立法决策部门，在推动立法进程方面越来越无法显示其强势地位。在此背景下，法学者对立法的影响力不是在增加，而是呈现出越来越萎缩的趋势。于是，无论是法学者提出的“立法建议稿”，还是通过各种论著提出的立法方案，都有可能被

"打入冷宫",难以或者根本不可能为立法决策人士所关注。我们不禁担心:当越来越多的对策研究引不起立法决策人士的兴趣的时候,法学研究的意义究竟将被置于何地呢?按照一位德国学者的说法,"法律一旦发生变化,整箱整柜的法律书籍就要被捣毁"。这种严重依附于法律制度的法学研究,一旦沦落到这步田地,还有多少独立性和生命力可言呢?

一部分坚持规范法学的学者还提出了"法解释学"的研究思路。这种研究方法尽管在民法、刑法等实体法学科更为盛行,但对诉讼法学研究也产生了一定程度的影响。笔者曾经在一些场合说过,相对于那种过于实用的对策研究而言,法解释学具有明显的过人之处和独特优势。比如,这种研究方法坚持法学者相对于立法活动的独立性,主张用一套独立的概念、理论来解释法律规范,揭示出法律条文和法律文本本身可能难以包容的含义。再如,这种研究方法鼓励法学者提出一套旨在有效解释法律条文的法律理论,甚至对有些法律规范的解释可以不受立法原意的限制,而成为各成一家的学术流派。应当说,对于动辄谈论法律"再修改"的刑事诉讼法学者来说,假如能够掌握"法解释学"的精髓,从独立地解释成文法和司法解释的角度,提出一套自成体系的理论,那么,刑事诉讼法学研究的水平也会取得大幅度的进展。

尽管如此,"法解释学"的研究思路也并非没有需要反思的地方。从民法和刑法研究的情况来看,法学者过多地援引了欧陆法国家的法学概念和理论,尤其是引进了德国法学的现成理论。甚至在很多场合,就连论证和支持某一理论的例子都来自欧陆学者的著述。这种唯大陆法马首是瞻的研究状况,甚至跟随在日本法学后面亦步亦趋的局面,迫使我们不得不进行深思:难道这就是中国法学界孜孜以求的"法学研究"?在这种方法指引下,我们怎么可能做出独立的学术贡献呢?一些刑法学者基于对苏联刑法学理论的反思,对传统的犯罪构成理论进行了“解构”式的研究,认为唯有引进欧陆刑法学之中的犯罪构成理论,才能克服苏联法学理论的缺陷。但是,从苏联法学理论转向欧陆法律理论,还是在将某一外国法律理论作为构建中国法律理论的基础,这怎么算得上中国法学的贡献呢?

“法解释学”一旦运用不当,还会带来另外一个负面效果:往往将法律制度视为一个相对封闭的规范系统,主要关注法律制度背后的立法意图,而忽略了法律制度形成的社会环境和社会背景。坚持这一研究方法的学者固执地以为,法律的生命就在于一套貌似完美的概念和逻辑体系,总以为只要依靠并发挥人的理性能力,就可以创制出一套较为理想的法律规范。但是,这种研究思路经常忽略社会具有“自生自发”地形成规则的实际能力,忽略法律实践中的经验事实,更不可能从社会环境和社会变迁的角度来解释各种各样的法律现象。走到极端,“法解释学”的主张者们很容易坚持一种过于自负的“理性主义”立场,将某种原则和价值套到各种经验事实之上,而不是根据经验和事实来提出和发展法律概念和理论。这很容易出现法律理念的意识形态化,甚至走向危险的教条主义之路。

例如,对于法律程序遭到规避、搁置的情况来说,无论是对策法学还是法解释学,都没有将其视为真正的“中国问题”。在对策法学家看来,法律程序失灵的问题不过属于一种“理想的法律制度得不到实施的问题”,这主要是法律实施的环境不甚理想、实施法律的司法人员观念和素质差强人意的问题。而在法解释学者的眼里,这最多属于司法人员对于程序法的立法意图理解有偏差的问题。作为一种解决问题的出路,对策法学家最多会提出“改善法律程序得到实施的环境”问题,而法解释学者则可能从刑事程序法的立法意图的角度,重新揭示那些遭到规避的法律程序的立法意图。

然而,这两种规范法学方法都没有真正将法律程序失灵视为一种值得关注的社会问题,都没有从模式分析的角度分析这一问题的性质和类型,更不可能对法律程序失灵的原因作出令人信服的总结。结果,这种规范研究很可能会误入歧途,在没有发现问题、更没有找到问题的成因的情况下,就贸然提出一系列旨在“解决问题”的改革思路。例如,没有发现中国法庭审理几乎普遍“流于形式”的问题,法学者却敢于提出引进对抗制的立法建议;没有找到“两审终审制”已经形同虚设问题的原因,司法改革者却敢于开出“死刑案件二审开庭”的药方,甚至部分学者也敢于提出“构建三审终审制”的司法改革设想;没有发现中国法庭审理普遍奉行“以案卷笔录为中心”的裁判方式,法学者竟然提出证人、鉴定人、被害人出庭作证的改革方案;没有找到侦查人员拒不出庭作证的原因,尤其是没有认识到中国法院难以将侦查程序的合法性问题纳入司法审查的轨道,法学者就贸然提出了强制侦查人员出庭作证的立法对策……可以说,在问题没有找准、问题的成因没有准确揭示的情况下,这种对策法学研究就犹如“盲人骑大象,夜半临深池”一样,只能将中国的刑事诉讼制度带入更加危险的境地。

而“法解释学”的主张者们,面对刑事程序普遍遭到规避和搁置的问题,尤其是面对各种“潜规则”取代了正式的法律规则的情况,也只会从西方法律理论中寻找解决问题的方案,而不知道运用社会科学的基本方法,从经验事实出发提出概念和理论。例如,对于刑讯逼供现象,研究者动辄会根据“严禁非法取证”的原则,揭示诸如“口供自愿法则”“任何人不得被迫自证其罪原则”的立法原意,而不会从社会的角度考察这一现象发生的原因;对于证人不出庭作证的情况,研究者动辄根据英美法中的传闻证据法则,或者根据欧陆法中的直接言词审理原则,提出建立证人出庭作证制度的各种设想;对于刑事和解在中国刑事司法中的出现,研究者动辄认为它违反了罪刑法定、罪刑均衡、法律面前人人平等、无罪推定、程序正义等一系列价值理念和原则,而不去关注这一现象出现的真正社会原因……

可以毫不夸张地说,中国刑事诉讼法难以得到实施的问题犹如一面镜子,反映了目前刑事诉讼法学研究方法的幼稚和混乱。"工欲善其事,必先利其器"。要改善我们的法学研究,就只能从改进法学研究方法入手,认识到传统的规范法学的局限和不足,引进社会科学的基本方法。如果说对于刑事诉讼法学中的其他问题,对策法学和法解释学还具有一定的生命力的话,那么,面对刑事程序普遍遭到规避和搁置的局面,无论是对策法学还是法解释学,都已经失去了令人信服的解释能力。对于这一问题的研究,只能引进社会科学方法,舍此之外别无他途。

如何从中国法制经验出发,提出一般性的理论?这是困扰很多法律研究者的问题。我们之所以将那种有所创见的研究视为一种"惊心动魄的跳跃",就是因为仅仅对事实本身进行精密的分析,仅仅对问题作出精确的揭示,以及仅仅对问题的成因进行"就事论事"的讨论,这无论如何都是无法提出新的假设和理论来的。在那些针对经验事实所作的分析与新理论的提出之间,其实存在一条若隐若现的"鸿沟"。很多研究者对问题和经验事实的分析都达到了炉火纯青的地步,甚至在对事实的讨论中运用了精确的定量分析方法。但是,研究者的工作在推进到这条"鸿沟"之侧的时候,就再也没有跨越的锐利和锋芒了。于是,这种研究往往无法完成那种"最后的跳跃",而注定只能为他人的研究提供"原材料"或者"半成品"。

其实，研究者要成功地完成这种“思维的跳跃”，也就是从“客观层面”的事实分析跳跃到“主观层面”的理论总结，可以沿着三条分析的路径来展开：一是总结出某一问题、事实的基本要素，从而作出一种模式化的分析；二是对一个制度或实践的变迁进行一种动态的考察，揭示出背后的主要制约因素，发现这种变迁的规律；三是对某一问题形成的原因作出揭示，并将这种因果关系上升为“普遍的规律”，从而揭示出某种“因果律”。

法学研究的第三条道路

——连接经验与理论的法学研究方法

导言

非常高兴有机会与诸位研究生同学讨论法学研究方法问题。* 这次讲课的主要内容是对法学研究方法的回顾与反思,因为在三个小时内讲一个具体的法律问题,可能很多同学都不是很感兴趣,毕竟大部分同学都不是专门研究刑事诉讼法学的。但是,法学研究中却有一套相通的东西,那便是研究方法问题。如果说在本科阶段我们可以不在乎法学研究方法,在硕士阶段我们是对法学研究方法的初步训练,那么到了博士阶段,我们必须对法学研究方法进行认真的反思——我们现在的研究方法有什么问题?我们应当从前辈学者的研究中吸取哪些营养和教训?我们应当走怎样的法学研究道路?这些问题已经切实摆在了我们面前,而为了使大家对这个问题的严重性有更加感性的认识,我试举几个例子加以说明。

* 本文系根据 2008 年 11 月 11 日笔者在北大法学院博士生"法学前沿"课上的讲座内容整理而成的。汪贻飞整理初稿。本版在第一版的基础上做了修改。

前几年,我去某大学参加博士论文答辩,遇到一篇题为《论公益诉讼》的博士学位论文。整篇文章洋洋洒洒30万余字,但却大约有21万字是资料的累积,包括对英美和大陆法系诸多国家的公益诉讼制度进行介绍和比较,只是在最后约1/3的篇幅中才切入中国问题。而论文中对中国问题的研究又属于典型的"三段论"式论述:"大前提"是西方国家在公益诉讼问题上的一般理论和原则;"小前提"是中国在公益诉讼问题上存在的缺陷和问题;"结论"是改造中国公益诉讼的立法构想。对于这篇博士学位论文的研究范式和写作思路,无论是参加答辩的中青年学者,还是老一辈学者,都颇有微词。因为从这篇文章中我们可以发现,二十年来,尽管中国的法制已经有所进步,但是我们的法学研究方法没有任何长进,仍然徘徊在对策研究和比较研究之间。尽管按照这些研究方法,文章的资料收集得比较丰富,加工整理得也很不错,但是却经不起以下追问:(1)除了对西方理论的整理和总结外,这种研究有理论推进吗?这种研究存在理论线索和红线吗?(2)这种研究能够与西方或者中国的前沿理论进行对话吗?它所研究的是理论问题吗?在经历过一篇篇类似博士学位论文的答辩之后,我便产生了一种冲动,要给我们的研究生讲讲什么是真正的法学研究。

第二个例子则走向了另一个极端。我曾经遇到过一篇博士学位论文,该论文研究了中国民事诉讼实践中的替代性纠纷解决方式,包括和解、调解和中国本土自生自发的"私了"制度。整篇论文引用的数据和案例非常丰富、翔实,分析统计资料、制作图表非常细致、精确,但是整篇论文除了总结和概括出几个结论之外,并没有提炼出一条脉络,学术论文完全写成了社会调查报告。这种资料性研究,作为社会调查报告,确实具有其独特的价值、意义和功能,但是这种研究有理论上的推进吗?有概念的总结和提炼吗？不要忘记，学术研究的基本功能和标志是将经验事实上升为概念化并与学术同行进行理论对话。非常可惜的是，这种研究根本达不到上述任何一种目标。

在讨论学生的毕业论文时，我们经常会发现一些理论方面的论文，比如《论哈贝马斯的法学思想》《论孟德斯鸠的法学思想》《论福柯的法学思想》等。当然，这些文章写得都不错，作者驾驭文字的能力很强，但是这种研究除了对某个法学家的理论进行评价之外，能够解决中国的现实问题吗？能够推进中国的法学理论研究吗？能够在中国找到相关的参照系吗？我们不可能仅仅做一个纯粹的"哈贝马斯"研究者，有时候为了满足自己的兴趣和欲望，我们可以做一点纯粹的学理研究，但是这种研究与中国的法学研究、中国问题的解决和解释之间没有什么必然联系，缺乏问题意识使这种研究的成果颇似小说和评传。

以上所举的例子中既包括部门法方面的论文，也包括法理学方面的论文，其目的不是全盘否定目前的学术研究，事实上近年来博士学位论文的水平已经有了大幅度提高，这是有目共睹的事实。但是，作为一个在学术界摸爬滚打了十几年的"过来人"，我总想与诸位一起思考以下几个问题：在四年的研究生学习生涯中，最后代表各位最高学术成就的学位论文，应当秉承何种标准？什么才是一篇成功的学位论文？我们如何才能做好学位论文？概言之，今天想讲的核心问题主要有以下三个：

第一，法学研究应当区分学术和政治。在一篇演讲录中，马克斯·韦伯曾经特别强调要将学术和政治区分开来。中国法学走入误区的最大陷阱是将学术和政治不加区分，学者做学术研究的同时，却充当着"为民请命"的公共知识分子角色。不区分学术和政治，必然会浪费大量的学术资源,戕害诸多的学者。

第二,法学研究应当区分法学和法制。一代又一代的学者前赴后继地踏入"法制"的陷阱,以推进立法、司法改革和法制进步为终生职业志向。没有将法学和法制区分开来,是中国法学研究中最大的痼疾。与经济学界研究中的"环中南海现象"一样,法学研究中存在"环大会堂现象"。很多学者所做的工作和努力都是为了成为某领域的"立法专家",想当"某某法之父";其实他们殊不知,一旦该法"死亡",这种"某某法之父"就没有意义了。很少有人想当"某某理论之父",且不说能不能实现这样的目标,甚至就连怀有这种抱负的学者都不多见。法学和法制的界限不明,导致当下法学理论的幼稚,难以出现真正的法学大师。

第三,法学研究应当将"问题"和"理论"有机地联系起来,因为问题的发现是理论创新的前提。"问题"在方法论上具有三层含义,用英文表达会更加准确和典型,即"question""problem""issue"。一个刚上法学院的学生问老师"什么是犯罪构成",这便是所谓的"question",根本不是方法论上的"问题";"problem"则常常被翻译成缺陷和不足;而"issue"的精确翻译是"命题"或"课题",这才是学术研究和方法论意义上的"问题"。然而,我们目前的研究往往将"问题"误以为"疑问",或者将"问题"误以为"缺陷"。如果将"问题"局限于"疑问"和"缺陷",并在这两个层面上进行研究,这种研究永远不会产生理论家。原因其实很简单:尽管解答"疑问"也是解决"问题",但这属于教学的范畴,而不是学术研究;尽管提出"对策"也是解决"问题",但是这种"发现问题——解决问题"的思路属于法制建设的范畴,是不可能进行理论创新的。这意味着,第一个层面的"问题"是一种浅层次的"疑问";第二个层面的"问题"是典型的"对策",中国目前对策法学盛行,其主要原因是没有区分"制度问题"和

"理论问题",将制度中存在问题误以为是理论问题加以研究,研究的结果便是提出改革建议和立法对策。实际上,真正的方法论意义上的"问题"指的是第三个层面上的"issue",即当发现一个依据现有的理论难以解释的"问题"时,我们尝试提出一个新的理论来解释它,使"问题"得到合理的解决。一旦找到了答案,理论便产生了,我们将这种思路概括为"提出理论—解释问题"。

由此可见,一旦缺乏理论视野,我们便无法进行理论对话,只有将问题和理论有机地联系在一起,才能进行理论创新。我在多所大学作演讲时也曾表达了类似观点。不少学者对此提出质疑,认为"这种研究方法只在您本人身上才可能取得成功,毕竟您已经做了多年的学术研究,具有深厚的研究经验和学术积累,而且很有才气和天分"。对此,我是不以为然的。实际上,一个人从其进入法学研究的门槛那一刻开始,就应该具有这种观念——区分政治与学术,区分法学与法制,要从理论的角度提出问题。不要忘记"问题是一切科学研究的逻辑起点",这句话不仅适用于自然科学,也应当适用于社会科学,包括法学,但前提是这里所说的"问题"必须是指一个"理论问题",而不是单纯的"制度问题"。我们不是说制度问题不应当研究。如果你仅仅想当一名立法专家、社会活动家或者立法的推动者,制度问题当然要研究,这是无可厚非的。但是作为一名博士研究生,写博士学位论文必须要讲究学术规范和学术准则,法学院所培养的法学博士一般不应当成为革命家和社会活动家,我们培养的目标是学者。正因如此,我们需要研究如何按照学者的标准来掌握研究方法,并且撰写学位论文。

今天,我主要想对当下的三种法学研究道路进行系统的梳理和分析。第一条道路是"以西方理论和制度为中心的法学研究",它是我国各法律学科所共同经历和正在经历的研究方法。严格说来,它不是一个单独的方法,而是方法的集群,包括多种具体的研究方法,它是大多数法学研究者所持有的一种基本方法论。第二条道路是"以中国本土实践为中心的法学研究",其特点是关注中国的问题,围绕着本土问题来组织自己的研究。这里所说的第三条道路,简单说来就是"从中国法律实践中提出法学理论的研究"。过去,我们从中国司法实践中提炼出来的更多是"如何改革中国的制度","如何推进司法改革","如何完善法典","如何为制度改造作贡献"。我个人认为,对待这些命题,我们不能全盘否定,而应当继续立足本土,立足中国立法和司法实践,从中发现问题。但学者研究中国问题的最终目标,不应当是仅仅为了提出改造方案,而应当是从问题中提炼出理论和规律。如果我们所概括的理论能够与西方学者进行对话,能够发现一个站得住脚的规律性的东西,我们便做出了自己的学术贡献。用一句话概括我所倡导的第三条道路,这便是"从经验到理论",即从本土的经验中提出自己的理论。我们所不赞同的是简单地总结和引进西方的法学理论,或者简单地移植西方的法律制度,我们也不赞同那种就中国问题研究中国问题的态度。我们所竭力主张的是从中国的经验事实出发,通过对问题的科学研究,提炼出概念和理论,并与最前沿的理论进行学术上的对话,从而最终做出理论上的推进和贡献。

以西方理论和制度为中心的法学研究

所谓"以西方理论和制度为中心的法学研究",并不是指某一种具体的研究方法,而是一种研究范式,它包含着一些基本的方法论上的假定,并对一系列具体研究方法产生了重大影响。具体说来,这一研究范式具有以下三个特征：

第一，“以西方理论和制度为中心的法学研究”，其大前提是西方主流的法学理论，而且在制度研究中也浸透了西方的法学理论。比如，我们所研究的“罪刑法定”“无罪推定”“程序正义”等原则，就属于西方的法学理论；而我们研究的“沉默权制度”“非法证据排除规则”“辩护律师参与侦查的制度”等，其背后浸透的也是西方的理论。过去，我们研究的几乎所有问题都是以西方理论为前提的，这不足为怪，因为中国过去的法学研究没有自己的理论，在一片理论空白的基础上建立法学理论体系，当然需要我们研究和引进西方的理论和制度。在过去的一个世纪里，中国的法学研究一直是在走引进和介绍西方理论的道路：民国期间主要以德、日为模本进行法律移植和法学研究；1949年之后，法学开始转向借鉴和引进苏联的理论和制度；到了20世纪70年代末80年代初，我们又开始将英美法的制度作为法律移植的对象，并将英美法的理论作为建构各个法律学科的基础。当然，从20世纪90年代开始，大陆法国家的理论和制度也逐渐受到中国法学界的青睐。可以这样说，几乎没有哪个国家的法学研究者要比中国学者更重视比较研究，也没有哪个国家的法学界在研究法律问题时动辄以“英美法”或“大陆法”为参照系。

第二，“以西方理论和制度为中心的法学研究”思路在分析问题时，注重对西方理论的逻辑演绎和展开，但却忽略了对中国问题的独立思考，不考虑中国问题的独立性和独特性。上述思维逻辑中隐含了一种普遍的理论自负，即中国的制度只不过是法制史上的一种暂时现象而已，迟早会被归入一种普遍的法律制度和法学原理之中。一旦产生上述判断，学术界便会出现一系列“改革中国落后法制”的冲动，比如改造中国的司法，改造中国的立法，而对中国本土自生自发产生的改革经验不屑一顾。

迄今为止,理论界和司法实务界之间的紧张关系已经到了一种非常激化的程度。中国的法学研究秉承西方的法学理论,批判中国的法律实践,导致了中国目前批判法学的盛行。中国法学所批判的中国法律实践主要包括以下三个方面:(1)立法。中国的立法存在多方面的问题,比如刑事诉讼法中的程序性法律责任问题。在法理学上,法律责任的追究有两种方式:第一种是责任自负,即追究责任者个人的民事、刑事和行政责任;第二种是宣告无效,“行为无效,导致结果无效”,这是程序法所独有的制裁方式,与宪法责任的追究方式如出一辙。比如,刑讯逼供获取的口供需要被宣告无效,违反公开审判的行为也应当宣告无效。但是就我国目前的刑事诉讼立法而言,却没有“宣告无效”的制裁方式,因而导致了程序性违法行为没有任何责任后果——例如,非法搜查、扣押、监听或者滥用诱惑侦查手段,甚至剥夺律师的辩护权,都没有任何程序性后果。这种立法确实应当成为我们批评的对象。(2)中国的司法实践。中国的法律实践中问题很多,以刑事诉讼为例,当下中国的诉讼制度吸纳不满的能力很弱,大量的纠纷难以在诉讼程序中获得解决,有时候,司法不仅不能吸纳不满、解决纠纷,反而制造了很多不满和纠纷,这是中国司法的悲哀。(3)中国自生自发的改革。中国本土自生自发的改革难道就是正当的吗?其实,当下很多自生自发的改革都是基于自身利益的考量。例如,全国的公、检、法机关每年年末都要进行业绩考核,将一年来自己办理的案件通过加分、减分等表格形式计算出结果,作为本年度工作成绩的考核标准和来年评优、评先进、升迁的根据。这种业绩考核制度没有任何法律依据,而且这几年愈演愈烈。这种自生自发的改革也是应当批评的。总之,以西方法学理论为导向的法学研究思路,对中国的立法、司法实践和自生自发的改革持一种批判的态度，认为它是历史的表象，将来这些事物一定会被改造。

第三，以西方理论和制度为中心的法学研究追求一种理想的大一统模式，鼓吹中国的法律制度要走向和归入这种理性的大一统模式。基于此，中国目前的法学研究中，价值法学盛行，总强调存在一些放之四海而皆准的价值目标，强调所谓的普适价值。公平、正义、自由和人权等被目前很多法学研究者看作这种普适价值的核心因素，被认为是我们今后法学研究、法制改革的方向和目标。在很多研究者心目中，不仅在价值理念上存在放之四海而皆准的标准，而且在制度构建上也存在一个标准的“理想模式”。因此，在研究问题时，除了在价值观念上要向普世化的标准靠拢，而且在制度建构上也要向心目中的理想模式迈进。

应当说，在一个国家法学研究尚属起步阶段的时候，引进西方的理论无疑是构建本国法学理论体系的必经之路。中国过去没有一套基本的法学理论体系，因此借鉴、参考和引进西方的法学理论几乎是必不可少的。我曾经专门研究过清末以来刑事诉讼法学研究的发展历程，发现中国近代以来发生过三次大规模的法律移植运动，而每次法律移植运动都同时伴随着法学理论的引进过程。(1)第一次发生在清末法制变革时期。由沈家本领导的清末法制变革，除了引进西方的法制，同时也引进了西方的法学，其标志有二：其一，大量引进和翻译西方的法典和法学著作；其二，直接引进西方的法学教科书，甚至有中国留学生在日本课堂上听课，记下老师的讲课内容，回国便直接将上课的讲义进行出版。(2)第二次法律移植运动发生在民国期间，那时较为注重对德、日、英、美等国法制的引进和移植。我们过去曾经对民国时期的法学研究存在很多期待，但是现在看来，尽管其中也存在一些具有普遍理论意义的内容，但是其中的大部分内容现在看来已经过时了,因为他们移植的是“二战”前德国和日本的法学理论。直到抗日战争结束之后,才开始引进英美法。(3)第三次法律移植运动则发生在1949年以后。新中国成立后废除了国民党时期的《六法全书》,同时开始引进和移植苏联的法制、法学理论来重建我国的法学。不久,反右运动在全国开展,移植运动就此中止。20世纪70年代末我们又开始引进和移植英、美法学理论和法律制度,且这种倾向到目前仍在继续。我认为中国历史上的这三次法律移植对中国法学的发展具有重大的影响,中国法学能够走到目前这种境况,与上述三次大规模的移植运动紧密相关,我们由此建立了自己的概念体系、理论体系,并建立起基本的法学学科体系。

不仅如此,“以西方理论和制度为中心”的第一条道路对中国法律制度的重建起到了历史性的作用。法学理论和法律制度的移植,一方面促进了法学体系的建立,另一方面也促进了法律制度的建立。我国目前之所以能够建立起初步的法律制度体系,包括以宪法为中心的刑事法、民事法、行政法等部门法体系,在很大程度上是以西方为中心的法律移植运动为来源的。另外,这种研究范式也推动了我国法制建设和法律改革的深入进行。在某种程度上,中国法学界有意无意地将西方法律理论和制度作为一面镜子,来发现中国立法中的问题,寻找法律改革的方向。

尽管如此,“以西方理论和制度为中心的研究”更大的贡献表现在制度建设方面,对于法学研究的深入推进而言,这一研究范式仍然存在一些不足之处:

首先,很多研究者缺乏基本的理论问题意识,缺乏对中国问题的关怀和关注。前面提及的三篇博士学位论文,尽管作者是从不同的角度和主题来开展他们的研究，但却存在一个共同的缺陷，即没有基本的问题意识。

以《论公益诉讼》这篇文章为例，它研究了英美、大陆法系各国公益诉讼的基本特征、问题，然后分析我国公益诉讼存在的问题，最后提出改进我国公益诉讼的具体对策和建议。在这种研究中，作者发现中国公益诉讼中存在的理论问题了吗？作者分析了中国公益诉讼不发达的原因了吗？实际上，我们完全可以将“公益诉讼为什么在中国不发达”作为一个问题提出来，然后以此为前提开展我们的研究，也可以就此提出某种理论。我们也可以从社会学的角度来对此进行研究，比如中国的公益组织不发达，在很大程度上是因为中国缺乏独立的非政府组织。在实践中，大量的 NGO 组织实际上都是政府职能的延伸，而我国缺乏像西方国家“绿色和平组织”那样独立的非政府组织，即使在名义上存在，实际上却不独立、不自治，这导致中国的公益诉讼很难发展。换句话说，如果我们从“中国公益诉讼为什么鲜有发生”这个问题出发，就立刻找到了问题的重点，使自己的研究尽快进入主题。再以《论哈贝马斯的法学思想》这篇文章为例，哈贝马斯创立的哪些理论对解释和解决中国的问题有所帮助？哈贝马斯创立了什么理论推进了法学理论的发展？我们不能仅仅为完成论文而按照标准的学术格式写一篇缺乏问题意识的论文，而应当具备最基本的问题意识。

在普遍缺乏问题意识的情况下，法学研究势必会出现一系列的不正常状态，这主要表现在以下几个方面：(1) 重视法律概念的逻辑演绎，而忽略了客观存在的事实和经验。哲学家可以不顾社会生活的基本经验，静坐玄思，但法学研究却是要以经验事实为研究的前提。著名的经济学家张五常曾经有句名言：“最蠢的学者是研究没有发生过的问题。”在经济学、法学等社会科学之中，研究“没有发生过的问题”很难做出理论上的突破。(2)在法学研究中,每当遇到一个问题,学者们首先便试图寻找一个放之四海而皆准的原理,不以问题为自己研究的逻辑起点,而是研究所谓的普适真理。现在反思起来,当年我写博士学位论文时便遇到了这个问题:总认为自己要研究的是一个永远存在的原理,一个永远发生作用的定律,并以此作为自己学术研究的目标。这一目标确实十分诱人,但最后却往往是一个陷阱,其实我们所有的研究都是以问题为前提,围绕着问题来展开的,没有问题,我们的研究很可能走向"教科书"模式。(3)缺乏理论上的问题意识,使我们的研究在不经意之间走向对策法学的陷阱。在部门法学中,对策法学格外盛行,部门法学研究越不发达,其中的对策法学研究就越盛行。比如《物权法》刚刚颁布,民法学界又开始推进《侵权法》的制定;《刑事诉讼法》和《民事诉讼法》刚修改不久,现在又开始推进《刑事诉讼法》和《民事诉讼法》的再修改。在一次《刑事诉讼法》修改的研讨会上,有学者就提出了一些尖锐的批评:《刑事诉讼法》刚修改不久,法学界就开始研究《刑事诉讼法》的"再修改",那么将来《刑事诉讼法》再修改之后,是不是又要《研究刑事诉讼法》的"再次再修改"?学者们整天研究《刑事诉讼法》的修改问题,这种研究思路会产生刑事诉讼法学理论吗?

在此需要指出的是,对策法学并不是一无是处,它在改进立法、推进司法上确实有贡献,但这属于法制层面和政治领域的贡献,而不是法学研究的贡献,更不是学术贡献。在这种研究范式之下,我们难以出现法学理论家,难以出现中国的本土理论,也难以出现中国的法学大师。

其次,以西方的理论和制度为中心的法学研究,难以解决中国的问题。曾几何时,一篇论文既要提出问题,又要分析问题,同时也要解决问题,而解决问题主要指的是从理论上提出一套解决问题的方案,即提出对策。然而,以西方理论和制度为基础提出的改革对策难以解决中国的现实问题。下面我将以刑讯逼供为例来论证这种观点。

中国的酷刑问题长期以来困扰着中国的司法实践。近年来实践中曾发生过两次清理刑讯逼供的运动:一次出现在云南“杜培武案件”之后,另一次则出现在湖北“佘祥林案件”之后。但是运动过后,一切又依然如故。于是很多人便开始从西方理论中寻找制度改革的灵感,很多人不约而同地选择了“非法证据排除规则”,认为它是解决刑讯逼供问题的灵丹妙药。根据非法证据排除规则的要求,刑讯逼供获取的口供应当排除,排除的辐射效力甚至可以扩展到由口供所派生出来的其他证据。仅从理论上进行分析,该规则确实能够解决刑讯逼供问题,因为刑讯逼供的目的是为了获取口供,而非法证据排除规则则要排除这些非法获取的口供,因此便消除了侦查人员违法取证的动机,达到釜底抽薪的效果。但是,即便非法证据排除规则在中国刑事诉讼法中最终得到了确立,刑讯逼供问题真的能得到解决吗?答案恐怕很难是乐观的。我国司法实践中存在业绩考核、命案必破、限期破案等制度,它们要求在规定的时间内,公安机关不破案,办案人员将会受到惩罚,轻则失去奖金和晋升机会,重则丢掉职务和工作。而非法证据排除规则的本质则是让法院审查侦查人员调查取证行为的合法性,甚至可以否定公安机关的侦查结果。但是,中国的法院有如此的权威和权力资源吗?侦查行为的合法性能够纳入法院审判的对象吗?如果要落实非法证据排除规则,那么中国的法官必须面临这样一个现实,即一种取证行为得来的证据,仅仅因为手段上的瑕疵而被排除于法庭之外,尽管该证据可能是真实的和相关的。面对中国的业绩考核指标,面对上级的考核、面对极大的办案压力,面对那种只重结果不重程序的考评机制,程序性指标根本没有任何存在的空间。

最后,以西方法学理论为导向的法学研究难以做出独特的、开创性的学术贡献,最多是对西方法学理论的介绍、归纳和总结而已。近十年来,中国经济学界最大的成就在于建立了本土的经济学理论,其中最为重要的理论贡献是对中国经济体制改革的秘密进行了不同形式和角度的解读。然而,如果按照西方主流的经济学理论,综合中国目前的政治、经济、社会状况,便会得出中国的经济终究会崩溃的谬论。2002 年我在耶鲁大学做访问学者时,当地的书店到处充斥的是描写"中国崩溃论"的书籍,比如中国的环境将要严重恶化,中国的食品安全迟早要崩溃,中国农村的社会环境将会严重恶化,中国的城市居民终究会站在政府的对立面……总之,无论中国的社会还是中国的自然生态都面临着潜在的危机,从经济学的角度来看,中国的经济终究会崩溃。然而,若干年过去了,尽管中国面临的问题很多,但是中国经济仍然发展迅速,没有出现所谓的崩溃迹象。与此形成鲜明的对比的是,目前西方各国却都不同程度地出现了经济衰退和经济危机,中国尽管受到了一定的影响,但是经济仍然没有出现明显的衰退。出现上述悖论的原因何在?西方的学者运用的是西方的理论,得出的是西方理论预测的结果,而对于中国的奇迹(本土问题),西方的经济学理论缺乏解释力。不是中国的经济违背了经济学理论,而是西方的经济学理论出现了问题。

而在法学研究中,中国的学者常常使用逻辑演绎的方法,即"从一般到个别",以西方基本理论为大前提,以中国的理论或实践问题为小前提,其结论便是按照这个理论来解决中国的制度问题。其实,真正的理论研究只能反其道而行之,即"先归纳,后演绎",这也是已故北大语言学家王力先生的一句名言。社会科学研究最基本的特征是先归纳,后演绎,如果我们先演绎,将很难做出学术贡献,最多是对西方理论的运用,运用西方的法学理论来解决中国的问题而已,作不出自己的学术贡献。

我们可以举几个例子,从中可以看出,如果使用先演绎后归纳的法学研究方法,我们只能提出几条对策,只能体现我们法学的幼稚。比如,大前提是"人的自由是天赋的,要保障每个人的自由和尊严";小前提是"中国的强制措施滥用了,剥夺了公民的个人自由,也导致国家权力的长期滥用";结论则必然是改造中国强制措施的若干构想。有人对西方理论是如此虔诚,以至于认为体现西方共同理念的人权公约是一种普适的东西,这几年很多学者研究人权公约中的基本原则、基本理念、最低标准等就是在这种演绎方法下进行的。这种研究方法只能最终产生立法专家、法制的推进者,但却难以产生法学理论家。

再以刑事和解为例。如果以西方的理论为大前提,承认无罪推定、罪刑法定、罪刑均衡等都是普适性的真理,那么刑事和解便不具有正当性。因为在没有正式判决之前便开始就被告人的赔偿进行讨价还价,这意味着已经进行了有罪推定,这种做法不仅违背了无罪推定原则,也违背了程序正义和司法证明的一般原理。基于上述分析,我们便自然而然地得出"刑事和解是不正当的"这一结论。但是,我们可以换一种研究思路对刑事和解进行研究。尽管刑事和解可能不符合无罪推定、程序正义的理念,但是刑事和解的发生却是有原因的,即中国的刑事附带民事诉讼已经破产,社会不和谐因素大量产生,在对被告人定罪量刑之后,被害人仍然上访、申诉,社会矛盾仍然没有彻底化解。而符合无罪推定、罪刑法定、程序正义的刑事诉讼程序,由于仅仅关注被害人复仇的欲望,忽略了被害人获得赔偿的需要,因此难以解决司法实践中遇到的问题。刑事和解实际上是一种对传统刑事诉讼理论的挑战,在我最近出版的一本书中,我将刑事和解所体现出来的理念概括为合作性司法。自贝卡里亚以来的刑事法理论体系一直是建立在对抗性司法的基础之上，即国家和被告人双方立场对立，相互冲突、竞争，在这种对抗性司法之中，刑事诉讼理论才产生了无罪推定、证据裁判主义、辩护制度等。但是，如果被告人一旦认罪，被告人和被害人一旦达成和解，那么双方便没有了对抗，贝卡里亚的理论也就没有适用的空间。而以刑事和解为代表的合作性司法，其内核是民事赔偿与量刑相折算，即根据被告人的赔偿来决定对被告人的量刑，颇似清朝雍正年间的“议罪银”制度，这种做法无论是在大陆法系国家还是英美法系国家都从来没有出现过。合作性司法在轻微的案件中，将侵权和犯罪的界限模糊化，刑事诉讼民诉化，如果能够认识到这一点，理论创新的契机便已来临。中国近年来发生的刑事和解运动为我们的理论创新提供了契机，但是如果我们一味地以西方的理论作为大前提来开展我们的研究，我们的结论只能是对其进行批判、否定和改造。

以中国本土问题为中心的法学研究

表面看来，所谓“以中国本土问题为中心”的法学研究方法，似乎可与实证主义研究方法画等号。然而，我认为，这一研究范式包含了实证研究方法，却又不能与实证研究方法完全画等号。这是因为，最近这种研究范式中还出现了“实验研究方法”“以对策为中心的实证研究方法”以及“对现实的合理性论证”等。很显然，“以中国本土问题为中心的法学研究”并不是指某一种具体的法学研究方法，而是一系列研究方法的结合体。

（一）以中国本土问题为中心的法学研究出现的原因与背景

第一，以西方理论和制度为中心的法学研究面临着一系列的问题，对中国本土问题既难以解释也难以解决,因此这种研究越来越陷入了困境。越来越多的学者发现,以西方理论为大前提,以中国问题为小前提的研究既解释不了中国的问题,也解决不了中国的问题,更诞生不出中国自己的理论。

第二,成文法受到规避的现象在各国皆有不同程度的发生,但是像中国这种“法律被大规模地规避和搁置,潜规则大行其道”的情况却是比较罕见的,值得学者认真研究。比如,我国宪法和法院组织法都规定了“两审终审”制度,第二审不仅具有救济的功能,还具有监督一审法院的审判行为以及统一法律适用的功能。但是由于中国上下级法院之间的独特关系,以及业绩考核制度的存在,导致了一审法院的判决往往已经体现了二审法院的意见,两审终审制名存实亡。再比如,合议制是我国的基本审判组织形式,但是由于中国的法院以法官个人作为单位来计算其工作量以便对其进行奖惩,所以实践中“承办人”制度取代了“合议制”,合议庭名存实亡。此外,逮捕是一种强制措施,具有程序保障的功能,但是在中国司法实践中,逮捕成了定罪的预演,与此相对应,取保候审在实践中则常常预示着法院准备要对被告人适用缓刑。上述例子表明,“以西方法学理论和制度为中心”的法学研究已经捉襟见肘,我们必须研究中国司法实践中出现的问题,以中国本土中出现的问题为基点展开自己的研究,因为中国的问题毕竟具有自己的独特个性。

第三,越来越多的学者意识到,法学研究应该逐渐淡化其人文色彩,走向社会科学研究。从人文科学转向社会科学,是法学研究的大势所趋。人文学科强调价值的建构,强调放之四海而皆准的统一模式,而社会科学研究方法强调问题意识,强调理论的验证,强调对理论命题的证明。我们研究的问题不可能来自西方,而只能来自中国本土的立法实践、司法活动和司法改革。在这一方面,历史学可以成为法学的前车之鉴。曾几何时,作为文、史、哲综合学科体系中的重要组成部分,历史学一直被视为典型的人文科学。但是,很多美籍华人历史学家,由于既受到中国传统史学的训练,同时也在国外接受过现代史学方法的训练,他们对历史的研究早已从人文科学转向了社会科学。唐德刚的《晚清七十年》、黄仁宇的《万历十五年》、徐中约的《中国近代史》都属于社会科学方法在史学中应用的直接成果,令人耳目一新。人们猛然意识到:原来历史可以用科学的方法进行研究,而不仅仅属于信仰和价值体系的范畴;更为重要的是,历史学研究中也可以提出新的概念,如唐德刚的"历史三峡说"、黄仁宇的"数目字管理说"等。因此,法学研究者应当对历史学的方法论转型给予高度关注,尽快实现从人文科学向社会科学的转型。

通过参与实证研究,很多研究者初步具备了问题意识,逐渐将制度中的问题和理论中的问题区分开来。有的学者通过试验、实践调研,发现了很多司法实践背后蕴藏的理论问题;有的学者通过收集实践中的众多案例,总结了案例背后的理论问题。在改造立法和推进司法改革的冲动逐渐消退之后,研究者会平心静气地关注实践问题,并试图对其进行解释,这时候理论创新的契机便会初见端倪。

不仅如此,很多研究者开始区分法学与法制。越来越多的研究者意识到司法实践中的很多问题不是仅仅靠推进立法就能够解决的,司法改革的作用是有限的。以中国司法改革中出现的"维护司法独立与减少法官腐败"这一两难困境为例,我们可以清晰地看到法学问题与法制问题的独立性。在法学家看来,中国的司法应当走向独立,司法审查的范围应当扩大,司法权应当制约警察权和检察权,司法权甚至应当掌握宪法的解释权,来审查立法机关通过的法律是否违反宪法,这种"违宪审查机制”的构建将使司法权的扩张问题走向极致。多少年来,法学家所提倡的司法改革,其基本思路便是要扩大司法权的范围,扩大司法权的权威性和独立性。然而,从中国司法的自身问题来看,仍然存在着三个较为突出的问题:(1)司法腐败已经具有一定的普遍性,法官腐败已经成为一个十分突出的社会现象,与行政腐败大同小异。因此,政治家们有理由担心,按照法学家们的建议推进司法改革,司法权一旦获得独立,司法腐败便无法遏止。(2)司法实践中法官滥用自由裁量权的现象大量发生。在民事审判和执行领域,法官滥用自由裁量权的问题较为突出。而在刑事诉讼中量刑环节,滥用自由裁量权的问题也十分严重。法官的量刑裁判程序无法保持公开性和透明性,大量的法定和酌定量刑情节难以在法庭上接受诉讼各方的质证和辩论,法官的量刑裁决几乎从不说明理由。很多地方的缓刑裁判比例已经高达40%以上,其中国家官员犯罪案件的缓刑适用率更是达到了70%以上。(3)诉权无法有效地限制裁判权。中国法院俨然成为上令下从的行政衙门,法院的行政色彩越来越浓。在司法裁判领域,诸如院长、庭长审批案件、审判委员会讨论案件、上下级法院相互间进行请示审批案件的做法,已经替代法庭审判,成为法院形成裁判决策的基本方式。以上三个方面表明,政治家、决策者和普通民众更多地关注减少司法腐败和法官自由裁量权的滥用,法学家所提倡的司法改革则往往忽略了这些基本问题。

可以看出,那些倡导司法独立、呼吁扩大司法审查范围、主张“宪法司法化”的研究者,其实在充当法治推进者的角色,而忽略了其中的现实困难。而越来越多的研究者开始关注诸如司法腐败、法官滥用自由裁量权等问题,则表明中国司法制度不仅存在司法不独立、司法无权威的问题,还存在难以维护司法公正的问题。这样的司法体系即便走向了司法独立,即便具有违宪审查的职能,也是容易出问题的。很明显,通过对本土问题的强烈关注,法学研究者开始体会到法治的推进其实是十分复杂的问题,并逐渐具有了解释问题的想法。而通过较多地关注“怎么样”和“为什么”的问题,研究者的理论问题意识就逐渐得到了培育,从而最终走出那种“从发现问题走向解决问题”的狭隘思路。

(二)几个教训

以中国本土问题为中心的研究,已经在各个部门法学领域成为蓬勃兴起的研究范式。这是一个值得高度关注的动向,显示出中国法学开始从对西方法学理论和制度的“顶礼膜拜”,走向以问题为导向的社会科学研究。然而,从“主义”的天空走向“问题”的海洋,研究者在研究方法上还显得幼稚有余,甚至还出现从一个极端走向另一个极端的情况。具体来讲,这种研究存在一些不足之处:

第一,注重经验,注重问题,强调研究的中国特色,却忽视了对理论问题的概括和归纳。如果说第一条道路过于关注理论的话,那么第二条道路则有忽视理论的倾向,一味地强调对问题和经验本身的关注。如果说第一条道路因为过分强调西方法学理论的普适性而忽略了中国问题的话,那么,第二条道路则因为高度关注中国的问题而失去了理论创新的意识。比如,一些学者一直专注于研究中国基层司法的问题,发表了数篇论文,但由于缺乏理论问题意识,其论文在本质上仅能算得上调查报告而已。而且,我最近发现不少文章开始走向小说化,讨论的问题很多,援引的经验数据也非常充实,但是却没能提出任何概念和理论。

在此,必须着重予以强调的是,科学研究的最大特征在于“概念化”,如果不能做到“概念化”,我们将很难做出理论上的贡献。比如,一位博士生打算撰写《被告人权利的宪法保障》的博士论文，作者投入大量精力收集了各国被告人权利的宪法化保障的做法，并以分节的形式进行了介绍。在论文指导的过程中，我给他提出的问题是："做了那么多的资料整理工作，其目的何在""本部分研究设定的要素是什么""尽管这些国家的做法在表面上有所差异，但实质上是否有某些共通之处"。经过我的指导，该作者对其收集的资料进行了类型化和概念化的整理和研究，总结出三种模式和几个重要的分类标准。可以说，历史学家一旦没能实现"概念化"，其研究成果就会变成小说；人类学家没能实现"概念化"，其研究成果只能是"太平洋小岛上的一次经历"，不会诞生出学问；社会学家如果没有将经验事实进行"概念化"的处理，其著作顶多会变成一种社会生活的实录而已……真正有创见的学术研究，必然会经历一种跳跃式思维方式，即从经验跳跃到概念，从事实上升到理论，以中国本土问题为中心的法学研究却没有实现这种跳跃，而仅仅在事实问题上兜圈子。

第二，以中国本土问题为中心的法学研究仍然是以对策为中心的研究。我刚才也曾提及，对策研究所要研究的是法制层面的问题，所要解决的是"problems"，而根本不是所谓的理论问题"issues"。迄今为止，很多从事实证研究的学者，动辄引入个案分析、数据统计、个别访谈等社会科学方法，但是所采用的仍然是"发现问题——分析问题——解决问题"的陈旧思路。只不过，与过去言必称"英美法""大陆法"的研究路数相比，这种侧重观察本土问题的研究往往自称"发现了新的问题"，从而为"疗救者"提供了新的立法对策思路。不仅如此，一些从事"试验研究项目"的学者，通过在一些基层法院、检察机关、公安机关从事项目试验，在一定时期内观察某种改革思路的实际效果，然后在分析数据的前提下，写出试验研究报告，提交给立法决策机构。这仍然是一种以对策法学为导向的研究。只不过,这种立法对策研究开始具有了“实验”的性质,有着由个别到一般的归纳思路,立法决策机构可以借鉴这种项目试验结果,来作为今后立法决策的参考。

第三,以中国本土为中心的法学研究仍然难以避免某种形式的价值判断。在此,需要提醒诸位的是:从经验事实中可以推导出解释性的理论,却难以推导出价值判断。经验事实的存在与该事实的价值正当性问题,没有直接的因果关系。比如,我们发现了刑讯逼供事实的存在,我们可以分析其产生的原因,也可以提出理论来解释它,但是如果我们说刑讯逼供是野蛮的、不人道的,因而对其进行批判,这便与事实无关,体现的则是评论者个人的价值观。再比如,对于公安机关内部实行的“命案必破”口号,我们可以用理论来解释它为什么会发生,但是如果我们说它是“好的”或者“不好的”,这就属于个人价值判断的范畴,与事实本身没有任何因果关系。从逻辑上讲,对事实的描述最多可以得出“是什么”和“为什么”,但却难以得出“应当怎么办”和“是否具有正当性”,因为价值判断属于主观范畴,体现的是个人的好恶。不仅如此,事实属于认知体系,而价值则属于信仰体系,两者属于完全不同的“两个世界”。认知体系是可以验证的,比如我们可以验证发现的事实是否正确,但是价值体系却是难以验证的。马克斯·韦伯和罗素都曾在不同的场合表达了类似的意思:宗教(信仰体系)是无法通过科学研究来加以认识和研究的。因此,在法学研究中,我们要警惕以下两种倾向:(1)对现实经验的批判。对于一个事实,我们一旦进入批判领域,这种研究便不再属于社会科学研究的范畴,而属于信仰体系范畴。(2)对现实的合理性关怀和论证。一个事实的出现,并不等于该事实是好的,好与坏的判断属于价值体系的范畴,而不是社会科学所能解决的问题。

第三条道路:从经验到理论的法学研究

所谓“从经验到理论的法学研究”,是一种在充分吸收前两种研究思路的基础上所形成的法学研究范式。它借鉴了第一条道路的长处,那就是对法学理论的关注,强调理论的推进和经验事实的概念化。但它并不将西方理论视为放之四海而皆准的真理,也不经西方学者提出的理念奉为不可挑战的教条,而是在总结中国法制经验的基础上,提出一种规律性的理论,并与包括西方法学理论在内的前沿理论进行学术上的对话。这种研究范式也吸收了第二条道路的成功之处,从经验事实出发组织自己的研究,并关注一系列的立法实践、司法活动和司法改革问题。但它也不是就事论事地进行实证研究,而是强调将经验事实进行概念化处理,从中提炼出理论来。这一条道路强调理论来自法制实践,但又高于法制实践;认为理论要接受法制实践的检验,并且要与最前沿的理论进行学术对话;重视理论的证伪工作,对那些尚未被推翻的理论,将其视为可以成立的理论。对于这一条研究道路,我们可从以下几个方面作出具体的分析:

第一,第三条道路立足于对中国法制经验和法律问题的研究,其借鉴了第二条道路的积极成果,研究中国本土的经验和问题,研究发生过的经验事实。

这里所说的“经验”,指的是一种方法论意义上的经验事实,包括可借鉴的经验和可吸取的教训两个方面。简言之,这里的经验指的是我们经历过的体验而已,主要包括立法实践、司法实践、司法改革以及法学研究中的某种思潮。法学研究中应当反对的是研究那些没有发生过的事情,因为这些都是玄而又玄的、想象出来的东西。比如,某学者在法学刊物上发表了一篇关于法律论证理论的论文，即便在德国法学研究中，该领域也是相当抽象的。该论文中使用了德国的案例或者教科书上所使用的例子，引用了德国教科书上的图表，论证了德国法上的概念，试图与德国的法律论证理论领域的学者进行对话，但是却使用了中文在中国的刊物上进行发表。德国学者看不到，因此没法与其进行对话；中国学者对此不甚了解，也无法与其进行学术交流，因此导致其研究的问题缺乏"对话者"，因此也没有人关注该理论。所以，我们一定要吸取第二条道路中的经验，从中国的经验出发开始我们的研究，而且，我的一个基本判断是：没有哪一个法学家不是以研究本国的问题而成名的。拉德布鲁赫的经典著作《法学导论》研究的就是德国法，所举的例子都是德国本土的案例，但是其中的许多结论却具有普遍的经典意义。美国霍姆斯、卡多佐等大法官的著作中所援引的案例，哪一个不是来自自己处理过的案例，但得出的结论却广为大家所引用。

第二，第三条道路具有理论情怀和理论意识，吸取了第一条道路的积极成果。法学研究中应当具有理论情怀，而理论则来自对中国经验的提炼、概括和总结。

法学研究中的概念化和理论化主要有三种模式：(1)"标签化"。要想合理地解读一个或一组经常发生的现象，我们需要给它贴上理论的标签，比如"二元构造""实体真实发现主义""形式法治主义""实质法治主义"等。尽管对标签的提炼可能存在争议，但它却是从大量经常发生的现象中提取的概念，因此具有重要的理论意义。(2)"类型化"。如果说提出概念是一个长期的学术训练和学术思考的过程，那么通过对各种不同情况的对比分析而进行的类型化、模式化研究则相对较为简单，而模式一旦得到准确的提炼，概念便会随之产生。诉讼法学领域最成功的模式化分析当属对“对抗制”和“审问制”这两个概念的总结，其最早出现在法国学者艾斯梅因教授的《大陆法系刑事诉讼史》之中。当年帕克教授对美国19世纪60年代刑事法领域中的几种思潮进行了研究，提出的“犯罪控制模式”和“正当程序模式”这两个价值模式，被人们广为引用，成为其学术上的标志性成就。(3)“因果关系的分析”。提出某个概念或者某种理论来解读某个现象发生的原因，这是社会科学研究中的最高境界，也是最难做成功的。因果关系又被称为因果律，其发展到极致便属于对某种规律、原理和定律的概括。一个学者如果能够运用其所受到过的学术训练，从纷乱复杂的客观事实中提炼出哪怕只是一个公理或者一个定律，这本身便标志着他在法学研究上取得的成就。

第三，第三条道路通过证明与证伪的方式来对自己的理论进行验证。

理论一旦提出，如果得不到验证，那便是一种假设或者假说。那么如何对理论进行验证呢？实践中主要存在两种验证方式，其一是证明；其二则是证伪。证明又叫正面的论证，通常包括两种方法：一种是演绎论证方法，即从某一原理出发来论证某一理论命题的正当性；另一种是归纳方法，即从个案出发来论证某一命题的普遍适用性。比如十几年来，我对程序正义理论的思考从来没有中断，最近，我想研究一个命题：就案件的解决来说，程序正义对胜诉方和败诉方的影响是否相同？胜诉方需要程序正义吗？败诉方需要程序正义吗？比如，两位同班同学，其中一位同学成绩平平，而且也没有什么其他方面的突出贡献，但是却被评为校一等奖学金；而另一位同学学习优秀，每年都发表了多篇学术论文，而且也参加了多项社会活动，在班级中呼声很高，但是却仅被评为二等奖学金。结果发现，奖学金的评比程序中存在一定的问题，获得一等奖学金的同学是学校奖学金评比工作中的参与者、记录者。我们的问题是:得到奖学金的同学更在乎程序公正还是失去奖学金的同学更在乎程序公正？答案显然是后者。于是乎,我们可以得出下列命题:“程序是给败诉方或失去利益的人制定的。”要验证该命题,我们可以从经验归纳的角度和理论演绎的角度来对其进行验证。所谓“证伪”即是证明自己的命题没有被驳倒。证伪有两项功能:(1)证伪要求我们证明自己的理论在哪些场合不适用、不成立,因为任何理论都不是放之四海而皆准的绝对真理,证明自己的理论在哪些场合不适用恰恰是为了证明自己理论的边界;(2)证伪要求我们将已经存在的和可能存在的对我们的理论构成威胁的观点一一驳倒。

(一)优势与不足

我认为,“从经验到理论”的研究方法主要有以下四个方面的优势:(1)该研究方法把实践、经验与理论连接起来,理论与实践两层皮的现象可能会得到缓解。从上面的论述可以看出,第一条道路尽管关注了理论,但是理论来自西方,有些方面无法运用于中国实践;而第二条道路尽管关注了中国的实践,但是却上升不到理论的高度,基本上属于对策式的研究,带有工程学研究的性质。多少年来,我们的法学研究中不缺乏“工程师式”的研究,但是在“揭示原理”这一“理学式”研究方法上却始终裹足不前。(2)该研究方法把西方的理论当作有待验证的假设,当这些西方的理论难以解释中国实践时,我们便从中国的实践中提出理论,并与西方理论进行对话。这种对话本身便是将西方的理论与中国本土理论置于平等的地位,而不再将其教条化和意识形态化。(3)如果能做得比较成功的话,那么从经验到理论的研究可以和社会科学的其他学科展开有效的对话。(4)如果有幸能够提出自己的理论,我们需要将西方的理论与自己的理论进行比较,如果自己的理论能够对西方的理论有所超越，这便是我们的学术贡献；如果没有什么超越，则证明我们的研究没有成功。

任何事物都有“硬币的另一面”。我们也应当客观地看到，“从经验到理论”的研究方法也存在两个明显的不足，值得我们保持足够的反省态度。(1)从经验到理论的研究最多只能解释“是什么”“为什么”，但是却无法告诉我们“应当怎么办”。然而，法学常被人们戏称为“一脚踏在神学、一脚踏在科学”，其中本来便存在诸多的价值判断，比如“无罪推定”“罪刑法定”“程序正义”等就都是一个涉及价值判断的规范性理论。从宪法到部门法中所存在的“基本原则”，就几乎都是具有价值倾向的理论。而在这种规范性理论研究中，社会科学方法的运用并不奏效，研究者很难从经验事实中提炼出规范性理论来。可以说，社会科学研究者最多能研究某种法律规范在实践中的实现程度，却无法对法律规范本身作出肯定或者否定的判断。换句话说，研究者运用社会科学方法能够研究法律的实施效果，却无法创造法律规范本身。(2)“从经验到理论”的研究往往能够解释“是什么”“为什么”，却很难说清楚“什么是正义的”“什么是非正义的”，甚至也难以告诉我们“今后应当怎么办”。某次与一位社会学家一起去调研，我问他，社会学上的一个最大的假设是价值无涉，又称为价值中立，但是根据你的调研结果，如何得出“应当怎么办”呢？经过认真的思考，他回答我，“是什么”和“为什么”无法得出“应当怎么办”，也无法得出“什么是好的”。但是当我们发现某种现象违背了社会规律时，我们可以得出“什么是不好的”。比如，我们可以研究刑事和解的模式有哪些、刑事和解为什么会在中国发生，这是社会科学方法的用武之地。但是我们要判断什么是好的刑事和解，什么是不好的刑事和解，就必须借助公平、和谐、效率等价值标准，这就不是本研究方法所能解决的了。

(二)五句格言

为了方便大家对“从经验到理论的法学研究”的理解，我想通过对以下五句格言的解读，再做进一步的说明。

第一句格言：“问题是一切科学研究的逻辑起点。”

要发现一个理论上的问题，我们需要注意以下几点：(1)当一个反复发生的现象挑战了某个现有的理论时，一个理论问题便已呈现。比如，刑事处罚与行政处罚之间存在着一种“二元构造”，这属于一种表象，是反复发生的，而现有的法学理论对此难以解释；刑事和解在全国蓬勃兴起，没有法律依据，但是却解决了我国的申诉上访问题，而现有的无罪推定、罪刑相适应、国家追诉等理论对此却缺乏解释力；在我国的少年司法中，结果正义和程序正义对少年来说没有多少意义，对少年被告人而言，最大问题在于将来如何实现其回归社会，现有理论对此缺乏解释力。在上述情况下，理论产生的契机便初见端倪。(2)要想发现一个理论上的问题，我们必须首先穷尽现有的所有前沿理论。我们收集资料的目的并不是为了在论文中堆积材料，而是为了研究西方现有的理论，看它们对我们研究的论题是否具有解释力，如果没有解释力，那么我们的论题便成为一个理论上的问题。

第二句格言：“先归纳、后演绎。”

所谓“先归纳”，就是指从中国的经验上升为理论，从“个别”上升为“一般”。一般说来，在归纳的过程中，我们不可能穷尽所有的样本。一个学者在研究某一问题时，在全国具有代表性的几个地方选择了数个研究样本;而另一个学者则在同一个地方的不同区域选择数个研究样本,那么,第一个学者的研究样本是不是就必然比第二个学者的样本更加典型呢?我们认为“不一定”。在研究的过程中,研究的样本是有限的,受到了研究精力和研究篇幅等多方面的限制,问题的关键并不在于样本选择的全面性、典型性,而在于我们是否具有大的理论视野。如果我们具有了大的理论视野,完全可以从一个样本中提出某种理论。其实,任何归纳都属于从个别到一般的总结和提炼,样本的“典型”和“全面”都是相对而言的。关键的问题在于假设提出后的科学论证。所谓“后演绎”,是指将我们先前通过归纳得出的概念或者命题放到具体的情境中进行证实和证伪。即使是从一个样本中得出的某些概念或者命题,只要我们具有科学的研究态度,对其进行证实和证伪,都是可以完成的。需要注意的是,先演绎是做不出创新性学术研究的,充其量只是对现有理论的运用而已。

第三句格言:“小处入手、大处着眼。”

这句话看起来比较简单,但是如果我们反其道而行之,从“大处入手”,则势必会碰壁。题目太大有两个方面的缺陷:(1)难以操作,无法入手;(2)很容易变成对现有理论的综述式研究。所谓“小处入手、大处着眼”,指的是一定要选择一个可操作的题目来开始我们的研究,因为理论的推进犹如一把尖刀,必须找准一个点来进行突破,而不是找一个面来全面推进。“小处入手”还有一个好处便是比较容易贯彻“从经验到理论”的研究路径,因为“经验”是“小的”和具体的,比如一个案例、一个数据、一个法律现象,从这些小的经验出发,对其进行解剖和研究,才有可能创造出理论来。

尽管要选择小题目，但并不是鼓励诸位钻牛角尖，选择一些没有任何技术含量的题目，比如《论送达》《论期间》等题目由于缺乏大的理论视野，则很难做出学术创新。相反，以下几个题目，《从杨佳案看民意与司法的博弈》《从许霆案看判决书说理》《从彭宇案看民事法官的裁判逻辑》等，由于具有大的理论视野，尽管选择的题目比较小，却可以做出一定的学术贡献。“大处着眼”要注意以下两个方面：其一，选择的小题目需要能够与一个大理论进行学术对话；其二，如果能够对现有的理论构成某种挑战，那么这个小题目就更加理想了。

第四句格言："从经验事实中提炼出理论。"

任何社会科学都强调研究经验事实，但同时又重视从经验事实中提出抽象的理论。作为一种信息节约的工具，真正成立的理论具有普遍的解释力。法学研究者应当具有将问题“概念化”的能力。

其实，我们在对任何问题——包括事实、资料等进行研究时，都需要概念化。过去在研究中国的公、检、法之间的法律关系时，我发现中国的公、检、法三机关的关系与西方国家的“警检关系”和“检法关系”是完全不同的。过去，很多学者研究控、辩、裁三方的法律关系，得出了中国具有超职权主义的诉讼构造的结论。然而，我经过反复研究发现这种说法存在问题。因为经过1996年《刑事诉讼法》的修改，中国与西方国家在控、辩、裁三方法律关系问题上的差别已经缩小，但是中国的问题却仍然没有获得根本的解决。实际上，中国与西方国家在审判方式上的差异已经不是非常明显，其真正的差异在于公、检、法三机关之间的法律关系，因为在宪法要求公、检、法三机关在刑事诉讼中“分工负责、相互配合、相互制约”，而在实践中，中国的政法体制在纵向构造上是“流水作业”，犹如生产产品的工厂车间，经过三道工序便可以生产出产品来。与此迥异的是，西方在警察、检察官、法官三者之间形成的是一种“以裁判为中心”的纵向构造，不允许警察机关、检察机关享有裁判的权利。“流水作业式”的纵向构造便是对中国公、检、法三机关关系的一种概念化，它没有提出解决问题的方案，而仅仅是对事实问题进行的一种理论概括。概念化需要积累，需要我们经过慢慢的学术训练。

第五句格言：理论发展的规律是，“从经验中发现理论的例外，理论的例外慢慢地累积起来，便形成了一种新的理论”。

自贝卡里亚以来，刑事法理论一直以无罪推定、罪刑法定、程序正义、正当程序等为基础，目前绝大部分中国学者仍然努力在将这些西方法学理论引入中国法学的各个领域。然而，与这种主流的研究思路不同，近几年来我的主要研究思路是：(1)贝卡里亚所提出的这套理论是以解决被告人的刑事实体责任为中心的，但是在刑事诉讼中存在着大量的程序性纠纷，如管辖、非法证据排除、程序违法的司法审查等问题。对这些程序性纠纷的裁判程序以及程序性违法的后果等方面的问题，自贝卡里亚以来的这套理论难以解释。我在《程序性制裁理论》一书中试图从程序法实施的角度对这些程序性违法行为进行研究，提出了程序违法、程序性制裁、程序性裁判、程序性辩护、程序性上诉等诸多崭新的概念。(2)自贝卡里亚以来的这套理论建立在被告人与国家进行诉讼对抗的基础之上。然而，对于在中国占80%以上的被告人认罪案件中，该理论缺乏解释力。基于对中国目前刑事和解问题的研究，我提出了与“对抗性司法”相对应的“合作性司法”理念。(3)自贝卡里亚以来的这套理论是围绕着定罪问题展开的，无罪推定、程序正义、司法证明等都是围绕着定罪问题而展开的，然而这一理论对量刑问题缺乏解释力。基于此，我集中研究中国的量刑程序理论,我要论证的是量刑程序的理论和定罪程序的理论是不同的,具有自己独特的理论体系。(4)自贝卡里亚以来的这套理论是以围绕成年人犯罪问题展开的,少年案件具有自己的一套特有的概念和理论体系。(5)自贝卡里亚以来的这套理论是以被告人为中心的理论体系,而对被害人问题则缺乏令人信服的解释力。由此可见,自贝卡里亚以来的主流理论对上述五个方面都缺乏解释力,这为我们的学术创新提供了契机,在这个时候,谁能站在理论的制高点,谁就能做出自己的学术贡献。

附录五

法学研究方法的反思*

当下,有关法学方法的讨论已经成为法学研究中的一个热点。在那种以意识形态为导向的研究以及以移植西方制度为目的的研究双双走向衰落的背景下,中国法学终于迎来了本土化建构的时代。而在法学方法上,法学界出现了"法教义学"与"社科法学"的两大流派。一时间,信奉不同方法的学者俨然加入了两个学术阵营,相互之间发生着对话和争论,其中还不乏一些较为尖锐的批评之声。

一些法学研究者有个思维定势,对于明明属于自己每天都在坚持的东西,经常要冠之以西方的名称和概念。对那种以法律规范为研究对象的方法,本来已经有"规范法学""法解释学"等现成的称谓,可一些学者却偏偏引入了源自德国的"法教义学"这一个洋名词。笔者在本文中沿袭旧例,仍然称其为"规范法学"。对于这种研究方法,部门法学者往往情有独钟。那些从事刑法、民法、诉讼法、行政法等领域研究的学者,对

* 本文曾发表于《中外法学》2015 年第 1 期。

于各个法律规范的立法精神、体系结构、规范要素、责任后果等进行着越来越深入的解释性研究。这种研究的共同特征主要有：将研究对象定位为法律规范本身，尤其是那些成文化的“书本法律”；关注法律规范的建构和立法的完善，将构建良法美治作为研究的归宿；注重法律规范内部的逻辑演绎和规范分析，强调成文法体系结构的完整性；追求法律规范的有效实施，注重从立法完善的角度解决法律实践中的问题……

规范法学的局限性是显而易见的。由于坚持一些源自西方法学的理论前提，这种研究过于注重演绎推理，也就是在自认为掌握了“真理”“原理”“基础理论”的前提下，对中国法律问题进行或批判、或建构、或解释的分析。按照这一逻辑，中国立法出现问题的主要原因是没有坚持那些源自西方的法学原理，而司法实践出问题的主要表现则是成文法遭到架空和规避，司法实务界没有接受西方法学的那套概念、思维和价值判断。对于成文法规范的正当性，研究者习惯于从基本原则上加以解释，而这种基本原则又深深地受到西方法学的影响，如刑法中的罪刑法定、罪刑均衡、适用法律一律平等，民法中的公平、等价有偿、情势变更等，行政法中的法律保留、成比例、正当程序等，刑事诉讼法中的无罪推定、程序正义、有效辩护、禁止强迫自证其罪等。而对于司法实践中存在的问题，特别是那些按照现行成文法无论如何也走不出困境的疑难案件，研究者除了提出一些老生常谈的立法完善方案以外，再也无法给出富有启发性的建议。对于这些问题发生的原因，规范法学研究者几乎成了“低能儿”，除了将问题归结为立法不完善、成文法过于抽象等原因以外，几乎无法给出令人信服的分析。

还有一个更为致命的问题是，规范法学研究者把本来属于一个整体的法学研究予以肢解，使宪法、刑法、民事、行政法和诉讼法的研究相互隔离,出现了“老死不相对话”的局面。于是,各不同学科的研究者守着自己的“一亩三分地”,对属于自己领域中的法律问题作出解释和评论,对于超出自己学科领域的法律问题,既没有解释的能力,也没有研究的兴趣。而司法实践的经验表明,中国法律制度的主要问题恰恰发生在不同法律学科的交叉地带。对于这些交叉性问题,规范法学几乎提不出富有创新的观点。例如,刑民交叉领域中的问题,涉及刑事法和民事法的关系、刑事追究与民事追究的优先顺序以及刑事管辖与民事管辖的冲突等问题。对于这类问题,无论是刑法学者还是民法学者,都往往“自说自话”,别说提出富有启发性的观点,就连从别的学科角度理解问题本身,都发生了困难。又如,近年来出现的“刑事和解”制度,属于立法者将那种自生自发的改革经验上升为法律规范的典型范例。这一制度最初没有成文法上的依据,是司法实务界“以解决问题为导向”所做的改革尝试。但对于这一制度,刑法学界最初批判其“违反罪刑法定原则”“背离罪刑均衡原则”或者“带来同案不同判问题”,刑事诉讼法学界则批评其“违反无罪推定原则”和“程序正义理念”,民法学界则对其不予置评。再如,对于横跨多个学科的司法体制改革问题,规范法学研究者除了效仿西方制度提出改革对策以外,再无创新性贡献。当前正在推进的“法官、检察官员额制”“省级以下地方法院、检察院实行人财物统一管理制度”“司法裁判与司法行政管理分离制度”等改革措施,几乎都是效仿西方司法制度所做的改革尝试。信奉规范方法的法学研究者,除了以西方经验和法学教科书为蓝本,提出建议或者批评以外,再也发不出其他的声音。

规范法学方法所面临的种种危机和困境,主要是因为它“仅仅站在法律之内看法律”,走不出自说自话、循环论证的“逻辑怪圈”。规范法学将法律规范本身作为研究对象，将完善立法、解决司法问题作为自己的使命，混淆了"法制"与"法学"的界限，根本提不出富有创见的理论，往往只能跟着西方法学的步伐，甚至创造出一个中国学者心目中的"西方法学"。而对于这样一种"想象的异邦"，有时就连真正的西方学者都不敢认同。正是基于对规范法学局限性的这些认识，一些学者提出了"从法律之外看法律"的研究思路，倡导引入社会科学的研究方法，提出了"社科法学"的方法。

所谓"社科法学"，实际是一种将法学研究纳入社会科学研究轨道的学术尝试。社会科学是以人类社会和人类行为为研究对象的学科集群。按理说，每一种社会科学都有自己特有的研究方法，如社会学方法、人类学方法、经济学方法、政治学方法等。研究者运用这些方法所进行的法学研究，可形成一种新的法学研究方法，如法社会学、法人类学、法经济学、法律政治学等。这里所说的"社科法学"，既可以是上述任何一种特定的法学研究方法，也可以是将社会科学的一般经验运用到法学研究之中的方法。"社科法学"的出现，意味着法学研究者要借助于其他社会科学的成熟方法来对法律问题展开全新的研究，也意味着法学研究者不能满足于传统的规范法学方法，而应该将法学研究拉回到社会科学研究的主流轨道。

从根本上说，"社科法学"将法律作为一种社会现象，视为一种社会治理的方式。与规范法学仅仅关注法律规范和文本不同的是，社科法学更为关注"社会生活中的法"，也就是法律在社会中的实施效果和状况。在"社科法学"看来，"书本法律"中的规范若无法得到实施，便是毫无意义的。当年霍姆斯大法官的名言"法律的生命在于经验，而不在于逻辑"，就道出了这一研究范式的部分真谛。对于法律制度和实践，社科法学保持了一种开放和包容的态度，对于所有有利于解释法律现象和法律问题成因的科学方法，都予以接受。另外，由于强调运用社会科学方法研究法律问题，社科法学研究者就不可避免地要遵循科学研究的一般准则。例如，研究者只研究已经发生的“经验事实”，而一般不研究尚未发生的事实；研究者只对研究对象的状态、模式、成因、发展趋势作出解释，遵循“价值中立”的原则，而不做好坏善恶的价值评判；研究者对于所提出的命题负有证明的义务，对于未经证明的主张，只应将其视为一种假设或者假说……

“社科法学”的出现仅有十余年的时间，目前主要为一些从事法理学研究的学者所提倡，但经济法、诉讼法领域的研究者开始受到这一研究方法的影响。由于这一研究方法出现得较晚，没有受到强有力的质疑和制衡，有关的研究也不可避免地出现了一些问题。与规范法学一样，社科法学也并不是完美无缺的，照样有着特有的局限性。特别是倡导这一研究范式的研究者，由于学术训练上的先天不足，或者由于研究者个性上的偏执，在运用社会学、人类学、经济学、政治学等社会科学方法从事法学研究方面，还远远没有达到驾轻就熟的程度。

首先，社科法学存在着“批判有余，创建不足”的突出问题。由于一些研究者既不熟悉部门法，也对部门法学者的规范研究不感兴趣，因此造成研究者对研究对象的隔膜，甚至会出现一些对问题的误读。在此情况下，研究者动辄挑战一些部门法上的定论或者原理，就容易出现常识性失误甚至闹笑话。例如，一些学者曾以小偷深夜入室盗窃、被当场抓获后扭送公安机关的例子，否认“无罪推定”的合理性；一些学者还曾以任何人都有作证的义务为论据，来否定存在“沉默权”；还有学者以中国一些疑难案件无法在现有法律框架内得到解决为论据，否定“法律思维”

的存在。这些对源自西方的法律原则和法律理念的挑战,无非是要用常识挑战理论教条、用经验来否定某些法律理念。但是,批判过多、否定过于绝对或者打击面过宽,就容易暴露自己知识上的欠缺。

其实,社科法学要证明自己比规范法学具有更大的优势,就不应该只是简单地批判规范法学,或者试图颠覆规范法学的一些定论,从事带有后现代色彩的“解构”活动,而应当进行更多的建设性学术活动,提出更多的富有说服力的理论。比如,对于社会各界高度关注的“冤假错案”问题,规范法学的研究固然存在着难以尽如人意之处,但社科法学是不是就提出了更好的观点呢?又如,对于全社会都关心的“司法体制改革”问题,社科法学显然对一些部门法的研究不屑一顾。但是,社科法学的研究是不是就更加高明呢?对于中国司法体制中的问题是不是就看得更加真切呢?再如,对于“刑事和解”这一现象出现的原因,规范法学固然无法给出令人信服的解释,社科法学真的就能说明白吗?研究者从这一中国特有的改革中能总结出规律来吗?中国有句俗语:“是骡子是马,拉出来溜溜。”或许,任何研究方法的设定都不是目的,研究者根据这一方法能否提出创新性理论,能否提炼出制度运行的规律,这才是检验一种研究方法优劣得失的主要标准。

其次,某些社科法学研究动辄将某一社会科学的理论奉为前提,而将中国的法律问题作为理论运用的对象,难以做出理论上的创新和贡献。笔者曾经观察过多个从事法经济学研究的年轻学者,拜读过他们的作品。在感叹于他们知识面之广博的同时,也为他们的学术前途感到忧虑。这些能够熟练自如地运用“成本收益理论”“交易成本理论”乃至“博弈论”的学者,仅仅将某一法律问题作为经济分析的例题,所作的分析和所得出的结论都没有超出西方法经济学的水平,如此研究下去,又怎么能做出理论上的创新呢？如果说规范法学经常犯“以西方法学为师”“言必称英美法和大陆法”的毛病的话，那么，这些社科法学研究者岂不也动辄“以西方法经济学为师”“言必称波斯纳和科思”吗？

笔者注意到，一些社科法学研究经常将一些社会关注度较高的案例作为研究对象，并运用了其他社会科学的既有理论。或许，这种研究足以论证规范法学是存在缺陷的，也是无法解决中国法律问题的。但是，这种零零散散的研究，又能创造出什么样的成体系的理论呢？假如社科法学要取得更大的学术影响力，就不应仅仅满足于这种就案论案的研究，而应从经验事实中提炼出概念，通过对中国法制经验的总结，来发现法制运行的规律，提出诸如“定律”“公理”或者“定理”等标签化的理论来，从而为中国法学做出独特贡献。不仅如此，仅仅将一些略显极端的个案作为研究素材，也是不无争议的。研究者为什么不按照社会科学研究的一般准则，通过田野调查、访谈、个案分析、数据统计等多种研究方法，首先全面掌握经验事实，然后再提出抽象的理论呢？

社科法学还存在一个令人匪夷所思的问题，那就是有意无意地混淆了“存在的现实合理性”与“存在的价值正当性”的界限，莽撞地从经验事实的世界闯入价值判断的境地。当年，黑格尔有句名言：“存在的都是合理的”。对于这句话，应当理解为凡是现存的事物，都有其存在的原因和理由。但是，这并不意味着凡是存在的事物都是正当的，凡是现存的制度和实践都是符合公平、正义标准的。真正的社会科学研究应当奉行“价值中立”或“价值无涉”的基本立场，对于某一研究对象发生的原因作出深刻的解释，从而发现事物发生、发展和变迁的规律，而避免对价值判断问题妄下断言。要知道，中国当年发生“文化大革命”的运动，当年德国发生纳粹政权上台的事件，都有着非常复杂的政治、经济、社会、文化乃至国际政治的背景，研究者将这些背景和成因揭示出来，就有可能做出较好的学术贡献。但是，研究者假如奉行一种“宿命论”的立场，认为“文革”的发生是符合道德的，或者认为“纳粹政权的上台”是正当的，就有着为文革和纳粹辩解的意味，以至于挑战了人们最朴素的正义观。这种所谓的“社会科学研究”无论有多么深刻，都会引起人们的反感。

一些采用社科法学方法的研究者对于中国法律制度中的特有问题，就采用了这样一种价值评判的立场。无论是对“复转军人进法院”制度和“审判委员会”制度，还是对“刑讯逼供”和“纪委双规”等制度问题，研究者在对其存在的复杂原因作出一番分析后，竟然对这些制度和实践作出肯定性的价值评价。当然，价值评价具有一定的主观性，对于这些制度和实践动辄采取批判的态度，固然是不足取的。但是，研究者假如反其道而行之，对一些明显不符合正义原则的制度实践给予“同情和理解”，甚至赋予其道德正当性，这既违背了社会科学研究的价值中立原则，也容易使人们对社科法学的志趣和宗旨产生误解。面对这种动辄为现实辩解的“社会科学研究”，人们不禁会产生疑问：难道社科法学可以公然违背社会科学研究的基本准则吗？

上述对规范法学和社科法学所提出的一些反思和批评，并不等于对这两种研究方法采取否定的态度。在笔者看来，规范法学和社科法学已经成为我国法学界正在广泛使用的基本研究方法，它们的竞争性存在将是长期的，也是不容回避的基本现实。但是，这两种法学方法迄今并没有达到较为成熟的程度，还存在着诸多的问题和缺憾，这也是不容忽视的问题。“工欲善其事，必先利其器”。面对中国社会转型期出现的诸多法律问题，法学研究者应当改进研究方法，无论是从法律之内观察法律问题，还是从法律之外研究法律问题，都应秉承科学的态度，遵守社会科学的基本准则,从而做出特有的理论贡献。

按照笔者的初步思考,法学研究者在运用规范法学和社科法学方法进行研究时,应将两者视为相互补充的方法,努力寻找这两种研究方法的契合点,确立一些共同的学术准则。在笔者看来,这些学术准则主要有:研究者应当将制度和实践作为研究的对象,从制度的世界进入理论的世界;研究者应当放弃对西方法学理论或社科理论的盲目崇拜,从中国的经验事实中提炼出自己的法学理论;研究者要做出法学理论的创新,就要与最前沿的法学理论进行对话,发现这些理论的边界和范围,提出新的富有解释力的理论。下面依次对这些基本准则作出简要分析。

首先,法学研究者应当区分“法制”与“法学”,注重研究法律之上、法律背后的原理和规律。有研究生指导经验的学者都知道,要让一个刚刚入学的研究生学会写法学论文,最大的困难是引领他(或她)从制度的世界走出来,进入理论的世界。我国特有的“学以致用”的学术传统以及我国知识分子将“认识世界”和“改造世界”视为天然使命的观念,对初学者产生了极大的影响。而要“学以致用”和“改造世界”,就要在发现问题和分析问题的基础上,提出解决问题的方案和对策。仔细观察起来,无论是规范法学还是社科法学,其实都深深受到这一学术传统的影响。前者追求“良法美治”,寻求立法的完善和制度的革新,或者对法律规范作出符合立法精神的解释,无非是为了保证法律的良好实施,实现规则的治理;后者批评规范法学的空洞化,分析个案产生的复杂原因,甚至鼓吹“潜规则”的合法化,也有着改善治理方式的意味,有着“舍我其谁”的制度变革之理想。归结起来,两种研究思路都没有逃出制度论的轨道,而制度研究终究是缺乏生命力的。法学研究者假如仅仅关注书本法律中的制度,那么,立法一旦发生变化,制度一旦发生变革,整箱整柜的法学书籍都将不得不销毁。同样,法学研究者假如仅仅满足于对个案的讨论,倡导以“潜规则”替代书本法律,那么,随着法制状况的改善,这种研究的价值也会丧失。

其实,无论是规范法学所研究的制度,还是社科法学所讨论的实践,都只是“法制”的表现形式,也都仅仅属于法学研究的对象而已。法学研究的根本目的应当是发现法律运行的规律,提出富有解释力的法学理论。而要达到这一效果,研究者应有独立于“法制”的“法学”意识,注重从法律之上和法律规范背后发现具有影响力的因素,将其予以概念化,并提出相应的理论命题。其实,真正使法律成为一门科学的是法律条文背后的制约因素,这些因素与一个社会的政治、经济、文化、传统密切联系在一起,立法者要对这些因素做出改变,就像语言学家改变一个民族的语言一样,往往是极其困难的。法学研究者唯有将这些制约因素揭示出来,才能做出自己的理论贡献。与此同时,真正属于“法学”领域的命题一般都是解释性的命题,它们要么解释了某一制度实践的类型或者模式,要么解释了某一法律问题发生的原因,要么揭示了制度实践的变迁规律。研究者通过“我发现……”的方式将其揭示出来,并作出抽象的理论概括,就完成了“认识世界”和“发现规律”的使命。这才是“法学”赋予研究者的应有使命。至于所谓的“解决问题”或者“改造世界”,那就属于推进“法制”的范畴了。而对于“法制”的完善,专业研究者经常是“心有余而力不足”,这并不是他们的长项,政治家以及专业立法决策人士或许更加擅长此道。

其次,法学研究者应当从中国的法制经验中提炼出法学理论。法学理论应当从哪里来?规范法学过于迷信西方法学的现成理论,社科法学也有着过分推崇西方社会科学理论的倾向。不知道从何时开始,法学研究者有着迷恋西方理论的传统,仿佛不引用几个西方学者的概念和理论,就显得自己没有学问似的。其实,西方的理论,无论是法学理论还是社会科学理论,对于解释自己社会的问题,或许是有说服力的,但它们未必就是放之四海而皆准的真理。中国法学研究者不应继续保持“被殖民者”的心态,甘当“学术留声机”或“知道分子”,而应树立起学术主体意识。西方的理论最多只能是我们研究问题的学术背景,或者是一种学术对话的对象。假如某一法律问题在西方理论中已经得到了完美的解释,那么,我们就应接受这一理论,在此理论的基础上展开新的研究。而假如某一些本土问题从西方理论那里根本得不到解释,或者西方理论的解释极为牵强,那么,研究者应当秉持“大胆假设,小心求证”的精神,提出新的更具有解释力的理论。

根据笔者的一点经验,中国法律制度中无法得到西方理论解释的现象,恰恰是中国学者做出理论创新的契机。例如,中国近年来出现的“刑事和解”、少年司法改革、量刑程序的相对独立、证据法对证据证明力的严格限制、公检法三机关的关系、检察机关的法律监督地位等一系列制度现象,都是西方法学理论无法解释的。研究者假如放弃对西方理论的盲目推崇,就有可能在这些问题的研究上提出新的理论。又如,近年来中国司法制度中出现的一些特有问题,如“涉法上访”“死磕派律师”闹法庭、舆论影响司法、对司法官员的绩效考核等问题,不仅在西方是不存在的,而且也是西方法学理论无法解释和解决的。再如,中国近年来对一系列法律问题采取了各种治理措施,但问题并没有得到解决,治理效果也不明显。如对刑讯逼供的治理、对证人出庭作证的保证、对冤假错案的防范、对司法官员自由裁量权的管控等,都是典型的例子。有时候,立法者引入的恰恰是西方国家治理类似问题的经验,但这种治理显然并不成功。那么，对于这种治理经验和教训的研究，或许有助于我们发现中国的新问题，解释法律背后的新的制约因素，这或许是我们做出理论创新的机会。

再次，研究者应当与最前沿的理论进行对话，创造理论的例外或者提出新的理论。通常说来，法学研究者无论是研究法律规范，还是将法律作为社会现象来研究，都有可能提出一种概念或者理论。一个人只要具有一定的学术抽象能力，就不难对研究对象进行"概念化"，并进而提出具有概括力的理论命题。但是，面对西方既有的法学理论，我们如何才能做出理论创新呢？面对西方极其发达的社会科学理论，我们如何做出超越前人的理论贡献呢？

笔者过去在研究刑事和解问题时，就曾面临这样的困惑。刑事和解是中国自生自发的改革经验，构成一种特殊的刑事诉讼模式。但这种模式的特征是什么？中国为什么会发生这样的改革运动？对于这些问题，只有放在最前沿的理论背景下才能作出解释。西方自 20 世纪 60 年代以来，已经出现过帕克的"正当程序"与"犯罪控制"双重模式理论，也出现过格里菲斯的"家庭模式"理论，近期还有加拿大学者以被害人为中心提出的四种模式理论。很明显，中国的刑事和解是发生在被害方与加害方之间的和解协议，它以双方达成私下的民事赔偿协议为前提，促成了被害方对司法机关做出宽大刑事处理的认同，在取得检察机关或法院同意的前提下，最终使被告人受到从轻、减轻或者免除刑事责任的处置。这种刑事诉讼模式无法用西方既有理论加以概括，而只能被视为一种相对于对抗性司法的"合作性司法"模式，而且是独立于"公力合作"模式之外的"私力合作模式"。围绕着这一模式兴起的背景，笔者又提出了一种以被害人为中心的刑事诉讼理念，强调其实用的功利主义司法哲学基础。

当然，这种研究只是初步的，也并没有达到成熟的程度。但是，有了这样的研究体验，笔者对什么是创新性研究有了新的认识：在对西方最前沿理论理解透彻的前提下，提出对本土问题具有解释力的新概念和新理论，然后与西方理论进行对话。经过对话，发现新的概念和理论足以解释既有理论之例外情形，或者能够在既有理论之外发现新的规律的，就可以算创新性理论贡献了。

法学研究的社会科学转型

问题的提出

新加坡国立大学的郑永年教授曾对当下的中国的社会科学研究状况提出过批评，认为“现在各种由西方进口的主义充塞中国的社会科学研究。很多人都爱讲这个主义、那个主义，但他们实际上学到的只是形式和概念，而没有学到西方社会科学的本质”，因为“今天人们所看到的大多数社会科学家和思想家，都是欧洲转型的产物。就是说，他们的学说和知识产生于对欧洲转型的观察和研究”。然而，“中国的转型是人类历史上最为巨大的，但到现在为止，没有产生一个和中国转型相关的社会科学理论。中国的社会科学研究者如果光简单地接受西方理论，就永远建立不起能够解释中国社会现象的科学，或者中国社会科学”。他的结论是，“要建立中国自己的社会科学，就要避免中国思维的美国化或者西方化”。*①

* 本文曾发表于《中国社会科学评价》2015 年第 2 期。

① 参见郑永年：《中国官僚化教育评审制度的恶果》，载《联合早报》2009 年 3 月 3 日。

郑教授的批评显得很尖锐,但的确是引人深思的。其实,早在20世纪20年代,胡适就对当时的社会科学研究状况提出过类似的批评,认为很多鼓吹引进"主义"的研究者都是在当"留声机"的角色,根本忽略了对中国问题的分析和解决。胡适提出了"少谈些主义,多研究些问题"的呼吁。如今,九十多年过去了,中国社会科学研究依然存在着相似的问题,那就是对西方社会科学的一些理论加以盲目推崇,以至于达到了迷信的地步。很多号称"学贯中西"的学者,言必称欧美各个时期出现的"理论"或"主义",各种对西方社会科学思潮进行综述和评论的论著充斥于坊间,但对于中国当下社会转型中出现的各种问题却很少进行平心静气的观察和思考。在思维方式上,一些研究甚至将中国的社会问题和社会体制视为亟待解决和改造的对象,而西方的社会科学理论则被推崇为解决中国问题的"指导思想",西方的各种制度安排则被视为改造中国体制的"灵丹妙药"。结果,在经历了近40年的改革开放和社会科学重建之后,中国社会科学界竟然没有提出多少为国际社会科学界所接受的理论,甚至"现在的国际社会科学理论中没有一个概念是和中国相关的"。假如美国和西方的思维霸权在中国继续得到尊崇的话,那么,"中国永远不可能实现真正的理论创新,建立中国的社会科学更是遥遥无期"。①

法学研究存在的问题可能更为严重。在中国,法学属于社会科学的一个分支,这是没有争议的。但令人困惑的是,作为社会科学的法学,过去在很长一段时间竟然不接受社会科学的研究方法。如今,一些研究者终于醒悟,提出了"在法学研究中引入社会科学方法"的主张,并进行了

① 郑永年:《中国官僚化教育评审制度的恶果》,载《联合早报》2009年3月3日。

相关的学术尝试。对于这种以“社会生活中的法”为研究对象的学术尝试,有人称为“社科法学”。但与此同时,主流的法学研究者仍然将法律规范本身作为研究的对象。尤其是在各个部门法研究中,这种“规范法学”几乎成为占据主导地位的研究方法。具体而言,规范法学有两个基本的面向:一是探究法律规范的性质、价值等法理问题,或者对不同国家的法律制度进行比较考察,探究不同法律体系或法律文化下法律规范的产生、发展和变迁的问题;二是对本国法律制度进行实用性的规范研究,要么注重对法律条文的解释,要么强调研究制度变革的方案,倡导“变法修律”,追求一种“良法美治”,将法学直接服务于法制建设。

在拒绝社会科学方法的情况下,中国的“规范法学”几乎已经成为西方法学理论的殖民地。在法理学领域,法学研究者大都成为西方法学理论的引进者和介绍者,有些法理学教科书甚至等同于西方法律思想史的教材。研究者既不从中国古代哲学中寻找灵感和智慧,也不注重研究当下各个部门法中出现的普遍法律问题,而是将某一种或某一派的西方理论视为“真理”,据此对部门法问题发表观点。而在部门法领域,各种研究论著言必称“英美法”或“大陆法”的现象仍然普遍存在,各种流于表面的“比较法研究”作品争相出现。无论是做法解释学研究,还是进行对策法学研究,法学研究者几乎都试图倒向某一西方国家或某一法系理论的怀抱,成为其忠实的理论信徒。在有些学科,一度曾出现对过分接受前苏联法学理论问题的反思,但随后不久,一些反思者就全盘接受了德日法学的理论,并试图以后者取代前苏联的法律理论。

可以说,今天的法学研究面临着如何看待西方法学理论的问题,也面临着如何建立中国法学研究的学术自信问题。本文认为,要避免法学研究的殖民地化,真正做出中国的法学贡献,我们需要对传统的"规范法学"进行深刻反思,真正引入社会科学的研究方法。与此同时,要避免一些"社科法学"倡导者的误判,正本清源,不将西方某些既有的论断或者理论作为研究的前提,而应当将其作为一种对话者或研究背景,从中国法律制度和实践中提炼出富有说服力的理论。一句话,**树立中国法学研究的主体意识,在法学研究中引入真正的社会科学方法,这可能是中国法学步入正轨的必由之路。**

传统规范法学的缺陷

在通常的规范法学研究中,无论是法理学、比较法学、法律史学,还是对策法学、法解释学,都得到研究者的青睐,并被用来设计各种研究的框架结构。例如,一种典型的规范法学论文通常会分析某一制度的性质,对其进行类型化研究。这可以被归入法解释学的范畴。研究者还经常对该制度作出比较考察,分析该制度在两大法系国家的现状和发展情况,并概括出不同法系中的制度异同和发展动向。这大体上属于比较法学的表现。在比较分析的基础上,研究者有时还要揭示该项制度的"理论基础",或者对其进行所谓的"价值分析",这又具有法理学分析的色彩。研究者有时还会对某一制度的起源、发展和变化过程作出描述和分析,试图发现该制度发展变迁的轨迹。这又带有法律史学研究的痕迹。最后,在对制度和实践问题作出揭示的前提下,提出修改法律、完善制度或推进改革的设想。这就进入了对策法学的轨道。

将法律规范作为法学研究的对象,这本身是无可厚非的。传统的法理学方法、比较法学方法、法律史学方法以及法解释学、对策法学方法,对于法学研究者有效地分析问题也具有无可替代的价值。但问题在于,这种研究范式已经定型化，带有浓烈的“八股”色彩，无论是解释问题还是解决问题，都暴露出一系列局限性。从事这类研究的学者已经迷失了方向，对西方法律理论顶礼膜拜，丧失了基本的中国学术主体意识。三十多年来，秉承这一研究志趣的研究者既提不出新的概念，也创造不出新的理论。在以下的分析中，笔者拟从以下四个方面，对“规范法学”的局限和不足作出一定的反思：

首先，“规范法学”主要将书本法律作为研究对象，不关注法律在社会生活中的实施状况，无法将法律制度置于社会生活和社会变迁的大背景下进行观察，这从根本上制约了研究者的理论创新能力。

自20世纪70年代末以来，经过30多年的法制建设历程，中国已经颁布实施了大量的成文法律规范，初步形成了自己的法律体系。按照官方的说法，中国目前已经基本解决了“无法可依”的问题。但是，一个不容忽视的现实是，在越来越多的法律领域中，存在着日趋严重的“有法不依”的问题。尤其是在那些旨在限制公权力的公法领域，很多权利保障和权利救济条款都面临着被架空、被规避、被搁置的现象。例如，宪法中的基本权利保障条款，在实践中受到程度不同的违反，而那些违宪行为也无法受到任何形式的制裁，被侵权者也得不到有效的救济。又如，行政诉讼法针对具体行政行为所确立的司法审查机制，在实践中经常无法得到实施。那些受到行政侵权的相对人所提出的司法审查之诉，经常被法院推出受理大门之外，或者即便被受理，也无法获得公正的裁判。再如，在刑事诉讼领域，包括合议制、逮捕制度、法庭审理程序、疑罪从无规则、证人出庭规则、二审法院开庭审理制度等在内的制度安排，几乎都受到了有意无意的规避，出现了普遍的程序失灵现象。

应当承认，在法制建设恢复的初期，法学研究者将成文法律作为研究对象，将法律规范的制定和解释作为研究的目的和归宿，这确实是必要的。但在成文法纷纷出台的今天，在大量书面法律规范受到规避和搁置的情况下，研究者再仅仅将研究对象集中在法律规范上，而对法律实施的效果和问题不闻不问，置之不理，这显然就不合时宜了。试想一下，在法律实施中问题迭出的情况下，研究者动辄揭示法律规范的“理论基础”还有多大的意义呢？研究者即便对两大法系相关制度作出再精彩的比较考察，得出各国制度发展的普遍趋势，这又有多大的说服力呢？对于这种在实践中漏洞百出的制度安排，研究者假如仅仅关注对其立法原意作出解释，或者动辄提出立法完善或者法律修改的建议，又能解决什么问题呢？

中国法学假如继续沿着“规范法学”的路子走下去，那么，法学研究者要做出创新性贡献，将是非常困难的。因为无论是法理学、比较法学，还是法解释学和对策法学，都采用了西方法学的一些基本定论。就连中国各个法学部门的教科书，也几乎都是西方法学教科书的翻版，所采用的概念、理论、体系和解释方式也都是西方式的。如果继续这样做“规范法学”研究，那么，我们也只能跟在西方法学的后面，进行或模仿、或移植、或借鉴的研究工作。但问题是，我们已经有了一套法律体系，有了极为丰富的法律实践，存在着一系列具有中国特色的问题，对于这些，研究者假如继续不闻不问，既不关注，也不研究，而是继续套用规范法学的定论来进行分析和评论，那么，中国法学界必将最终失去对中国法律问题的整体话语权。那些生活在体制之中的法官、检察官、律师，根本不会再接受那种貌似“高大上”却不接地气的“规范法学”定论，而创制一套新的话语系统。近年来，中国法学与法律实践存在无法对话的问题，法学界“批判实践”、实务界拒绝接受理论界的理论,这几乎存在于各个部门的法律学研究之中。这是不是在昭示着中国法学的危机呢?

其次,“规范法学”将法学研究的归宿定位在书本法律的创制与立法精神的解释上面,无法揭示法律条文背后的制约因素,更难以发现法律制度产生、发展、变迁的基本规律。

传统的“规范法学”是不区分“法制”和“法学”的。这与中国文人治学的传统有些一脉相承。从古至今,中国文人都有着强烈的“家国情怀”,信奉“修身、齐家、治国、平天下”,强调“学以致用”,不接受“为学术而学术”的做法。古人即便将“立德”“立言”和“立功”相提并论,但对“立言”也只是强调其功利和实用的目的。在这种学术传统影响下,“政治”与“学术”也是不加区分的。基本上,写作也罢,学术也罢,无非被视为一种改造社会的手段和工具。

但问题在于,在没有很好地“认识社会”的情况下,就急匆匆地投入到“改造社会”的工作之中,这岂不是一种相当冒险的行为?在法学研究中,研究者动辄强调“变法修律”“弥补立法与实践的鸿沟”,亲自参与到推动立法、修改法律、推进司法改革的活动中来,或者揭示法律规范的未尽之义,维护法律的良好实施。在这些研究中,学术活动带有极强的功利目的,衡量学术成果的好坏也使用了单一的实用尺度。结果,法学研究者所创造的论文、著作、教科书,大都局限在“就法律谈法律”,一说到解释法律规范,就使用西方法学的概念和理论,进行学术演绎;一说到改善立法,就按照西方法学的定论来解决中国问题;一说到法理学研究,就按照西方法学的套路来解释某一制度的“理论基础”或者“价值取向”……甚至在比较法学中,研究者也将最终的目标定位在如何有助于中国借鉴和移植两大法系相关制度上面。

但是,随着法律实务界研究能力的提高,法学界所做的这种“规范法学”研究究竟还有多大的优势呢?说到解释法律规范,法学家所做的工作远远不如最高法院法官更加贴近中国法律的实际情况。在一部法律出台或者一部司法解释颁行之后,法官们对其立法原意的揭示才是最权威的,也是法学家所自愧不如的。说到提出立法建议和改革对策,法学研究者也远远不如法院、检察院的研究人员更了解中国的实际情况,更可能提出具有可操作性的解决方案。一句话,无论是解释法律规范还是在提出立法对策,都不是法学研究者最擅长的事情,法律实务工作者或许更长于此道,且能做得更加出色。既然如此,我们不得不思考,那些专业的法学研究工作者究竟要做什么,才更有价值,也才能做出自己独特的贡献呢?

答案只能是研究法律问题,总结法律制度发展规律,提出具有解释力的法律理论。用社会科学的经典话语来解释,就是“认识世界”,从而为“改造世界”提供理论前提。学术界的独立价值就是提出认识世界的理论,而改造世界的工作大可交给政治家去做。同样的道理,提出立法对策和解释法律规范的工作,主要应交给立法决策部门和司法实务界去做,法学家当然也可以去做,但这并不是法学家的长项。法学界所能做的不可替代的工作,则是总结法律规律和提出法律理论。这是法学界相对于立法界和实务界所具有的最大独特优势。具体来说,法学家所要做的应当是观察法律制度和法律实践中存在的问题,提炼出法律之上和法律背后的制约因素,总结法律制度产生、发展和变迁的基本规律,从而提出自己的法律理论。对于这一点,传统的“规范法学”是既不认同也无法去完成的。

再次,“规范法学”将西方法律理论推崇为真理,甘愿做西方法律理论的传播者和追随者,将其直接用来作为批评中国实践和建构中国制度的理论前提,但这种以西方为师所进行的制度改良经常是不成功的。

在中国,几乎所有的法学教科书都接受了源自西方的法律理论,并将其奉为经典和真理。例如,民法教科书动辄强调公平、等价有偿、情势变更等基本原则,刑法教材则强调罪刑法定、罪刑均衡、法律面前人人平等等基本原则,刑事诉讼法教科书则讲述无罪推定、国家追诉、禁止强迫自证其罪等基本原则……这些理论和原则几乎被当成法律教条,带有权威性和不可挑战性。无论是专著还是论文,要讨论相关问题,无非是对上述基本理论和原则的逻辑演绎而已,根本谈不上有意义的讨论问题。至于西方法学的最新理论动态,也经常被中国法学界所追随和接受,成为一种学术追时髦的标志。在法理学界,中国学者追随西方学者,研究所谓的“后现代法哲学”问题;刑法学界则追随德日刑法学,研究诸如“犯罪构成三阶层理论”“期待可能性理论”甚至所谓“刑法疫因果关系”问题;宪法学界也有学者追随西方理论,研究所谓的“法人违宪”问题……

而面对中国立法和司法实践中存在的诸多问题,法学界的基本反应就是“发现问题”“分析问题”和解决问题”,而在解决问题时又总是从西方法学理论和制度中寻求灵感和答案。比如,针对个别侦查人员违法办案甚至滥施酷刑的问题,法学界的对策通常是确立所谓的“口供自愿法则”,建立“非法证据排除规则”,甚至将沉默权规则移植到中国刑事诉讼制度之中;针对证人、鉴定人不出庭作证的问题,法学界的立法建议是确立大陆法的直接和言词原则,吸收英美法的传闻证据规则,建立一套保证证人、鉴定人出庭作证的制度保障和救济机制;而对于中国冤假错案频频发生、难以防范的问题,法学界的建议也无非是全面确立刑事证据规则,针对各种证据确立审查判断的规则,明确检察机关的证明责任,引入英美“排除合理怀疑”的证明标准,等等。

很明显,这种对策的理论根基几乎都来自西方的法律理论和制度设计。换言之,针对中国法制中的问题,法律学者往往会从西方的经验中寻找解决的方案。这就仿佛在进行一场宏大的演绎推理:大前提是西方的理论和制度,小前提是中国的相关问题,结论则是按照西方的制度设计来改革中国的诉讼程序。应当说,这是一种理论上很完美也很雅致的推理。但非常不幸的是,法律的生命往往“不是逻辑,而是经验”。中国经过二十多年的法律建设和司法改革,对西方法律理论和制度的引进经常是不成功的。但我们并没有任何证据能够证明西方的理论和制度出了差错。于是,唯一令人信服的解释只能是:西方的理论和制度对于解决中国问题并不都是有效和有用的。

最后,“规范法学”将中国的法律制度和法律实践视为批判和改造的对象,看做没有长久生命力的事物,没有能力也没有兴趣从中国法制经验中发现有价值的规律。

对于中国的法律制度和法律实践,“规范法学”给予了一定程度的关注,但是,这种关注更多地秉持一种批判和改造的态度。在研究者看来,中国当下的法律制度不过是一种暂时的法律现象,中国的法律实践所存在的也只是暂时的问题,它们无非是一种法律制度和法律实践状态在进化过程中所必经的发展阶段而已。而所谓的理想制度和实践,也就是综合了西方各国和各个法系“共同发展趋势”的制度和实践。在这种思路指引下,研究者高度关注各国法学理论的最新发展,注重吸收各国相关制度的最新经验,从而创制出一个存在于中国学者想象之中的“理想理论”和“理想制度”。有时候,在与西方同行进行交流时,中国学者对这种“西方法律理论”和“西方法律制度”的推崇,竟然令前者或莫名其妙,或震惊不已。

由于对西方法律理论和制度推崇到乌托邦的地步,中国的规范法学对自身法律制度和法律实践就必然采取贬低和无视的态度了。但是,在中国各个法律领域中,立法者一旦确立了基本的法律规范,就势必会存在相应的法律实践。无论中国法律制度存在多少缺陷和不足,也无论这些制度在创制时曾经历过多少妥协,这些制度经过实施,不可能都是完全失败的,或者都不具有任何可取之处,而肯定会对解决争端、形成法律秩序进而治理社会必然发挥积极的作用。与此同时,在任何社会中,法律制度一旦形成,就犹如一种生命有机体一样,在合适的环境中“生根发芽”,发育成长,并会有一系列新规则产生的可能。有时候,一项制度从其刚刚产生,到逐步发育,再到最终成熟,会经历长时间的创制、改革、再创制、再改良的过程。立法者种下的法律制度之“种”,经过司法机关的适用、修补、推陈出新,会结出很多新的“果实”。立法者将这些果实予以吸收,并上升为国家法律规范,就推动了法律制度的不断完善和发展。经过这样的法律制度发展过程,一个国家的法律就可以成长起来,并逐步形成了自己独特的经验。

在中国的刑事司法制度发展史上,有几项法律制度就没有完全效仿西方国家的制度,而具有这种独特的成长经验。例如,中国的少年司法制度,从 1984 年上海长宁区法院创设第一个少年法庭开始,历经 30 多年的发展,在几代少年司法工作者的努力下,最终成长为一项具有完整体系的制度。如今,无论是圆桌审判、社会调查报告、合适成年人、延伸帮教,还是附条件不起诉、前科封存,这一系列少年司法制度的创制,无一不体现了中国司法工作者的智慧,体现了法律制度发展的经验。[①] 又如,中国的刑事和解制度,从最初为解决附带民事诉讼执行难所做的制度探索,到后来逐步确立一种"先民后刑"的诉讼模式,再到刑事诉讼法最终将其吸收进来,使其成为一种特别诉讼程序,使刑事和解被确立为一种"法定的量刑情节",这一制度体现了一种解决刑事案件和被害人困境的东方智慧。[②] 再如,在中国刑事诉讼中,司法鉴定几乎被垄断在侦查机关手里,被告人及其辩护人无权独立启动司法鉴定,而只能向检察机关或法院提出重新鉴定或补充鉴定的申请,但这种申请几乎都是不成功的。为了对公诉方的鉴定意见进行有效的质证,很多律师都委托专家针对告诉方的鉴定意见出具专家意见,意在对鉴定意见提出质疑和挑战,以破坏其证明力和证据能力。这一制度探索简便易行,具有很强的实用性,也容易为法院所接受,最终成为中国律师从事刑事辩护的一种经验和技巧。刑事诉讼法最终将这一制度确立为"专家辅助人"制度。[③]

但是,由于对中国法律制度和实践采取一种批判和改造的态度,法学研究者对于中国法制的这些经验,并没有给予真正的重视,没有从这些经验中提炼出中国法律制度的发展规律,更谈不上做出创新性的理论贡献了。无论是少年司法制度还是专家辅助人制度,都仅仅被作为规范研究的对象,法学界所提出的见解无非是对其进行适度改造,使之更为合理而已。对于刑事和解制度,目前大多数研究也只是对其合理性加以论证,并提出对其改造的立法建议。当然,已经有一些研究开始对这种研究方法进行反思,并试图将其视为一种中国的法制经验,并提出了一

① 参见陈瑞华、谢萍:《少年司法改革的山东经验》,载《人民法院报》2011 年 1 月 21 日。
② 参见陈瑞华:《刑事诉讼的私力合作模式》,载《中国法学》2006 年第 5 期。
③ 参见陈瑞华:《刑事证据法学》(第二版),北京大学出版社 2004 年版,第 202 页。

些理论上的解释。

社会科学方法的引入

可以说,中国传统的规范法学,面对中国社会转型期出现的种种法律问题,已经显得“捉襟见肘”,无论是在解释问题还是在解决问题上都陷入了困境,在研究方法上也存在严重的幼稚病。“工欲善其事,必先利其器”。要改善我们的法学研究,就只能从改进法学研究方法入手,认识到传统法学方法的局限和不足,引进社会科学的基本方法。

那么,究竟什么是社会科学方法?一般说来,社会科学研究有三个最基本的特征:一是“客观性”,研究者遵循一定的研究程序从事研究必然会得到一定的结果,也就是研究结果可以经得起“反复的检验”,任何人只要运用研究者的研究程序、证据和论证方式,就可以得出与研究者同样的结论;二是“经验品质”,也就是笔者反复强调的“研究已经发生过的问题”,从业已存在的经验事实展开自己的研究,而不能从子虚乌有的概念或者理念出发,来对事实和经验作出任意的解释;三是“概念化”,亦即在总结经验的基础上,提出具有普遍解释力的理论假设,从而做出一定的理论推进。[1] 研究者所提出的某一假设可以被用来解释更多的现象和问题,在理论的解释力上就具有更大的普遍性和通则性。当然,作为进行科学研究的逻辑前提,研究者必须要具有最基本的“问题意识”,也就是善于从经验事实中发现为现有理论所无法解释的问题,而不能无病呻吟,研究根本不存在的问题,或者研究那种在理论上没有太大意义的技术问题。这就需要研究者站在本学科领域的理论前沿,敏锐地观察那

① 沙依仁等:《社会科学是什么》,世界图书出版公司2006年版,第4页。

些反复出现的问题,从中发现一些足以对现有理论构成挑战的问题。通常情况下,越是为现有理论所无法解释甚至难以容纳的问题,其理论创新意义可能就越大。

以上是就社会科学之“科学”属性所作的分析。那么,究竟如何按照社会科学的基本方法展开法学研究?通常说来,研究者应当研究“已经发生过的经验事实”,而不能“置身于他处”,讨论一些没有发生过的问题;研究者应当具有最基本的问题意识,应将问题作为法学研究的逻辑起点;研究者应当善于运用归纳方法,从各种事实信息和证据材料中提出假设命题,也就是使整个研究走向“概念化”,从而提出具有普遍解释力的理论;研究者应当掌握证伪方法,使自己提出的假设不仅可以从正面得到证实,而且还要证明那些足以对该项假设构成挑战的显在或者潜在命题是不能成立的,也就是自己的假设至少暂时是“尚未被驳倒的”……①

这些当然属于法学研究者需要掌握的基本方法,也可以说是运用社会科学进行法学研究的基本规范。但是,要成功地进行开创性的法学研究,仅仅遵循上述研究准则还是远远不够的。其实,一篇了无新意的法学论文,完全可以做到从经验事实出发,发现并提出某一领域中的问题;一部没有太多创见的平庸之作,也可以对中国法律中的问题给予一定程度的揭示,甚至从对问题的分析中提炼出某些理论上的思路。但是,假如我们站在更高的平台上审视这一问题,假如我们想在本领域的研究中有所理论建树,还必须另辟新径,掌握其他一些研究方法。在笔者看来,任何开创性的法学研究都应具备两个基本特征:一是敏锐地发现中国本

① 参见陈瑞华:《法律人的思维方式》,法律出版社 2007 年版,第 43 页。

土的法制经验,并对这种经验作出深入的总结和概括;二是在总结中国法制经验的基础上,提出一般性的概念和理论,从而对这种经验的普遍适用性作出令人信服的论证。从经验事实、问题、中国经验到基本概念和理论的提出,这是一种“惊心动魄的跳跃”,也是社会科学研究所要达到的基本要求。

什么是中国的法制经验?一般而言,“经验”可以有两个层面的意义:一是在纯粹客观描述的意义上,意味着那些“对经历的体验”而已;二是从价值判断的角度来看,是指那些可供推广的“成功经验”以及值得汲取的“失败教训”。考虑到后一种理解经常会滑向主观性十足的“价值评判”,而容易限制研究者的思考深度和开阔程度,因此,笔者更倾向于从价值无涉或价值中立的立场上来看待“中国法制经验”问题。

在笔者看来,社会科学研究中有一个不证自明的假设,那就是将一切发生过的事实和问题都视为研究的对象,而不是看作“明天就会消失”的暂时存在物。中国法律制度与中国社会一样,都在经历着有史以来最为深刻也最为剧烈的转型。这仿佛会给人一种错觉,以为今天发生的一切相对于明天而言,都将变成一种历史,今天我们所经历的法律制度似乎在不久的将来也会成为一种“法律史上的素材”。因此,法律学者与其关注中国当下正在发生的经验事实和问题,倒不如尝试着探索那些足以“超越时空限制”的普遍理念,或者对一些西方国家较为成熟的法制经验作出总结。其实,法律学者只要具有最起码的历史意识,就会发现,所有正在和即将发生的事实,作为一种历史的表象,或许是杂乱无章的,甚至是没有逻辑联系的。但是,假如我们站在这一系列历史表象的背后,考察各种事实和问题的深层结构的话,那么,上述问题就值得重新反思了。

面对中国法律制度和法律实践中存在的问题,研究者要透过现象提出理论,实现“惊心动魄的跳跃”,可以有以下三种方法:一是进行描述式的解释,也就是在找到若干参照物的前提下概括出某一制度或实践的性质,这可以称为一种“模式论”的研究方法;二是对某一制度或实践在较长时间内的发展演变情况进行描述式的解释,这可以被称为一种“制度变迁论”的研究方法;三是对某一问题的发生作出因果关系的分析,也就是在发现普遍的问题——“果”的前提下,揭示造成这一结果的成因,并将成因加以概念化,这可以被称为一种“因果关系论”的研究方法。下面依次对这三种社会科学方法作出简要的分析:

(一)“模式论”的研究方法。

在法学研究中,第一个将西方国家的法律制度区分为“普通法系”与“大陆法系”的学者,绝对是学术天才。同样,在诉讼制度的研究中,那个将西方国家的诉讼制度概括为“对抗制”(当事人主义)与“审问制”(职权主义)的学者,也做出了杰出的学术贡献。在刑事诉讼领域的研究中,美国的帕克教授所提出的“正当程序”与“犯罪控制”的二元诉讼模式,格里菲斯所提出的“争斗模式”与“家庭模式”的新诉讼模式学说,都被视为这一领域中的划时代贡献,成为后来的研究者无法绕开的理论学说。

这些都是“模式论”研究方法运用的典型例证。作为社会科学研究方法的一种,“模式论”是一种描述式的理论解释方法。无论研究对象是某一制度还是实践做法,“模式论”的研究意图在于揭示这一制度或实践的属性和特征。在法学研究中,那种试图揭示某一制度的“性质”或“特征”的研究就带有这种“模式论”的属性。但是,仅仅揭示制度的性质或特征还是远远不够的。俗话说,“没有比较就没有鉴别”。对某一制度性质的揭示往往要透过与类似制度的比较才可以完成,也才可以揭示得更为透彻和全面。因此,“模式论”强调对两个以上处于同一平面上的制度或实践,透过比较,才可以形成“模式”的概念。可以说,“模式论”与人们常说的“类型化研究”或“样式化分析”具有密切的联系。

中国法学研究者偏爱比较法学研究,但只知道对各种制度进行技术化的比较分析,很少能将不同的制度提炼成理论“模式”。这造成比较研究的实用化和低层次化。其实,通过深入的观察和思考,透过一系列制度的表象,法学研究者在比较研究中完全可以做出概念化的贡献。例如,对于刑事诉讼构造的研究,一些学者引进了西方的二元诉讼模式理论,接受了“职权主义”与“当事人主义”的模式总结。但是,对于中国与西方国家在侦查、公诉与审判关系上的差异,这一理论却无法作出令人信服的解释。后来,一种新的比较研究提出了“刑事诉讼纵向构造”的概念,并将西方的纵向构造概括为“以裁判为中心的构造模式”,而将中国的纵向构造则称为“流水作业的构造模式”。这一构造理论就对原来的二元诉讼模式理论有明显的推进和发展。① 又如,传统的刑事诉讼制度建立在“被告人与国家关系”的基础上,大体属于一种“对抗性司法模式”。但是,英美法中的“辩诉交易”与中国法中的“刑事和解”都不具有这种对抗性,而带有妥协性和合作性。对这一现象,有学者提出了“妥协性司法”的模式,有学者则提出了“合作性司法”的模式,在此基础上有进一步区分了“公力合作模式”与“私力合作模式”。② 这就对这一领域的

① 参见陈瑞华:《从“流水作业”走向“以裁判为中心”——对中国刑事司法改革的一种思考》,载《法学》2000 年第 3 期。

② 参见陈瑞华:《司法过程中的对抗与合作——一种新的刑事诉讼模式理论》,载《法学研究》2007 年第 3 期。

研究产生了极大的推动作用。

（二）“制度变迁论”的研究方法。

法学研究者经常要面对法律制度的变革，尤其是某一法律的废、改、立问题。面对这一问题，经常有人发出感慨：法律一朝发生修改，整箱整柜的法律书籍都不得不捣毁。的确，法学研究者假如仅仅关注成文法律的制定和解释，就必然会面临这样的困惑和尴尬。但在社会科学家看来，法律不过是社会治理的手段之一，法律规范也不过属于法学家所要研究的一种经验事实而已。聪明的研究者绝不会仅仅关注法律条文的表象，而应深入解释法律条文后的制约因素。随着社会转型和法律变革的进行，各种法律条文可能会发生大规模的变化，各种“废、改、立”的情况都有可能发生，但是，法律条文后面的那些制约因素并不会轻易发生变化，它们构成了一个法律制度最为稳定的因素，也成为法学家所要发现并加以解释的对象。

所谓“制度变迁论”的研究方法，是指研究者透过制度变革和社会变迁的表象，发现那些大体保持稳定不变的制约因素，并透过概念化的努力，将这些制约因素上升为法律理论。通常说来，只要一个制度所要发挥的功能不发生变化，那么，该制度的深层结构就不会发生实质的变化；立法者即便将某一结构予以废除，该制度迟早还会生出另一个相似的结构，以满足实现特定功能的需要。例如，2013 年年底中国立法部门废除了“劳动教养”制度，这是中国法律制度发生的公认进步。但是，在这一制度所发挥的功能和需求仍然存在的情况下，一些新的制度结构可能还会出现，一些地方政府还有可能创制出一些新的变通措施，以应对原来劳动教养所应对的那些“行政违法者”。又如，从 1979 年开始，中国《刑事诉讼法》就确立了检察机关提起公诉时移送案卷的制度。这一制度在1996年的《刑事诉讼法》修改中遭到废除,检察机关被允许只提交主要证据的复制件或者证据目录。但到了2012年,立法部门再次修改《刑事诉讼法》,废止了1996年的改革措施,恢复了案卷移送制度。在这一制度变革的表象背后,其实存在着法庭审判的形式化以及审判决策的行政化这一深层问题。[1] 这些问题假如不发生根本变化,那么,刑事法官在开庭前就必然有查阅案卷的需求,那种动辄废止案卷移送制度的做法也注定将归于失败。

(三)"因果关系论"的研究方法。

因果关系问题应当属于社会科学研究中最为艰难的部分。一方面,要准确地揭示某一问题发生的原因,并通过这种分析揭示出这一原因背后的理论意义,这的确是不容易的。另一方面,研究者通过分析因果关系问题,如何能够提炼出若干个具有说服力的自变量和因变量,从而使这种分析具有普遍的解释力,甚至上升到"因果律"的高度,这又是为一般研究者所可望而不可即的。

尽管如此,面对层出不穷的中国问题,几乎所有社会科学研究者都不免会产生探究因果关系的冲动。其实,前面所说的模式分析方法,如果运用得当的话,就有助于说明某一问题产生的原因。我们前面层举出了"案卷笔录中心主义"的例子。假如我们对法庭审判流于形式、辩护难以发生效力的问题给予足够关注的话,那么,"案卷笔录中心主义"又可以成为解释上述问题之成因的一种理论模型。因为很显然,在这种"以

① 参见陈瑞华:《案卷移送制度的演变与反思》,载《政法论坛》2012年第5期。

案卷笔录为中心”的裁判方式下，控方证据的证明力经常未经实质性的审查而为法庭所确认，证据的合法性也难以成为法庭裁判的对象，甚至就连那种建立在“谁主张，谁举证”基础上的司法证明机制，也往往为法官任意性的庭外调查核实活动所取代。[①] 这难道不就是法庭审理流于形式的重要原因吗？

以刑事程序的失灵问题为例，我们可以看到在因果关系的研究中是可以提出新的理论来的。当越来越多的诉讼程序根本得到不到实施、大量的潜规则大行其道的时候，我们无论是改革审判方式、建立证据规则，还是完善审级制度、收回死刑复核权，就都将失去实质的意义。在刑事程序法失灵问题难以得到解决的情况下，所谓“刑事诉讼法修改”的问题，就变成了一场书面规则的变更游戏。既然如此，刑事程序法失灵的主要原因究竟是什么？(1)刑事诉讼法没有建立较为完善的程序实施机制，使一些刑事程序先天就具有被规避和搁置的风险；(2)立法者所做的某些程序设计，实施起来成本过于高昂，会带来诉讼效率的下降和司法机关难以应付办案量的问题，这往往会促使司法机关对实施这些程序退避三舍；(3)由于某种司法管理方式的作用，办案人员一旦严格遵守某些法定程序，就不仅无法获得实际的利益，反而可能因此而遭受惩罚，这注定会造成这些程序受到规避的局面；(4)立法者从西方引进的某些法律制度，与本土法律传统产生了激烈的冲突，使相关的程序设计面临与此相悖的刑事政策的挑战，这往往造成司法人员放弃对证实法律程序的遵守；(5)某些从西方引进的刑事程序，并不具备适当的司法体制的保障，而在司法体制改革明显滞后的情况下，这些略显“超前”的刑事程序设

① 参见陈瑞华：《案卷笔录中心主义》，载《法学研究》2006年第4期。

计，注定将变得难以实施。当然，我们还可以继续总结，以对这一问题作出更为全面的解释。不过，以上所提出的五个外生变量，却不属于那种就事论事的原因分析，而是一种上升为概念化的理论归纳。[①]

我们可以看到，这五个方面的外生变量，对于刑事程序法失灵的问题都作出了各自的理论解释。它们来自经验事实，却又高于经验事实，对于这一问题的发生具有普遍的解释力。其中，程序法的实施方式是涉及程序法与实体法的分类以及程序法律责任的建构等重大的战略性问题；诉讼程序的成本评估问题，与刑事程序改革的代价和司法机关的承受力有着密切的联系；司法机关的业绩考评机制直接决定办案人员的奖惩和命运，这往往直接影响办案人员对待诉讼程序的态度；不同的法律传统所反映的通常是两种以上的价值观念之间所发生的冲突，这种相互冲突的制度设计，既反映出立法者的观念混乱，也导致了大量规则的不可实施；司法体制对于诉讼程序的制约，具有典型的"瓶颈效应"，那些作为诉讼程序之基础的司法体制一旦得不到确立，就往往造成诉讼程序的不可操作性。

应当说，法学界对于因果关系问题的研究，尚处于起步之中，在研究方法的掌握上还有待于进一步的探索。要真正实现"思维的跳跃"，研究者就不能满足于简单的"一因一果""一因多果""多因一果"或者"多因多果"的具体分析，而应尽力找出那些具有理论辐射力的变量因素，使之对一系列问题的发生具有较为普遍的解释力。比如，在刑事程序法失灵问题的分析中，假如我们能够找到一条足以对各种程序规避问题都具有解释力的"理论线索"，并使程序规避问题与该项理论线索之间的因果联

① 参见陈瑞华：《刑事程序失灵的初步研究》，载《中国法学》2007 年第 6 期。

系得到充分的阐释，那么，所谓的“因果律”其实也就不难推导出来，研究者的理论贡献也随之而得到了确立。

结论

中国法学研究要建立基本的学术自信，就必须引入社会科学研究的一般方法。为此，我们需要将中国的法律制度和法律实践作为研究对象，具有基本的问题意识，将制度问题上升为理论问题，对中国的法制经验和教训进行理性的总结和清理，然后通过概念化的努力，提出一般性的理论。在与既有的法学理论进行对话的前提下，提出具有解释力的新理论。经过这样的学术累积，这样的概念和理论逐渐增多，法学研究者逐渐运用它们来解释中国的法律现象，并在此基础上发展出新的理论。

无论是胡适还是郑永年，都反对中国社会科学研究的美国化或西方化，反对动辄将西方某一家、某一派的社会科学理论奉为真理的“社会科学研究”。但是，他们并不反对研究者了解西方社会科学理论并与这些理论进行学术对话。对于中国法学界而言，在通过总结中国的法制经验和教训并提出理论之后，还要学会对这些理论的创新性进行学术验证。这种验证的基本途径就是将西方法学理论作为学术参照，按照“大胆假设，小心求证”的原则，对自己提出的理论进行必要的证伪。在验证了自己的理论“暂时没有被驳倒”的情况下，研究者就可以提出这一理论，并公布这一理论的论证过程。至于后来的研究者，在尊重前人研究成果的前提下，还可以继续这一学术工作，从而提出新的理论。如此薪火相传，中国法学研究就有可能摆脱对西方法学理论的畸形依赖，走上独立创新的道路，从而做出中国法学应有的学术贡献。

附录六

法学研究的具体方法*

过去,刑事诉讼法学曾长期采用注释式的研究方法,以揭示立法精神、诠释法律条文含义作为自己的使命。后来,随着刑事诉讼立法和司法实践中问题的大量出现,法学者转而研究一系列的问题。但由于方法的不甚精良,理论观念的陈旧,这些研究在没能发挥太多解释功能的情况下,就迅速地走向对策分析。法学者似乎都有着浓重的"公车上书"或"奏折"意识,将自己研究的目的定位于提出立法改良建议上面。但是,由于法律的改革和立法的完善本身很难为法学家所左右,甚至法学家的影响力也不是决定性的,而他们所提的立法建议也未必真正切中中国问题的要害,结果,研究者普遍感慨"研究没有用处"。与此同时,一些学者倡导所谓"基础理论的开拓和创新",催生出若干基本理论范畴和原理。这种研究通过采取哲学的方法,借鉴外国的理论框架和研究思路,推动了刑事诉讼法学的理论化和哲学化。但是,研究中也有一些值得反思的

---

* 本文系首次公开发表。

地方。如有些研究纯粹为思辨而思辨,有些不着边际,甚至隔靴搔痒,天马行空,行走在云端雾中。当然,历史方法和比较方法也开始引入刑事诉讼法学的研究,并对开阔研究者的思路发挥了一定作用。

研究方法的改进可能是刑事诉讼法学所面临的最大课题。笔者并不反对任何一种研究方法的采用,而是主张在研究方法方面走向多元化,并尽可能根据学术研究的功能设定具体的研究方法。目前,刑事诉讼法学者对注释方法颇有微词,认为这一方法是刑事诉讼法学患上“幼稚症”的主要原因所在。但为了对法律规范本身作出精确的学术解释,注释在任何国家恐怕都是法学研究所要采用的最基本的方法。这里的关键问题是研究者拿什么作为解释的工具。实际上,在理论范畴没有引入、理论体系尚未建立的情况下,任何一种对法律条文的解释都注定会陷于肤浅和混乱。例如,目前中国的法律教科书名声不佳,其中一个重要原因就是低水平地重复,胡乱地进行注释,没有任何创见,有识之士几乎都对其避之唯恐不及。当然,明智的态度恐怕不是抛弃教科书或者抛弃注释方法,而是将这一方法与其他方法结合起来,并且随着理论层次的提高,注释手段的改善,逐步为所有的诉讼原则、规则和制度提供令人信服的学术诠释。同时,对那些出现在刑事司法实践中的现象和问题,研究者也可以运用一系列的理论、学说,作出令人信服的分析和说明。下面对几种最常使用的研究方法略作评述。

一、价值分析方法

价值分析是目前最受研究者青睐的方法。法学者通常用它来论证某一原则、规则、制度的正当性和合理性,或者批判某一制度或现象的非正义性。例如,很多学者都论证过沉默权、证据展示制度、侦查程序中的司法审查制度的正当性,所采用的就是价值分析方法。诸如“保障基本人权”“维护程序正义或正当程序”“确保诉讼效率”等命题,经常成为研究者论证的基础。应当说,这种方法的运用本身无可非议,而且对于法学者发挥学术上的评价功能,是有积极意义的。但是,这里也并非不存在问题。其中最为突出的问题是研究者有着将价值论证“空泛化”的倾向。一些研究者在不清楚某一价值标准的正当性,没有将不同的价值标准协调好的情况下,就轻易地进行价值判断。事实上,几乎所有价值标准都会发生冲突,例如公平与效益、自由与安全等。如果研究者想当然地凭着主观感觉在不同标准之间设定先后顺序和优劣等级,这只会损害价值判断的客观性。实际上,作为哲学伦理学方法在法学研究中的运用,价值分析方法实为最难的方法,这需要研究者具有深厚的法哲学和政治哲学功底。但由于先天不足,一些刑事诉讼法学研究者这方面的表现未必令人满意。

另外,研究者在作价值判断时应当格外慎重。一些思想家之所以否定价值判断的科学性,就是因为不少价值判断过于主观、武断,以致使人失去了对它的信服。**价值判断的最大危险在于:研究者要么过于重视某一问题的社会成因和历史必然性,以至于将“存在的就是合理的”这句断言庸俗化,也就是走向实用的工具主义,要么不顾问题的症结所在,笼而统之地得出公平、正义与否的结论。**事实上,如果要使自己的评价活动摆脱片面和肤浅,就必须将价值判断建立在深入、准确的实证分析的基础上。在弄清问题的现状、成因、后果的前提下,研究者需要论证这一现象究竟在哪些方面违反了哪些正义原则、法治精神,这种违反的消极后果究竟何在。

二、历史方法

历史方法早已为刑事诉讼法学者耳熟能详。曾几何时，在论文和著作中就有关问题作一点历史考察，这几乎成为研究者普遍采用的套路。很多论文和著作都按照“古希腊、罗马—中世纪—法国法大革命—‘二战’之后”与“春秋、战国—秦汉—宋元明清—民国—新中国成立—改革开放以来”这两条线索进行所谓的“中西历史回顾”。但究竟这种历史回顾意义何在？如果不明确这一点，那么所谓的“历史回顾”岂不就变成言之无物的“历史知识的堆积”了吗？在笔者看来，从时空意义上看，历史已经逝去；但就其精神意义上说，历史还在延续，今天的一切无不烙上历史的印记。

以对抗制为例。1066年诺曼底公爵征服英伦三岛，逐渐在那里推行原实行于欧洲大陆的司法决斗制度。经过无数次的改革，司法决斗制度在13世纪终于被废除了，取而代之的是诉讼决讼制度。经过几个世纪的演进，英国的诉讼制度逐渐具有了对抗制的特征。这种对抗制后来被传播到世界各地，成为普通法国家共同采纳的诉讼模式。表面看来，今天的对抗制似乎与当年的司法决斗制不可同日而语了。但如果仔细进行考察，人们就不难发现司法决斗制作为一种制度尽管早已消亡，但其精神和价值依然存在：作为司法决斗基本法则的“公平游戏规则”，也就是不得强迫任何一方为对方提供进攻自己的武器，控辩双方必须得到“平等武装”等，至今依然是对抗制的核心理念；裁判者依然要在控辩双方之间保持中立、超然的仲裁者地位，而不得介入双方的辩论和争讼之中；控辩双方必须以面对面对抗的方式进行争斗，其中的胜者获得诉讼的成功……①

① 关于决斗制与对抗制的历史演变，参见［美］爱伦·豪切斯泰勒·斯黛丽等：《美国刑事法院诉讼程序》，陈卫东、徐美君译，中国人民大学出版社2002年版，第90页。

运用历史方法的关键,可能在于避免被一系列的历史事实所“蒙蔽”,透过历史事实去发现其背后的精神、思想、文化、传统等因素,将今天的现象、问题赋予其历史层面上的意义。要避免成为一个技术型的“历史史料重砌者”,就必须拥有法哲学家的头脑和智慧,透过历史去寻找那些具有长久生命力的法律精神和理念,从而解释今天的制度为什么成为今天的样子,历史上有哪些因素发挥了什么样的作用。例如,陪审制的实行对英国的司法独立究竟发生了哪些影响,这种陪审制在哪些方面推动了英国证据规则的建立和完善,陪审制对英国民众对于法官、法院甚至司法制度的尊重究竟在哪些方面发挥了哪些重要的影响……

又如,中国从清末改制以来,在法律近代化的过程中,一直是以日本、德国为模式建立自己的法律制度的。从侦查、公诉、审判,到法院、法官、检察、律师、陪审等制度,几乎都受到大陆法国家的影响。这一历史现象究竟对今天的法律改革具有哪些影响?近年来以英美对抗制为样本推行的审判方式改革,与中国所具有的大陆法的传统有无冲突?……这样的研究或许会使大量历史现象得到解释,也会促使研究者对历史与今天的联系产生新的更加深刻的认识。

三、比较方法

比较方法一度为人们所普遍采用。如同从事历史分析一样,研究者大都愿意在论著中就有关问题作一些比较法意义的考察,比较一下两大法系国家制度的异同,总结某一制度的“共同发展趋势”。尤其是那些具有深厚外文功底的学者,更是对一些重要西方国家的刑事诉讼制度甚至司法制度做出了系统的比较研究。应当说,这种研究对于开阔研究者的视野具有极大的贡献。尤其是在国门长期关闭、人们对外界情况不甚了解的情况下,这种研究的意义就更加值得称道了。但是,与历史研究一样,从事比较研究的学者如果采取急功近利的态度,或者不掌握比较研究的基本方法,那么,这种研究要么会变成一些资料的堆砌,要么会因为自身一知半解,而造成对一些问题的“误读”。

如果严肃地对待比较研究的话,那么这一方法的恰当运用,其目的就不仅仅在于为人们提供有关外国法的知识,还在于就外国的一些制度、现象、问题以及不同国家制度间的异同,作出合理的解释,揭示出一些现象、问题或制度差异背后的制约因素。同时,对外国法律制度的认识越是深刻、全面,就会对本国相关制度的特殊性体会得越加准确。所谓“有比较才有鉴别”,其实说的就是这个意思。在对中国刑事司法制度中的某一规范、问题进行解释时,研究者如果仅仅站在中国的角度,就会因为“身在庐山中”,而“不识庐山真面目”。

比如说,对于超期羁押问题,假如将分析的视野仅仅局限在中国法制的背景之下的话,那么研究者只会对这一问题提供一些意义有限的解释。这一现象之所以发生,是因为侦查人员素质不高、侦查技术水平过于落后、侦查的成功不得不依赖于口供,而口供的取得往往要依赖于对嫌疑人自由的剥夺;公检法三机关经常将案件相互推诿,后一机关随意地将案件退回前一机关进行“补充侦查”,结果导致诉讼期间与羁押期限的相应延长……这些分析不能说不正确,但总使人觉得它们解释得并不完全令人信服。而如果站在比较法的视野下考察超期羁押问题的话,那么,对这一现象的解释就会另辟蹊径了。实际上,在羁押的启动、授权、审查、救济等各个环节,中国法律都没有建立任何形式的司法审查机制,使羁押的实施、延长完全控制在警察、检察机构手中。结果,羁押程序没能形成典型意义上的诉讼形态,而采取了行政治罪活动的模式。这应当是超期羁押之所以非常容易地发生,而一旦发生又得不到纠正的重要制度成因。当然,与西方各国的法律规定相比,中国法律在羁押程序上没有将羁押与逮捕、拘留程序加以分离,没有严格区分羁押期限与诉讼期限,没有确立成比例原则,没有为申请程序救济的被羁押者确立必要的保障……这些都可能是造成超期羁押现象发生的制度原因。这些分析尽管不一定全面,但却具有深度,使人发现中国羁押制度本身确实存在着一系列问题。

运用比较方法最易引起争议的问题,是想当然地将外国尤其是西方国家的制度想象成完美无缺的,以至于在总结出各国"共同确立的原则、规则"之后,直接将其拿来用作建构有关制度的标准。这极易引起人们的非议:一些确立在外国法中的规范,尽管从价值判断的角度来看,可能是效果良好的,但它们被中国法所采纳之后,就真的会带来良好的效果吗?这种非议即使不能否定"拿来主义"者的主张,也至少促使研究者认真考虑如何对其结论加以论证的问题。换句话说,外国法中的某一原则、规则如果要被引进到中国法中来,是需要主张者提供令人信服的论证过程的。正如同法律程序相对于裁判结论的可接受性那样,论证过程对于某一主张或结论的正当性而言,也是同等重要的。

四、逻辑实证方法

如果说注释方法、价值分析方法、历史方法、比较方法已经得到法学者一定程度的运用的话,那么,实证方法的运用在刑事诉讼法学中还处于非常幼稚的水平。而这种研究方法对于刑事诉讼法学发挥其解释功能又是极其重要的。

按照笔者的理解,实证分析作为一种研究方法,其实包含着逻辑实证分析和经验实证分析两个基本层面。我们平常所说的“实证分析”，一般只是强调后者，也就是“社会分析方法”。但事实上，前者在法学研究中的地位也是同样重要的。所谓的“逻辑实证分析”，其核心含义在于对国家制定的法律规则体系本身作出科学的分析。换言之，这种方法着重于对法律规则本身作出合乎逻辑的分析和考察，建立一定的理论体系。在法理学中，将这种研究方法强调到极端的是一种被称为“分析实证主义”的理论学派。这一学派严格地将实然与应然问题加以分离，否定法律与道德、价值之间的联系，但强调对法律概念本身的分析，主张采取逻辑推理的方法确定可适用的法律。这一学派主张法学不应考虑法律规范以外的其他任何因素，主张建立纯粹的“法律科学”。这些观点尽管受到各种各样的非议，但这种逻辑实证分析方法却被人们普遍视为法学的研究方法。尤其是欧洲大陆，这一方法还具有极大的影响。

将逻辑实证分析的方法运用到刑事诉讼法学，对于这门学科走向精密化，对于一系列理论范畴的引入和理论体系的建立，具有极为重要的意义。首先，对于一系列诉讼法上的概念，确实需要从逻辑上加以分析。诸如诉讼程序、诉讼权利、程序性无效、证明力、证据能力等诉讼法学上的基本概念，确实需要作出准确的界定。其次，对于诉讼程序规范的特点需要做出深入的揭示。例如，违反实体法的法律后果通常是各种法律责任，如民事责任、行政责任、刑事责任等，那么，违反程序法的法律责任是什么？如何从法律规范本身制定出严密的诉讼规则，使其逻辑构成要素保持完整？一旦发生程序性违法的行为，究竟如何确定相应的法律后果或程序性制裁措施？对于程序性违法行为，如何建立起必要的司法裁判机制，使违反程序法的行为像违法、犯罪行为那样，得到必要的司法裁判，并最终得到惩罚……事实上，无论刑事诉讼法在社会中的实施效果如何，这部法律本身必须建立、健全各项诉讼程序规则的逻辑体系，使所有违反程序法的行为至少在法律条文中有明确的法律后果。这不仅涉及刑事诉讼法立法技术的提高问题，而且影响到刑事诉讼程序本身能否得到切实遵守的问题。再次，一些非价值分析性的理论范畴，如诉讼主体、诉讼客体、诉讼行为、诉讼法律关系等，本身就是研究者为从不同角度深入解释刑事诉讼法律规范，所作的逻辑上的实证分析。这些范畴的提出，对于揭示诉讼参与者及其相互间的法律关系，对于剖析作为诉讼客体的"案件"的性质，对于解释各方诉讼行为的意义和后果，以及对于分析诉讼过程中的法律关系及其特殊性等，都具有丰富的学术价值。

中国刑事诉讼法学曾经从日本、德国法学中引入了逻辑实证分析的方法，并发展出一些重要的概念、范畴和体系。但随着这一学科在20世纪中叶发生的重大转型，也随着苏联法学的引入，这种研究方法也随之受到抛弃。很长一段时间以来，法学者们提出了诸如"诉讼目的""诉讼价值""诉讼构造"等范畴，试图以此来建立刑事诉讼法学的理论体系。然而，这些范畴带有较为明显的"规范"和"评价"意味，总与价值分析密切相关。而对于刑事诉讼规范本身的逻辑分析，则意义不是很大。这种逻辑实证分析水平的低下，直接影响了中国刑事诉讼程序的精密化和规范化，使诉讼主体之间的法律关系出现混乱（检察机关具有的所谓"法律监督"地位可为例证），使诉讼所要达成的解决争端目标无法完成，也使几乎所有由警察、检察官、法官实施的非法诉讼行为，不受到任何有效的程序意义上的制裁。

不难看出，要保证刑事诉讼法在"司法实践"中得到较为完善的实施，其前提条件是刑事诉讼规范本身必须具有逻辑完整性和可操作性，否则这部本来就以限制官方权力任意行使为己任的程序法，注定会遭到规避、违反甚至破坏。当然,“徒法不足以自行”。刑事诉讼法即使本身制定得非常严密,在实际实施过程中也会遇到各方面的问题。毕竟,书面法律与实效法律之间的距离在任何社会中都或多或少地存在。这就需要我们在运用逻辑实证方法的基础上,学会使用经验的或社会的实证方法,以便对法律在社会中的实施状况做出新的研究。

五、经验实证方法

所谓“经验实证方法”,其实是按照社会学本身的模式,将法律实施视为一种社会现象,并对这些现象作出社会学解释的方法。可以说,在几乎所有社会科学的实证分析方面,社会分析方法都是最基础、最普遍的一种研究方法。尤其是对于发挥社会科学的“社会解释”功能方面,采用经验的或社会的实证分析手段,恐怕是不可回避的研究路径。在法理学上,也有一个将此方法加以“极端”强调的理论学派——“社会实证主义法学”。与分析实证主义法学不同的是,社会实证主义法学尽管也强调研究应以事实为依据,但这里的事实不是法律规范本身,而是法律规则以外的社会因素。换言之,这种学派注重的不是国家制定的法律规则,而是影响这种规则制定的各种社会学因素。

尽管社会实证主义法学有偏于强调社会因素之嫌,但几乎不会有人否认它对丰富法学研究方法所作的贡献。实际上,法律的制定、实施和改革本身必然要作用于社会,也会构成一种极为复杂的社会现象。法学研究者如果仅仅将观察视野局限在法律规则本身,就会忽略大量的制约法律实现的社会因素。就刑事司法制度的实施而言,目前中国出现了一系列的问题,如刑讯逼供、超期羁押、侦查中心主义、审判流于形式、证人普遍不出庭作证等。这些现象本身并不符合刑事诉讼法的规定,甚至与刑事诉讼法直接相违背。但是,它们为什么发生而且还发生得那么普遍呢?这当然有刑事诉讼立法本身不严密的问题。但除此以外,是否还存在着社会学层面上的原因呢?如果将这些现象都视为一种社会现象的话,那么它们的现状、成因、后果应如何得到较为准确的解释呢?实际社会生活中又有哪些因素对于促成这些现象的出现,发生实际作用了呢?

要对这些问题作出学术上的解释,就必须采用诸如个案分析、数据统计分析、访谈、社会调查等经验分析方法,以较为精确的方式观察某一法律现象的现状、成因和发展轨迹,发现制约法律制定和法律实施的具体社会因素以及它们相互间的关系。通过这样的分析,法学者可以为人们提供有关某一问题的动态的、立体的、定量的解释,使自己对某一问题的认识尽可能接近客观实际情况。这就如同医学上诊断与治疗的关系一样。社会学的分析就如同医生对病情的诊断一样,这一工作应尽可能地精确,使有关病症的病理、程度、成因得到准确的分析,至于治疗甚至手术活动,则属于建立在“知”之上的“行”的范围了。

例如,证人出庭作证难是中国刑事司法中面临的一个带有普遍性的问题。在很多基层法院,大量提供了重要证言的证人,甚至控辩双方中至少有一方要求传唤其出庭的证人都不出庭作证。对于这一现象,如果从社会学的角度进行分析的话,至少可以作以下几方面的观察:其一,究竟有多大比例的证人不出庭作证;其二,证人不出庭作证的情况可以分为哪几类;其三,证人不出庭作证的原因究竟有哪些方面;其四,大量证人不出庭作证对法庭审判造成了什么样的影响;其五,按照目前的发展势头,将来证人不出庭作证的情况会有什么样的变化……显然,要回答这些问题,就必须通过实际的社会观察和分析,对证人不出庭作证的现象作出尽可能精确的解释。比如说,我们首先应对某一法院、某一地区的法院甚至全国法院刑事审判中证人不出庭的情况作一统计,掌握有关的数据和资料,计算出证人不出庭的实际比率。这种定量分析要比那种笼而统之的估计精确得多,也更容易令人信服。我们也可以对若干个遴选出来的案例进行对比分析,将证人不出庭的情况进行大致的分类。我们也可以选取若干个典型的案例进行深入的分析,必要时对证人、法官、检察官、律师、警察等进行一些访谈和调查,了解证人不出庭作证的原因究竟有哪些。当然,根据目前已有的研究成果,导致证人不出庭的原因至少有:证人经常面临人身危险甚至报复,而有关证人保护的措施又非常不利,致使证人害怕出庭作证;法院对证人出庭的必要性认识不足,因为大多数案件中法院直接将公诉方所作的证言笔录采纳为定案的根据,因此证人出庭反而被视为多余的;一些证人在法庭上一旦推翻原来的证言或者改作不利于公诉方的证言,就轻易地受到检警机构的拘捕甚至刑事追诉,这一现实也使证人对于出庭产生恐惧……这样的实证分析无疑使我们对证人出庭问题的认识丰富了许多,也避免了过去经常发生的将复杂的问题简单化的研究偏差。同时,在提出改进的对策时,研究者就必须充分考虑影响证人出庭的各方面因素,而不能仅仅抓住一端而不顾其余。否则,任何有关的对策分析都可能导致所谓的"法律改革"酿出新的、更大的问题。

需要指出的是,运用社会分析方法也并非没有风险。一般地说,采用个案方法最忌讳的是所选取的案例不具有一般性和典型性,采用数据统计方法最忌统计不全面、不准确,而采用访谈、调查方法则最忌以偏概全。从宏观上看,采用社会分析方法最易出现的问题是戴着有色眼镜看问题,不是从分析中得出结论,而是在形成结论之后通过寻找材料去论证自己的观点。要克服这一点,就必须树立"价值中立""价值无涉"的观念,在对问题作出准确解释之前绝不轻言价值评价问题,力争使问题得到尽可能客观的分析和阐释。在笔者看来,只要问题得到精确、深入的解释,价值评价问题随之就具有了客观事实基础,有关问题的症结以及有关法律制度的完善也就非常清楚了。

目前,采用社会学的分析方法也会受到诸多方面的限制。例如,我们没有建立司法判例制度,最高法院所作的"司法解释"几乎都属于"司法性立法"活动的产物,而很少与具体的案件审判结合在一起。即使是最高法院定期发布的一些案例,也往往属于由各级法院作出判决的具体案例,而不一定包含最高法院法官的理由阐释活动。一般研究刑事诉讼问题的学者所选取的案例,往往来自一些报刊杂志的报道。但这些报道则经常由于报道者自身的素质和倾向等方面的原因,存在着不少问题。这样选取的案例往往不具有一般性和典型性。

另外,如同在司法活动中经常"重实体,轻程序"一样,中国的司法统计也存在着忽视程序法实施方面的数据的问题。无论是定期出版的"法律年鉴",还是最高人民法院、最高人民检察院每年所作的"工作报告",其中所统计的主要是实体法适用方面的数据,如判处无罪、定罪免刑、5年以下、5年至10年、10年至无期徒刑、无期徒刑以上的案犯的数据和比例,侦查立案的案件数和案犯人数,提起公诉和不起诉的案件数和案犯人数等。至于与程序法的适用有关的数据,如证人出庭作证的人数和比率,辩护律师参与辩护的案件数和案犯人数,检察机关批准逮捕的案件数和案犯人数,案犯被羁押超过2个月、6个月、12个月、2年、5年、10年、15年甚至18年的人数和比率,适用简易程序的案件中公诉人、辩护律师出庭的案件数和比率,二审法院开庭的案件数和比率,经过死刑复核程序后,案犯被维持和推翻死刑裁判的人数、案件数及其比率各自有多少等，则几乎从来没有被精确地统计过。而这些方面的统计材料和数据才较为直观地反映着这个国家程序法实施的具体情况，也可以为法学者进行社会实证分析，提供最为基本的条件。

当然，指出这些困难和限制，并不意味着我们要放弃经验实证分析的方法。相反，这些限制和困难的存在恰恰证明这种社会学的分析在中国刑事诉讼法学研究中是急需的。关键的问题可能在于如何在面临这些条件限制和困难的情况下，尽可能运用好社会实证分析的方法。笔者认为，目前有不少来自司法实务界的人士，已经不满意过去那种笼统、模糊的研究方式，而进行了一些实证分析的尝试。在一些由法院、检察机关自办的出版物上经常登载着一些涉及刑事诉讼法实施情况的分析，其中不乏一些有价值的案例、数据、访谈、调查材料。尽管这些材料大都属于在某一法院、检察院甚至某一地区的法院、检察院范围内所统计出来的情况，但从“解剖麻雀”的角度来看，也还是有一定的典型意义的。当然，最为理想的社会实证分析，还要靠研究者亲自到一些地方的法院、检察院、公安机关、律师事务所或律师协会，去从事实际的调查，这样获取的案例、数据、材料或许更加全面、可信。但要进行这样的调查，一方面需要研究者投入充足的时间和精力，另一方面也要有足够的财力。即使这两方面的条件都已具备，也还得有科学、精当的调查方法。

刑事诉讼法学的研究范式与方法问题

引言

近年来,在众多法学研究者的共同努力下,刑事诉讼法学研究出现了一些新的进展。* 法学者们几乎普遍开始关注法律规则和司法实践中所存在的问题,并试图透过对问题的分析,作出一些独到的解释;很多学者越来越不满意于充当西方法学理论的“中国诠释者”或“中国移植者”的传统角色,开始尝试提出自己的观点,努力做出自己的独特理论贡献;法学研究中的实证分析方法越来越得到中青年学者的接受,法学论文中论证的成分也有显著的增加……这些无疑是一种令人欣喜的学术迹象,显示出刑事诉讼法学与整个法学学科一样,正在缓慢地进行学术转型。我们有理由相信,法学研究者对学术定位、研究方法甚至整个研究范式所进行的反思,是这门学科开始走向成熟的标志,这肯定会有助于法学研究的健康发展。

---

* 本文曾以《刑事诉讼法学研究范式的反思》为题发表于《政治论坛》2005 年第 3 期。本版在第一版的基础上做了修改。

但是,在对刑事诉讼法学的整体发展作出正面评价的同时,笔者也不得不指出,这一学科正在面临一些新的危机和挑战,而这一领域的法学者能够意识到这种挑战和危机的也还为数不多。从近年来出版的法学论著来看,一些学者仍然有意无意地坚持既有的学术理念和研究方法,无论是在观点论证还是在学术表述上都还缺乏创新意识。在刑事诉讼法学的研究方面,法学者往往将自己定位为"立法专家",以发现立法问题、提出改进对策、推动司法改革作为研究的归宿,而很少有人去反思法学家们究竟做出了怎样的理论贡献。于是,越来越多的人发现,法学研究经过二十余年的积累,却几乎没有提出多少获得举世公认的原创性理论,那种大师级的法学家也甚为少见。在研究过程中,刑事诉讼法学者更愿意孤立地从事所谓"刑事诉讼法学研究",而很少顾及其他法律学科如宪法学、刑法学、民法学、犯罪学、人权法等相关学科的基础理论和发展动向,更不要说引入社会学、经济学、心理学、政治学等社会科学的研究成果和研究方法了。结果,每当遇到一个"热点问题",如沉默权、辩诉交易、非法证据排除规则、刑讯逼供、超期羁押、证据展示等问题,法学者都倾向于将其视为带有技术性的"专业问题",并试图通过考察司法实践的问题和移植外国法的相关立法经验,来推动法律规则的改变和制定,或者促使相关制度发生变革。

在这种研究方式的影响下,刑事诉讼法学研究者所能做出的理论贡献就受到较大的限制。一个明显的证据是,大部分法学论文和专著都往往只是"昙花一现",而不具有较强的生命力。一篇刑事诉讼方面的论文在发表十年后还能被人引用的并不多见,而七八年前出版的刑事诉讼法学专著还能具有学术影响力的就更是凤毛麟角了。不仅如此,从代表一门法律学科基本理论水平的教科书来看,刑事诉讼法学还远远没有形成一个较为成熟的理论体系。表面上看,一些教科书在体例编排上增列了包括诉讼价值、诉讼目的、诉讼构造、诉讼行为、诉讼主体等在内的大量法学概念或范畴,甚至还编入了一些“基本诉讼原则”。这似乎显示出教科书对刑事诉讼基础理论的总结和关注。但是,这些被视为“基本理论”的法学概念和诉讼原则,基本上属于大陆法国家刑事诉讼理论的变相翻版而已。[①] 它们尽管被推崇为具有“意识形态”地位的“普遍真理”,但对于分析、解释中国立法和司法实践中的问题,却缺乏足够的说服力。有些甚至与中国的司法制度和司法实践还存在格格不入之处。而在教科书的编排体系上,目前的刑事诉讼法学教材似乎还没有真正超出第一代法学教科书的水平。[②]

由此看来,刑事诉讼法学研究确实在一定程度上陷入了困境。尤其是在目前从事法学研究的专业队伍越来越庞大、刑事诉讼制度中所暴露的问题越来越多的情况下,这种困境就显得更加突出了。在笔者看来,刑事诉讼法学者假如继续固守传统的研究范式,而不在学术定位、研究方法上进行真正的学术转型,就几乎无法发展出新的法学知识,更不用说提出具有创新性和开拓性的法学思想了。有鉴于此,本文拟对刑事诉讼法学的研究范式做出反思性研究。笔者所要提出并加以论证的基本假设是:法学者应当抛弃对策法学的思路,将解释作为学术研究的基本归宿;放弃动辄移植外国法律制度的引进法学理念,减少那种没有任何事实基础的玄学思辨式的学术争论,真正关注中国的问题;克服那种大

① 有关刑事诉讼法学基本范畴的研究,参见陈瑞华:《刑事诉讼的前沿问题》,中国人民大学出版社 2000 年版,第 74 页。

② 对于刑事诉讼法学教科书的反思,参见陈瑞华:《刑事诉讼的前沿问题》,中国人民大学出版社 2000 年版,第 1 页。

而全的教科书体例式的研究方式，引入科学的实证研究方法；摒弃那种孤立和封闭的刑事诉讼法学研究方式，从交叉学科的角度发现和选择那些包含丰富问题的法学课题。笔者所要论证的结论是，法律制度是一种生命有机体，它不仅本身是由一系列有着特定功能和特定结构的要素有机组合而成的，而且还受到特定的政治、社会、经济、文化、宗教、传统等因素的深刻影响；法学家们的学术使命更多的应当是运用科学的方法来提出理论和思想，从而更加有效地分析问题、解释成因并预测未来。

从对策到解释

为什么要进行刑事诉讼法学研究？刑事诉讼法学者在研究中要追求什么样的目标？对于这些问题，研究者尽管各有自己的体会，却很少有论述清楚者。有人很可能认为，追问这些问题没有什么意义，学者们只管去研究，但求有研究成果问世就是了。但是，在刑事诉讼法学已经有一定发展的今天，这些问题如得不到令人信服的回答，这门学科将来的发展方向就将成大问题。这是涉及这门法学学科学术功能和学术品格定位的大问题。

比如说，今天中国的学者讨论沉默权、辩诉交易、证据展示制度、审判前的司法审查制度等一系列的问题，经常会有这样的困惑：从实现程序正义的角度来看，这些规则或制度无一不是具有正当性的；从比较法的角度来看，它们也确立在几乎所有“现代法治国家”的法律之中。但它们却没有一项能确立在中国法律之中。同时，经常有来自实务界的人士坚决反对这些规则和制度，理由是它们不符合中国的国情。还有的人士主张，需要反对的不是这些制度和规则本身，而是在目前的中国法律中确立它们。毕竟，中国目前的侦查制度、司法体制与这些规则和制度是不相容的。还有些人士采取“相对合理主义”的态度,也就是在承认一系列现代诉讼制度合理性的同时,主张在中国移植这些制度时需要考虑中国本土的具体情况,采取灵活的措施。①

可以说,这样的学术讨论已经形成了一个相对固定的模式,但也不幸地陷入了一个恶性循环的怪圈之中。事实上,为中国法律所排斥却具有“正当性”的原则、规则和制度远不止上述这些。诸如具有特定身份和职业的证人拥有拒绝作证的特权、口供自愿性、侦查官员出庭作证等一系列的证据规则,包括控审分离、一事不再理、司法独立等在内的诉讼原则,以及违反程序法的法律后果、对程序合法性的司法审查等带有程序法特色的制度,不仅在中国目前法律中没有确立,而且也为相当多的实务界人士所反对。而这些原则、规则和制度自身的正当性也同样是不难论证的。在这些问题上,研究者通常截然分成三派:“激进派”,认为这些规范在法哲学上具有正当性和普适性,因而主张全面确立它们;“保守派”,认为这些规范几乎都来自西方,直接引入中国是不现实的;“折中派”,认为应当承认这些规范的合理性,但在具体制度设计方面却采取保守的态度。

表面看来,刑事诉讼法学中的很多问题都引起中国学者的讨论甚至争鸣,形成了一系列的热点,显示出学术上的繁荣。但是,只要对有关的讨论稍加分析就不难得出结论:几乎所有讨论都自觉不自觉地围绕着“该不该确立某一制度”在进行,这些研究大都流于一般的对策分析,而很少有高屋建瓴、富有新意的理论论证。从这些研究成果中,人们很难

① “相对合理主义”的提法,始见于龙宗智:《相对合理主义》,载《中国社会科学》1999 年第 2 期。另参见龙宗智:《相对合理主义》,中国政法大学出版社 1999 年版,第 1 页。

充分体会到理论思辨和学术论证的魅力。其中,“激进派”的言论尽管并不保守,但它们在论证上几乎都没有超越西方学者,甚至在进行低水平的理论复制。这也难怪实务界人士普遍对这种“以西方的理论论证西方的制度”表示反感了。问题的关键可能在于,这些制度的普适性需要在中国背景下加以重新反思和考察。“保守派”过于强调中国国情,但未必能说清楚“国情”究竟是什么。从中国目前的公检法人员的素质、侦查水平、司法体制等方面来看,几乎所有现代诉讼原则和证据规则都与此有较大的矛盾,甚至连刑讯逼供都具有可容忍性。另外,刑讯逼供、超期羁押、侦查中心主义、法庭审判流于形式等一系列问题的普遍出现,都在表明这个国家的刑事诉讼制度甚至刑事司法制度都需要大规模的改革。这也同样是所谓的“中国国情”。

看来,问题出在研究者对待学术的态度上面了。中国古人强调“学以致用”,这本没有错。但如果将这一点强调到极端,甚至达到庸俗化的程度,那么,一种功利主义甚至工具主义的学术态度就会出现了。但是,如果学术研究仅仅以改进司法为目的,那么,法学家远不如公安机关、检察机关和法院设置的“调研人员”更了解司法实践的具体情况,所提出的对策更不如后者具有实际的效果。如果学术研究仅仅将完善立法、改革司法制度作为其终极目标,那么,法学家也不如立法官员更善于协调不同部门的利益,也不如他们更精于听取不同的意见并加以折中。如果研究者在提出一个思想、理论观点时,首先要考虑它在中国目前的现实中能够实现,或者至少能够为立法决策者所接纳,那么,任何富有新意而又与现实不符的思想、观点可能都会成为“一纸空言”,学术研究也就没有必要进行下去了。面对如此情况,人们不禁会怀疑法学家职业群体存在的价值究竟何在。

事实上,真正意义上的学术研究,绝不是跟在立法、司法实践后面亦步亦趋,而是将揭示立法精神、分析实践问题、提出改进对策作为自己的最终目的。这也是学术活动与立法、司法等实务界人士所从事的"调研活动"的重要区别。如果用中国古人所说的"知"与"行"的关系来分析的话,那么改进司法也好,推进立法也罢,它们更多地属于"行"的范畴。而学术研究所涉及的则主要是"知"的问题。人们通常说"知易行难"。但在学术研究过程中,"知"又谈何容易!刑事诉讼法学研究的终极目的,应当是为人们提供更多的关于刑事诉讼法的知识,丰富人们对刑事诉讼立法和司法实践状况的认识,并最终透过知识的积累创造新的思想和观念。而要达成这一目的,研究者必须恰当地运用解释手段,对与刑事诉讼法有关的现象、问题等,提供自己独立的见解。可以说,解释构成了刑事诉讼法学的基本学术功能。甚至更大胆地说,这一点可适用于整个法学。

什么是"解释"?无论是对刑事诉讼法学中的一些概念和原理,还是对刑事司法实践出现的一些现象和问题,都需要从理论上加以说明和分析,这种说明和分析也就是解释。一般说来,对于刑事诉讼法确立的一系列规则、制度、原则,研究者需要提供在其背后作为支撑物的理论基础,对其正当性和合理性进行一定的解释。对于这种解释,人们通常称其为对立法的"诠释"。这种研究对于人们理解立法的原意和理由,是极其必要的,因此可称其为"对规则的解释"。但是,刑事诉讼法在社会实践中施行的究竟如何,遇到了哪些问题,对于法律在社会中实施效果的考察,对问题及其成因的分析和说明,对于某一现象和问题未来走向的预测等,则属于"社会解释"或"文化解释"的问题。在中国目前的司法实践中,后一种解释显得尤为必要和紧迫,而解释的水平又难以令人信服。

无论是解释立法还是解释司法,研究者如果自身没有较高的理论素养和科学的研究方法,就很难超越从事立法和司法实务的人士,也很难进行一些富有新意的分析、说明和论证,更遑论提供富有创见的思想了。学术解释的质量除了与研究者自身的素养有关以外,还取决于刑事诉讼法学能否提供一些科学的解释工具。这其中最重要的莫过于提供一系列能够准确解释现象的概念和理论范畴,并使其构成一个能够解释各种现象和问题的理论体系。近年来,刑事诉讼法学发展出了一些基本理论范畴,如“诉讼构造”“诉讼主体”“诉讼目的”等,这为研究者解释法律条文和分析实际的问题,提供了有用的工具。当然,这些基本理论范畴的抽象还远远不够,因为大量立法和司法层面上存在的问题尚未得到完满的解释。例如,法院在判决书中擅自将一个未经起诉的罪名强加给被告人①;对于已经发生法律效力的判决,法院经常自行决定发动再审程序;对于警察、检察官、法官违反诉讼程序的行为,刑事诉讼法本身并没有提供出明确的法律后果或制裁手段,也没有设立必要的程序性违法的司法裁判机制等。对于这些立法和司法层面上存在的问题,研究者目前确实缺乏准确、合理的解释和分析。而一些大陆法国家提出的“诉讼客体”“诉讼行为”理论,则对解释此问题有一定的说服力。正因为如此,我们评价刑事诉讼法学发达的重要标志之一,就在于它是否已经有较为成熟的理论范畴和理论体系。创建理论范畴和理论体系本身不能说是学术研究所追求的终极目标,但它是通往学术研究目标的必由之路,也是进行学术解释的重要工具。

应当指出,解释功能的发挥是法学能够与其他社会科学甚至自然科

① 参见陈瑞华:《问题与主义之间——刑事诉讼基本问题研究》,中国人民大学出版社2003年版,第247页。

学相通的重要标志。所谓纯粹的“科学研究”，其实就是通过总结现象、发现问题、分析成因、揭示功能、预测未来发展动向等手段来探究未知事物的过程。在这一问题上，法学与社会学、经济学、历史学几乎没有区别，甚至与数学、物理学、天文学、化学也相去不远。真正的区别可能存在于解释的方法和路径上。在学术研究的过程中，研究者需要通过自己严密的论证过程，对诸如“是什么”“怎么样”“为什么”等之类的问题做出解释。

当然，相对于其他社会科学的研究者而言，法学家们经常会面临价值判断的迷茫和困惑，也往往会对法律制度的改革和法律规则的制定问题做出相应的研究。在前一方面，似乎法学家们很难像社会学家、经济学家那样，做到绝对的“价值无涉”或者“价值中立”。而在后一方面，法学家们还不得不对其所处社会中的制度建设问题提出建言，这似乎显示出开展“对策研究”是不可避免的。

应当说，有关价值判断的问题几乎在任何一门社会科学中都是难以回避的。但是，一个法学者假如动辄提出一些未经检验和证实的价值目标，并将其作为评价一种法律实践或者建构一种理想制度的标准，那么，这种研究几乎就不可避免地陷入主观性和武断性之中。毕竟，很多价值判断都不是经过科学分析的过程而得出的结论，他们既难以证实，也难以证伪，论者更不可能将其价值判断结论作出可反复的验证。正因为如此，一些大师级的学者，如罗素、马克斯·韦伯等，都认为价值问题难以有客观一致的标准，往往因人的主观态度而异，因此价值评价经常是个别化的，既无法得到客观的验证，也难以得到精确的测量。结果，价值评价问题曾长期被视为“反科学”甚至是“伪科学”的活动。不过，科学研究向来是没有任何禁区的。正如人们尽管无法证明上帝的存在，但仍可以研究为什么人们信仰上帝的问题一样，法学者们尽管不能动辄提出一些主观性较强的价值标准，却仍然可以研究这个社会究竟是否存在着某种价值标准，这些价值标准究竟是什么，以及为什么越来越多的人坚持这种价值标准。

研究实例1 程序正义问题。在以往的研究中，法学者对来自英美的程序正义理念做出了研究，对于程序正义的性质、要素、标准、理论基础等问题做出了初步的探讨。但是，这些理念真的就具有“放之四海而皆准”的效力吗？为什么我们必须接受这种来自西方的理论舶来品？很显然，要证明诸如英国的自然正义、美国的正当程序理念具有普遍的适用性，确实是较为困难的。尽管如此，程序正义问题仍然可以是科学研究的对象。问题的关键在于，我们应当将程序正义作为一种经验、事实或者实际存在的理念现象来加以研究，而不是将其意识形态化。例如，我们完全可以研究程序正义在西方的演变过程和构成要素，分析中国人的程序正义观念究竟是怎样的，解释为什么中国的法官几乎普遍接受了这种本属于西方法学舶来品的程序正义理念，预测程序正义观念在中国司法程序中未来可能得到什么样的体现。

很显然，价值判断问题仍然是可以进行科学研究的，只不过研究者不应采取主观性较强的态度，而应从分析现状、解释成因和预测未来的角度，从一定的客观事实出发，做出客观性的研究。

同样，尽管笔者对多年盛行的“对策法学”思路提出了异议，却仍然不排斥那种针对立法对策的研究活动。笔者所担心的是，很多对策研究都带有明显的武断性，对于改革所面临的困难和阻力估计不足，以至于造成一些司法改革措施未必能够达到预期的效果。

研究实例2　审判方式改革。在20世纪90年代，法学界曾对中国的“刑事审判方式改革”做出过对策研究。当时绝大多数学者都主张引入英美对抗式诉讼模式，建立具有中国特色的“抗辩式”或“辩论式”诉讼制度。但是，引进这种新的审判方式真的能解决中国的问题吗？诸如，法官审判前形成预断、法庭以宣读案卷笔录方式进行审判、法庭审判流于形式、辩护效力不大之类的问题，在审判方式改革后不都照样存在，甚至还有越来越严重的趋向吗？时至今日，笔者经常作出这种反思：当初讨论审判方式改革的时候，假如法学者不是“同仇敌忾”地进行对策研究，像投身社会变革运动一样推动这种审判方式的改革，而是存在不同的声音，至少有提出反对引入对抗式诉讼模式的观点，那么，立法者在改革审判方式问题上岂不可能更加谨慎吗？

由此看来，对策法学家们似乎只关心制度的变革和规则的修改，而很少顾及制度、规则能否在中国司法体制框架内得到实施。但是，法律的生命恰恰在于实施。在立法对策方面，法学者固然可以充当立法进程的推动者和司法改革的参与者，但至少应有一部分学者站在观察者、研究者的立场上，来分析问题、解释现象、预测将来的发展动向，甚至对改革方案、立法对策本身的合理性、可行性进行深刻的反思。换言之，独立的法学研究者完全可以将立法对策本身作为经验分析和实证研究的对象。

可见，将刑事诉讼法学的功能定位在“解释”方面，实际意味着法学者应将其活动重心放在对刑事诉讼法律规范及其社会效果的“知”上。至于刑事司法制度的改革、有关立法的完善、有关法律规则的建立等,则属于“行”的范围。当然,笔者并不反对法学者充当社会活动家,去亲自推动制度的革新和立法的进程。但需要注意的是,将作为自己研究成果的“知”亲自付诸实践,实际要冒很多、很大的风险。在这一问题上,法学家不如政治家,甚至也不如立法官员,在推动改革和立法方面更加善于调整关系、平衡利益,从而富有实效。相对于“知”而言,“行”的活动很难算严格意义上的学术活动。当然,我们不仅不反对,而且也主张,所有的“行”都应尽可能建立在科学的“知”的基础上。只不过,与所有学术活动一样,刑事诉讼法学研究不可无限地扩张自己的势力范围,而应当为那种真正意义上的学术活动划定相对固定的界限。法学者也应当清楚哪些是自己的长项,是可以为的;而哪些是自己的弱项,是不可以做或者即使做也做不好的。

问题意识

与对策法学的盛行密切相关的是,一些法学者缺乏基本的问题意识,对于“问题是一切科学研究的出发点”这一点缺乏深刻的认识。无论是法学论文还是学术专著,往往采取了一种类似教科书的学术体例。这种体例的典型模式包括以下基本构成要素:概念、性质和意义;理论基础;历史演变;比较法的考察;中国的现状和问题;解决中国问题的构想和立法对策。甚至在很多法学博士论文中,这种带有“教科书体例”的学术模式也较为广泛地存在着。但是,这种不以问题为出发点的研究方式,注定是不可能产生较大学术贡献的。这是因为,研究者并没有提出作为核心论题的假设,也没有围绕着这一命题的成立问题进行论证和组织材料；研究者也无法解释究竟哪些是其他研究者提出的概念、范畴和理论，而哪些是自己的学术贡献；这种研究带有明显的总结和综述的痕迹，对于推动法学研究的进步和创新，意义甚为有限。①

在这种采取“教科书体例”的论文和专著中，研究者动辄对有关制度的纵向演变和横向比较问题进行较大篇幅的论述，而忽略了自己所要分析、解释的问题之所在。当然，这种研究对于总结历史经验、积累外国法的资料，还是有一定积极意义的。毕竟，无论是法律制度的发展历程，还是外国法的经验事实，对于解释和解决中国法所面临的问题还是可能具有启发和参考价值的。不过，研究者假如完全带有“借鉴”“移植”和“引进”的目的对待外国法以及法律制度的演变历史，实用地采取“古为今用”“洋为中用”的态度，那么，这种研究就有可能带有明显的主观性和武断性，而不可能提出一些客观的知识。尤其是在如何对待外国法的问题上，一些从事刑事诉讼法学研究的学者经常有意无意地将外国法的制度和理论奉为“放之四海而皆准”的真理，以为中国立法机构只要移植和引进这些制度，中国的问题也就能得到相应的解决；中国法学界只要接受这些法律理论，中国的法学理论也就会得到进一步的发展。但是，无论是来自外国的制度设计还是外国学者提出的理论，都只是为了解释和解决其本土问题而被提出来的，它们是否以及究竟在多大程度上有助于解释和解决中国的问题，这是一个悬而未决的问题。更何况，研究者假如连中国的问题究竟是否存在以及究竟是什么都不清楚，那么，这种对外国法律制度和外国法律理论的介绍和分析，又能够达到什么样的积极效果呢？

---

① 对于法学博士学位论文研究缺陷的反思，参见刘南平：《法学博士论文的“骨髓”和“皮囊”》，载《中外法学》2000年第1期。

研究实例3　沉默权问题。在近年来的法学研究中，有关引进和确立沉默权的问题一度成为刑事诉讼法学者所关注的热点问题。研究这一课题的学者几乎普遍都是从沉默权的概念、性质和理论基础开始论述，并就沉默权在英国的演变历史以及近年来英国法确立一系列沉默权的例外规则问题，作出了很多分析和评论。但是，这些从英文原著和零星翻译而来的论著中所总结出来的历史考察和比较分析，究竟具有多大程度的客观性呢？在这一问题上，中国学者真得那么容易做出超越西方学者的理论贡献吗？研究者真的那么容易避免错误解读的问题吗？另外，假如中国立法者有朝一日真的如研究者所期待的那样，确立了嫌疑人、被告人保持沉默的权利，那么，这一被引进的制度真的具有生存空间吗？沉默权对于解决中国司法实践中的刑讯逼供问题，真的是“灵丹妙药”吗？中国刑事审判前程序所存在的真正问题究竟是什么……对于这一系列的问题，研究者假如既没有作出精确的分析，也没有作出深入的解释，而是想当然地以为只要引进了沉默权制度，中国法所存在的问题就可以得到解决，那么，这种研究岂不就陷入了主观性和武断性之中吗？①

很显然，假如没有较强的问题意识，没有发现真问题的能力，也不是从问题出发展开自己的研究活动，那么，法学者就很可能要么重复前人

① 在沉默权问题上，刑事诉讼法学者几乎普遍是站在引进这一制度的角度上来展开论述的。很少有人对中国刑事诉讼中刑讯逼供产生的原因、沉默权在解决刑讯逼供问题上的有效性、中国法中有无沉默权存在的空间等问题，进行深入的思考。甚至在个别学者心目中，沉默权是一种“美好”的制度设计，任何不赞同在中国确立沉默权的观点都属于“错误”的。这样，沉默权问题就在一定程度上被意识形态化了，而缺乏科学讨论的氛围。

已经研究过的知识和理论,要么会提出一些未经科学检验和证实的概念和范畴。近年来中国法学界一直盛行一种带有综述性的研究风气,恐怕与这一点有着密不可分的联系。这种缺乏问题意识、不以解释问题为前提的法学研究,是很难做出创新性和开拓性的学术贡献的。

近年来,笔者越来越深刻地意识到,法学者缺乏基本的问题意识,已经成为法学研究中的突出问题之一,也是导致中国法学者难以做出独立学术贡献的主要原因。在目前的研究条件下,研究资料早已不成问题。原先为研究者所抱怨的国外研究资料匮乏的问题已经在很大程度上得到解决。大量的来自欧洲和北美的法学著作、教科书和法典都被翻译成中文,并被迅速地推向图书市场;大批西方法学者来华进行访问、讲学,将最新的法学理论和立法动向迅速传播给中国法学界;越来越多的中国法学者或留学欧美,或从事短期的学术访问,将最新的法学思想带回国内。与此同时,对中国立法和司法现状的了解越来越深入,对中国问题的把握得越来越准确,也使法学者对于很多问题的分析和解决拥有更大的发言权。然而,在表面繁荣的法学研究以及大量"繁衍"的法学论著背后,依旧存在着研究方法陈旧、研究视野狭隘和高水平法学成果严重匮乏的问题。而这一切问题的核心,仍然没有从问题出发组织整个法学研究的问题。

一般而言,科学研究始于对问题的发现和解释。问题是一切科学研究开始的前提和基础。[①] 卡尔·波普尔就认为:"我们从问题开始我们的研

① 这一点几乎已经成为科学哲学上的一个定论。而在社会学、经济学、人类学、政治学等社会科学中,所谓"问题是一切社会科学研究的起点","问题是科学发现和科学创新的第一步"之类的观点,也早已成为共识。参见[美]罗伯特·K. 默顿:《社会研究与社会政策》,林聚任等译,生活·读书·新知三联书店 2001 年版,第 19 页。

究。我们总是发现我们处在一定的问题境况中,而且我们选择一个我们希望解决的问题。这种解决总是尝试性的,是一个理论、一个假说、一个猜想。将各种相互竞争的理论加以比较和批判讨论以便发现它们的缺点,并且总在改变、总不定论的批判讨论结果构成所谓的'当代科学'。"①

在胡适看来,科学方法是用事实作起点的,"不要问孔子怎么说,柏拉图怎么说,康德怎么说,我们须要先从事实下手,凡游历调查统计等事都属于此项"。② 科学研究始于对客观事实的观察。无论是自然科学还是社会科学,都应围绕着如何解释客观存在的经验事实来展开。按照张五常的告诫,"最蠢的学者,是试行解释没有发生过的事"。

当然,科学研究的前提并不是单纯的事实本身,而是事实所蕴含的无法得到解释的问题。对于这种问题,胡适称为"困难的发生",张五常则视为"不明白"。按照前者的解释,"人必遇有歧路的环境或疑难问题的时候,才有思想发生",而"有些困难是很容易得到解决的,那就没有讨论和指定困难的所在的必要"。而真正能够引发科学研究活动的往往是那些既无法得到解释也没有解决之道的"困难"和"问题"。③

可见,研究者需要在经验事实中发现问题。需要注意的是,研究的对象必须是客观存在或实际发生过的事实,而不能试图对那种子虚乌有的情况作出解释。事实上,无论是社会科学还是自然科学,对事实和现象的解释是开展科学研究活动的主要目的,也是将科学从信仰、形而上学、教条主义、图腾崇拜中彻底区分开来的关键之点。但是,仅仅对事实

---

① [英]卡尔·波普尔:《无尽的探索》,邱仁宗译,江苏人民出版社 2000 年版,第 90 页。
② 胡适:《读书与治学》,生活·读书·新知三联书店 1999 年版,第 106 页。
③ 胡适:《读书与治学》,生活·读书·新知三联书店 1999 年版,第 111 页。

和现象进行解释是根本无法开展科学研究活动的。毕竟,世界上的事情和现象太过繁杂了,研究者既没有必要也没有能力对一切事实作出解释,而只能对那些存在明显问题的事实和现象作出解释。所谓"问题是一切科学研究的前提和基础",说的就是这个意思。因此,研究者在观察与思考、在"读万卷书,行万里路"的过程中,应当具有敏锐的问题意识,并具有发现问题的能力。

当然,具有问题意识和发现问题的能力,并不意味着研究者一定能够找到真正的问题。研究者需要运用现有的理论对该问题进行解释,在无法作出妥当解释的情况下,提出真正的问题。对于任何一门科学而言,那些没有入门的"门外汉"或初学者可能认为满眼都是问题。但他一旦掌握了这门科学的基本理论,了解了这门科学的总体研究情况之后,就可能认识到他原来视之为问题的"问题",其实绝大多数都不是问题。因此,面对一个初步发现的问题,研究者应当运用现有的理论和通说对其进行解释,如果能够得到令人信服的解释,则这个"问题"就不是真问题。相反,假如一种现象、一种疑问在所有现存理论中根本得不到令人信服的解释,那么,真正的问题就有可能被发现了。一门学科的"前沿问题"往往就是在这种遍寻解释而不得的情境下出现的。很显然,一个研究者只有站在本学科的最高点,才有可能发现真正的问题。当然,也不排除一个极其聪明的初学者用其锐利的眼光,发现了为众多研究者所忽略的真问题,推翻了一个学术定论。但这种对"皇帝的新衣"的发现,其成功概率可能是不高的。事实上,许多科学上的真问题都是研究者经过长期观察、思考和分析的结果。有时候,对真正问题的发现本身,可能就属于学术上的重大突破。

那么,研究者究竟应从何处发现问题呢?就法学研究而言,问题可能存在于司法实践之中，可能产生于立法对策和司法改革过程之中，也可能出现在有关理论和学说的争论之中。事实上，只要是客观存在过、发生着的事实，就都有问题发生的可能性。对于某一现象和事实，法学者只要按照既有的理论、学说尝试进行解释，都无法找到满意结果的时候，真正的问题就有可能被发现了。在这一方面，法学者需要站在本科学理论的最前沿，掌握可操作的解释方法，并且还要对相关领域的司法实践情况有较为清楚的了解。除此以外，研究者还需要具备独到的学术眼光和丰富的想象力。以下拟通过对三个研究实例的分析，来说明发现问题的可能途径。

研究实例4　审级制度改革问题。按照传统的研究模式，法学者对审级制度一般会做以下的研究：审级制度的概念、性质和功能；审级制度基本模式之比较；中国两审终审制的现状和问题；改革两审终审制的基本构想。近年来，有关建立有条件的三审终审制的议论一度十分盛行。研究者可能还会论证建立三审终审制的基本设想。但是，这种研究真的能够做出开创性的贡献吗？事实上，这种貌似“成体系”的研究并不是以问题作为起点和基础的。假如研究者对审级制度中的问题有较为真切的了解的话，那么，他完全可以另辟蹊径，重新组织自己的研究。比如说，法学者可以对以下问题进行解释：中国的两审终审制中真的存在法律审吗？二审法院真的能够通过审理上诉案件来发挥维护法律统一实施的使命吗？为什么在绝大多数情况下上诉审都流于形式？中国上下级法院之间带有行政化的隶属关系对于两审终审制带来了哪些影响？再比如说，法学者还可以对两审终审制的改革问题进行深入的反思：在目前第一审程序名存实亡、流于形式的情况下，第一审程序对于案件事实认定问题几乎无法发挥最基本的纠错功能；而大多数案件的第二审程序采取的是不开庭的书面审方式，对于发现和纠正下级法院事实认定上的错误收效甚微。既然如此，建立三审终审制、增加一个专门法律审的改革设想真的能取得预期的效果吗？更进一步地说，假如中国第一审程序不有效地解决事实认定问题，假如第二审程序对于纠正事实误判问题无法产生更好的作用，那么，包括三审终审制、死刑复核程序甚至再审程序的改革，都将受到相当程度的影响。

可以看出，在审级制度改革问题的背后，存在着事实审与法律审的关系、上下级法院的关系、上诉审的诉讼功能等一系列重要理论问题。只要我们不是简单地从对策法学的立场组织我们的研究，而是将问题作为研究的起点，那么，对这一问题的研究就有可能避免简单的观念总结和资料堆积，而有开拓和创新的空间。

研究实例5　案卷笔录的证据效力问题。在目前的中国刑事审判中，不仅绝大多数证人、鉴定人、被害人不出庭作证，侦查人员在面对辩护方对其侦查行为的合法性提出质疑时拒不出庭作证，而且就连同案被告人都不被传唤出庭。在绝大多数情况下，第一审法庭对证据的调查是通过宣读检控方所提交的案卷笔录来进行的。有时法庭并不宣读案卷笔录的全部内容，而是摘要宣读其中的少部分段落。这种法庭调查方式被认为违反了直接和言词审理原则，造成了司法审判的不公正。那么，在证人、鉴定人、被害人、侦查人员甚至同案被告人普遍不出庭现象的背后，存在一个为法学者所忽略的问题：中国是否存在真正意义上的现代审判？换言之，假如我们将审判定义为通过法庭调查和辩论来形成用以解决诉讼争端的裁判结论的话，那么，中国实行的这种以案卷笔录为中心的法庭审判方式，究竟能否保证法庭通过审判过程来形成裁判结论呢？在案卷笔录的连接下，法庭审判岂不属于一种对检控方结论的确认程序吗？

假如没有发现问题的意识和能力的话，研究者很可能按照以下套路展开这一课题的研究：案卷笔录的性质、意义和分类；两大法系国家对案卷笔录的适用规则；中国目前对案卷笔录的适用情况及其问题；确定案卷笔录证据效力的基本理论基础；解决案卷笔录证据效力的立法设想……相反，有了基本的问题意识，明确了法学研究的解释功能，法学者就会放弃这种带有教科书体例的对策研究，而去分析和挖掘法庭滥用案卷笔录背后的真正问题。于是，一种带有全局性的问题就出现在研究者面前：中国究竟是否存在真正的法庭审判？现有法庭审判除了具有法制宣传教育的传统功能以外，真的具有裁断控辩双方之事实纠纷和法律争议的作用吗？

研究实例6　无罪推定问题。传统上，研究无罪推定的学者很可能按照以下模式来组织对这一问题的研究：无罪推定的概念、性质和意义；无罪推定的理论基础；无罪推定原则的产生和历史演变；无罪推定原则在两大法系国家刑事诉讼制度中的体现和发展趋势；无罪推定原则在中国的确立问题；中国刑事诉讼制度没有贯彻无罪推定原则的表现及其危险后果；中国未来确立无罪推定原则的立法构想……如前所述，这种带有教科书体例的研究既没有发现真正的问题，也必然大量重复前人以往所做的研究成果。实际上，研究者需要考虑的关键问题是：中国现行刑事诉讼制度是否确立了无罪推定原则？如果答案是否定的，那么，为什么在几乎所有研究者都赞成这一原则的情况下，书本法律和司法实践竟然都不能容纳无罪推定原则的存在？例如，一审法院在事实不清、证据不足的情况下，不是作出无罪之宣告，而是按照“疑罪从轻”的原则作出“留有余地”的判决；二审法院遇有案件事实不清、证据不足的情况，不是直接宣告无罪，而反复发回原审法院重新审判；在强制措施的适用问题上，未决羁押几乎成了强制措施适用中的一般原则，而取保候审等非羁押性措施的适用则成为一种例外……这些例证都显示出无罪推定原则远没有被确立在中国刑事司法制度之中。对于这一问题，难道不需要法学者作出深刻的反思和理论上的解释吗？

由此看来，只有具备最基本的问题意识，拥有发现真正问题的能力，将问题作为法学研究的起点和基础，法学者才有可能避免重复前人走过的老路，在分析和解释法律问题上做出自己独创的贡献。当然，仅仅发现了问题本身并不意味着研究者一定会做出较大的学术贡献。研究者还必须掌握科学的研究方法，尤其要引入实证研究方法。这是几乎所有社会科学家在从事解释活动方面所必须掌握的方法。

实证方法的引入

法学者在发现了真问题之后，究竟应如何组织自己的研究过程呢？

按照科学研究的一般规律,法学者对于法律问题应当向社会学家对待社会问题、经济学家对待经济问题那样,运用科学的方法进行分析、解释和预测。其中,运用精当的实证分析构成了社会科学的基本方法,也属于法学者分析、解释法律问题的基本手段。

按照笔者的理解,实证分析作为一种研究方法,其实包含着逻辑实证分析和经验实证分析两个基本层面。我们平常所说的"实证分析",一般只是强调后者,也就是"社会分析方法"。但事实上,前者在法学研究中的地位也是同样重要的。所谓的"逻辑实证分析",其核心含义在于对国家制定的法律规则体系本身作出科学的分析。换言之,这种方法着重于对法律规则本身作出合乎逻辑的分析和考察,建立一定的理论体系。在法理学中,将这种研究方法强调到极端的是一种被称为"分析实证主义"的理论学派。这一学派严格地将实然与应然问题加以分离,否定法律与道德、价值之间的联系,但强调对法律概念本身的分析,主张采取逻辑推理的方法确定可适用的法律。这一学派主张法学不应考虑法律规范以外的其他任何因素,主张建立纯粹的"法律科学"。这些观点尽管受到各种各样的非议,但这种逻辑实证分析方法却被人们普遍视为法学的研究方法。尤其是欧洲大陆,这一方法还具有极大的影响。

将逻辑实证分析的方法运用到刑事诉讼法学,对于这门学科走向精密化,对于一系列理论范畴的引入和理论体系的建立,具有极为重要的意义:(1)对于一系列诉讼法上的概念,确实需要从逻辑上加以分析。对于诸如诉讼程序、诉讼权利、程序性无效、证明力、证据能力等诉讼法学上的基本概念,确实需要作出准确的界定。不仅如此,对于诉讼程序规范的特点也需要作出深入的揭示。(2)一些非价值分析性的理论范畴,如诉讼主体、诉讼客体、诉讼行为、诉讼法律关系等,本身就是研究者为从不同角度深入解释刑事诉讼法律规范，所作的逻辑上的实证分析。这些范畴的提出，对于揭示诉讼参与者及其相互间的法律关系，对于剖析作为诉讼客体的“案件”的性质，对于解释各方诉讼行为的意义和后果，以及对于分析诉讼过程中的法律关系及其特殊性等，都具有丰富的学术价值。

> **研究实例7　违反程序法的法律后果问题**。一般说来，违反实体法的法律后果通常是各种法律责任，如民事责任、行政责任、刑事责任等，那么，违反程序法的法律责任是什么？如何从法律规范本身制定出严密的诉讼规则，使其逻辑构成要素保持完整？一旦发生程序性违法的行为，究竟如何确定相应的法律后果或程序性制裁措施？对于程序性违法行为，如何建立起必要的司法裁判机制，使违反程序法的行为像违法、犯罪行为那样，得到必要的司法裁判，并最终得到惩罚。事实上，无论刑事诉讼法在社会中的实施效果如何，这部法律本身必须建立、健全各项诉讼程序规则的逻辑体系，使所有违反程序法的行为至少在法律条文中有明确的或“撤销”，或“无效”，或“不成立”的法律后果。这不仅涉及刑事诉讼法立法技术的提高问题，而且影响到刑事诉讼程序本身能否得到切实遵守的问题。

中国刑事诉讼法学曾经从日本、德国法学中引入了逻辑实证分析的方法，并发展出一些重要的概念、范畴和体系。但随着这一学科在20世纪中叶发生的重大转型，也随着苏联法学的引入，这种研究方法也随之受到抛弃。很长一段时间以来，法学者们提出了诸如“诉讼目的”“诉讼价值”“诉讼构造”等范畴，试图以此来建立刑事诉讼法学的理论体系。

然而,这些范畴带有较为明显的“规范”和“评价”意味,总与价值分析密切相关。而对于刑事诉讼规范本身的逻辑分析,则意义不是很大。这种逻辑实证分析水平的低下,直接影响了中国刑事诉讼程序的精密化和规范化,使诉讼主体之间的法律关系出现混乱,使诉讼所要达成的解决争端目标无法完成,也使几乎所有由警察、检察官、法官实施的非法诉讼行为,不受到任何有效的程序意义上的制裁。

不难看出,要保证刑事诉讼法在“司法实践”中得到较为完善的实施,其前提条件是刑事诉讼规范本身必须具有逻辑完整性和可操作性,否则这部本来就以限制官方权力任意行使为己任的程序法,注定会遭到规避、违反甚至破坏。当然,“徒法不足以自行”。刑事诉讼法即使本身制定得非常严密,在实际实施过程中也会遇到各方面的问题。毕竟,书面法律与实效法律之间的距离在任何社会中都或多或少地存在。这就需要我们在运用逻辑实证方法的基础上,学会使用经验的或社会的实证方法,以便对法律在社会中的实施状况做出新的研究。

所谓“经验实证方法”,其实是按照社会学本身的模式,将法律实施视为一种社会现象,并对这些现象作出社会学解释的方法。可以说,在几乎所有社会科学的实证分析方面,社会分析方法都是最基础、最普遍的一种研究方法。尤其是对于发挥社会科学的“社会解释”功能方面,采用经验的或社会的实证分析手段,恐怕是不可回避的研究路径。在法理学上,也有一个将此方法加以“极端”强调的理论学派——“社会实证主义法学”。与分析实证主义法学不同的是,社会实证主义法学尽管也强调研究应以事实为依据,但这里的事实不是法律规范本身,而是法律规则以外的社会因素。换言之,这种学派注重的不是国家制定的法律规则,而是影响这种规则制定的各种社会学因素。

尽管社会实证主义法学有偏于强调社会因素之嫌，但几乎不会有人否认它对丰富法学研究方法所作的贡献。实际上，法律的制定、实施和改革本身必然要作用于社会，也会构成一种极为复杂的社会现象。法学研究者如果仅仅将观察视野局限在法律规则本身，就会忽略大量的制约法律实现的社会因素。就刑事司法制度的实施而论，目前中国出现了一系列的问题，如刑讯逼供、超期羁押、侦查中心主义、审判流于形式、证人普遍不出庭作证等。这些现象本身并不符合刑事诉讼法的规定，甚至与刑事诉讼法直接相违背。但是，它们为什么发生而且还发生得那么普遍呢？这当然有刑事诉讼立法本身不严密的问题。但除此以外，是否还存在着社会学层面上的原因呢？如果将这些现象都视为一种社会现象的话，那么它们的现状、成因、后果应如何得到较为准确的解释呢？实际社会生活中又有哪些因素对于促成这些现象的出现，发生实际作用了呢？

需要指出的是，运用社会分析方法也并非没有风险。一般地说，采用个案方法最忌讳的是所选取的案例不具有一般性和典型性，采用数据统计方法最忌统计不全面、不准确，而采用访谈、调查方法则最忌以偏概全。从宏观上看，采用社会分析方法最易出现的问题是戴着有色眼镜看问题，不是从分析中得出结论，而是在形成结论之后通过寻找材料去论证自己的观点。而要克服这一点，就必须树立“价值中立”“价值无涉”的观念，在对问题作出准确解释之前绝不轻言价值评价问题，力争使问题得到尽可能客观的分析和阐释。在笔者看来，只要问题得到精确、深入的解释和分析，价值评价问题随之就具有了客观事实这一基础，有关问题的症结以及有关法律制度的完善也就非常清楚了。

需要注意的是，实证方法——尤其是社会实证方法的运用，经常会面临一系列的误区。过去，中国法学界较为注重理论分析，而不擅长、也忽略了经验性实证研究，所进行的“理论研究”大多是对西方法学理论的简单重复或者综合总结而已，而不可能提出富有创新性的法学理论。有鉴于此，一些法学者独辟蹊径，注重对经验实证研究方法的运用，亲自到司法实践中去收集素材、掌握数据，并透过对这些素材、数据的统计分析，来发现一些新的问题，并得出一些新的结论。但是，由于不清楚归纳方法的局限性，也由于缺乏最起码的问题意识，有些学者在运用数据统计分析方面出现了“走火入魔”现象。例如，有的研究者对司法、立法乃至现有理论中所存在的问题缺乏最起码的了解，就匆匆忙忙地投入到实证调查之中；有的研究者还对自己不了解法律问题“沾沾自喜”，认为这样恰恰可以摆脱一切固有成见之束缚，可以通过数据统计发现一些为正统法学者所“熟视无睹”的问题；还有的学者认为实证研究就如同“公正的审判过程”一样，也要通过数据统计来得出结论，还美其名曰“使结论来自实证研究过程之中”，并为此不惜维护一些尽管符合“实证研究程序”却违背基本经验常识的所谓“科学结论”……所有这些实证研究的偏差，都说明仅仅依靠收集案例、分析变量并进行数据统计（哪怕是电脑统计）分析的方法，研究者既发现不了真正的问题，也提不出任何假设命题来。这些研究者忘记了一条常识性命题：科学理论不是靠什么“研究程序”推导出来的，而往往来自研究者在某时、某地和某种情境下所提出的假说或者猜想，甚至来自研究者一时偶然的“顿悟”。没有提出假设的能力，研究者纵然掌握了汗牛充栋般的资料和素材，并试图运用归纳方法对这些资料进行分析，也根本无法提出任何具有创新性的理论来。

其实，经验实证方法运用的关键，不在于穷尽一切事实和材料，而在于对若干材料进行分析和总结之后，应当适时地提出带有通则性的假设来。换言之，研究者应具有提出假设和归纳的能力。不过，研究者要提出富有创见的假设,却是十分不容易的。一个没有经过科学方法训练、没有相关学术积累的人,纵然每天面对各种各样的问题,也很难提出富有新意的假设来。正如一个从事侦查、公诉、审判和辩护活动的法律职业者,假如不掌握基本的研究方法,不具备基本的法学素养和法律积累,就只能"熟视无睹"地整天面对一大堆素材和各种繁杂的问题,而根本不可能提出任何假设。对于这一点,胡适就给予了特别的强调:"这种假说的由来,多赖平日的知识和经验。语云:'养兵千日,用在一朝。'我们求学亦复如此。这一步是为最重要的一步。要是在没有思想的人,他在脑袋中,东也找不到,西也找不到,虽是他在平常能够把书本子倒背出来,可是没有观察的经验和考虑的能力,一辈子的胡思乱想,总是不能解决困难的啊"。这显然说明,研究者要具备较高的提出假设的能力,就必须要"博学",因为只有"博学方才可以有许多假设,学问只是供给我们种种假设的来源"。[①] 一个顶尖级学者与一个初学者的最大区别,恰恰就在于面对同样的问题和同样的研究素材,前者可以提出出乎人们意料的假说和命题,而后者就很少具备这方面的能力,要么提出不出任何假设,要么只会提出一些非常初级的假设。

需要注意的是,任何科学理论都必须有确定的外延和边界,也就是要有明确的适用范围。换言之,对于研究者来说,清楚地了解其理论对于哪些场合和哪些对象是不适用的,这是标志着理论具有客观性的重要一点。所谓"没有放之四海而皆准的真理""真理往前再走一步,就是谬误",说的都是这个意思。因此,一项成熟的理论总是具有一个显著的特征:研究者能够告诉后来者该理论具有哪些局限性,以及该理论在那些

① 胡适:《读书与治学》,生活·读书·新知三联书店1999年版,第110页。

场合下是不适用的。那种在任何场合下都可以用作解释现象的“万金油”式的理论，要么属于被误用的理论，要么根本就不是科学的理论。而要准确地确定某一理论的边界和适用范围，研究者也需要谨慎地使用证伪和反证方法。经过这种证伪过程，研究者提出的理论中能够成立的部分最终得到验证，而那些得不到证实的部分则最终被抛弃。不仅如此，经过这种反证程序，研究者所提出的理论对于哪些场合不适用，而对哪些情况具有解释力的情况，也会越来越清晰了。由此，科学理论的外延和适用范围有望得到准确的界定。

研究实例8　萨默斯的“程序价值”理论。美国学者萨默斯在研究“程序价值”(process values)理论时，为了论证“程序价值”的独立性，专门设想了五种可以对他的论点构成挑战的质疑，这些质疑涉及他理论的各个方面。然后他逐一进行了反驳，并在反驳过程中重申或者进一步阐释了自己的观点。而为了防止自己提出的“程序价值”理论遭到误解，萨默斯在分析“程序价值”的各项具体内容之前，还精心设计了一套旨在确定每一项价值的程序，并按照这一程序逐一分析各项“程序价值”。这种论证避免了过于抽象的思辨，而更带有脚踏实地的“实证”色彩，整个论证过程十分严谨和合乎逻辑，得出的结论也令人信服。但在今天看来，萨默斯所运用的就是一种证伪方法，也就是在提出“程序价值”的独立性及其具体内容之后，又提出了若干项可能对其假设构成有力挑战的命题，并对这些命题进行了证伪和反驳。一旦这些反对假说被逐一推翻，那么，不仅自己的假设得到了验证，而且该假设的各项要素还可以得到进一步的解释和论证。事实上，很多学术高手在论证自己的理论时都不仅满足于正面的证实——证明其成立，而且还要对相反命题加以证伪——也就是证明相反的命题不成立。很明显，这种证伪方法与逻辑学中常用的“反证法”，具有异曲同工之妙。①

最后，在从正面论证和反证两个角度论证了假设之后，研究者还应当做的工作就是从该项假设出发，提出一般性的结论。所谓“假设的一般化”，是指将有关假说引用到其他的更多现象和领域中去，从而使该项理论具有更大、更为普遍的解释力。当然，能够在科学研究上提出一般性理论命题，并不是一般研究者所能做到的。对于大多数研究者而言，穷其毕生精力所能做到的，也只是提出并论证了若干项假设而已。至于提出一两个公认的“定理”“定律”，恐怕要求研究者既要具有较高的智商和才气，又要有一些运气和机遇了。假如有人能够做到这一点，就足以做出较大的学术贡献了。

法学学科的交叉研究

长期以来，刑事诉讼法学者擅长在一个相对稳定的体系中从事研究工作，而很少将其他学科的研究成果引入自己的研究中来。结果，这一学科在一定程度上存在着保守、封闭的问题，甚至很难与其他法学学科进行学术上的沟通和对话，更遑论不同学科的交叉研究了。但是，科学研究的逻辑和经验表明，孤立地从事一门学科的研究，而不吸收其他学科的研究成果和方法，研究者往往会使本学科的理论逐渐走向僵化，学

① Robert S. Summers, “Evaluating and Improving Legal Process——A Plea for Process Values”, *Cornell Law Review* 60, November 1974, No. 1.

术的创新也将无从谈起。因此,要摆脱刑事诉讼法学目前所处的困境,就必须保持学术研究的开放性,始终关注相关学科的发展动态,运用其他学科的研究成果和方法,学会从不同的视角和立场观察刑事司法问题。

要保持学术视角的开放性,研究者就必须打通刑事诉讼法学与法学其他学科的联系。如果连这一点都做不到,那么要求这门学科吸收其他各门社会科学甚至自然科学的研究成果,就更谈不上了。我们可以看到,刑事诉讼法涉及国家公共权力机关对个人权利的限制问题,它应属于公法的范畴;刑事诉讼法确立了一系列旨在规范侦查、起诉和审判活动的程序规范,它属于程序法;刑事诉讼法还规定了被告人、被害人的诸多诉讼权利,它又属于人权法……如此众多的规范属性,使刑事诉讼法与宪法和许多部门法都有着极为密切的联系,也使法学者在研究刑事诉讼问题时,必然会遇到宪法问题和其他部门法律领域的问题。

研究实例9　被告人基本权利的保障问题。这可能是刑事诉讼法学所要研究的最重要的课题。但这一问题在宪法学上也具有同样的重要性。按照笔者的理解,宪法作为国家的基本法,不过是国家权力关系法和人权法的有机组合而已。作为宪法规范的基本组成部分,人权法当然要包括人权的范围、内容和实现方式,尤其是要对任何涉及剥夺个人基本权利的措施,包括行政处罚、刑事追究在内,既作出实体性限制,又规定程序上的救济途径。美国宪法修正案中的"正当法律程序"及与其有关的权利保障条款,既为保障刑事被告人的诉讼权利确立了宪法基础,也是宪法对所有公民基本权利和自由的法律承诺。德国基本法中确立的"成比例原则"和"获得司法听审的原则”,也都既是宪法问题,又是刑事诉讼问题。因此,刑事诉讼法学的一系列课题也都在宪法学上具有重要的研究价值。可以说,不与宪法学研究相结合,法学者对诸如辩护权、审判前的司法审查、强制措施等问题的研究,将很难有较大的建树,甚至会寸步难行。

刑事诉讼法学研究不仅会遇到宪法学的问题,而且还会与行政法学发生学术上的联系。尽管中国主流的法学理论对警察权、检察权的解释有相当的模糊性,但在刑事侦查的框架里,警察权和检察权确实具有行政权的基本特征。但是,对于几乎所有涉及限制、剥夺个人基本权利和自由的强制措施,警察机构和检察机关却拥有绝对的决定权。警察权、检察权的司法化是中国刑事诉讼中存在的一个不争的事实。因此,如何将检察权、警察权纳入司法授权、司法审查的轨道,如何为那些受到这两种行政权侵害的个人权利提供基本的司法救济,这将是中国刑事诉讼法学的重大研究课题。而这一研究完全可以从行政法学中获得灵感和资源。因为无论是对行政权的司法控制,还是将个人与行政机关的争议纳入司法最终裁决的领域,都是行政法学上的核心问题。这在刑事诉讼法学中尽管表现为警察权、检察权的司法控制以及当事人诉权的维护问题,但其实质仍然是行政法问题。因此,笔者一直将刑事审判前的司法审查机制视为“刑事诉讼中的行政诉讼制度”。

刑法是实体法,刑事诉讼法是程序法,两者都属于广义上的“刑事法”,因此存在着极为密切的联系。在实际的刑事诉讼过程中,刑法和刑事诉讼法的区分并不是泾渭分明的,而是经常被交叉适用。甚至刑法上的一些规范还经常直接包含在刑事诉讼法之中。例如,刑法规定的犯罪构成要件以及刑罚制度，在证据法上属于证明对象的范围；刑法上确立的包括正当防卫、紧急避险、不到刑事责任年龄、不具备刑事责任能力、没有作案时间等一系列的免责规则，都需要在证据法中确立明确的证明责任和证明标准的特殊规定。另外，从实现刑事法治的角度来看，刑法和刑事诉讼法都具有对国家刑罚权进行限制的功能，只不过刑法是从规范犯罪构成要件、明确刑罚种类和幅度、设定刑事追究标准等方面来发挥作用的，刑法确立的罪刑法定、罪刑相适应等基本原则，也无一不是对国家定罪权、量刑权的法律限制。而刑事诉讼法则是从规范刑事追诉机构的权力、明确被告人的防御权利、确定刑事追究的证据标准等角度来发挥作用的，刑事诉讼法确立的无罪推定、正当程序等一系列基本原则，也几乎都对刑事追诉机构、司法裁判机构的权力施加了限制。因此，罪刑法定与无罪推定被人们直接视为现代刑事法的两大基石。也正因为刑法与刑事诉讼法之间在法律功能上存在一定的相似性，因此一些刑法学者明确提出了“刑事一体化”的学术发展思路。

民事诉讼为一切诉讼之源，刑事诉讼、行政诉讼、宪政诉讼等不过属于民事诉讼的不同“变种”而已。民事诉讼中的一些基本原则至今仍然为其他诉讼形态所采用。而民事诉讼法学的很多研究对于刑事诉讼法学的发展具有很大的参考价值。例如，民事诉讼法学（尤其是德国、日本的民事诉讼法学）已经发展出一系列较为成熟的理论，如诉权、诉讼标的、诉讼行为、诉讼主体、既判力等方面的理论，就不仅适用于对民事诉讼的分析，而且对于刑事诉讼法学颇具启发意义。至于刑事诉讼法学者所研究的证明责任问题，其源头更是存在于民事诉讼法学之中。因为民事诉讼法学就证明责任的分配所发展出的一系列基本的命题和原理，可以被借鉴到刑事诉讼法学研究中来。笔者在研究中发现，既然纯粹的诉讼形态就存在于民事诉讼之中,那么我们在对一系列与诉讼形态有关的问题进行分析时,都可以首先考虑一下该问题在民事诉讼法学中是如何解释的,然后再看这一问题在刑事诉讼法学中的特殊性。按照这种分析思路,我们在研究很多理论问题时往往会有新的发现。

其实,法律制度作为一种生命有机体,是由一系列有着内在联系的要素所构成的。法律学科中的各个不同分支主要是按照传授知识的方便而划分的。但在法学研究方面,很多法律问题都同时涉及多个法律领域,需要用不同法律部门的理论来解释。对于刑事诉讼法学者来说,与其不切实际地尝试刑事诉讼法学与其他社会科学的交叉研究,倒不如实实在在地将刑事诉讼法律问题与宪法学、刑法学、民法学、民事诉讼法学、犯罪学、行政法学结合起来,做出横跨法律各学科的研究。或许,这种研究可以帮助我们发现一系列新的前沿课题,对于一些传统的刑事诉讼理论做出新的思考,也最终有助于刑事诉讼法学理论的创新。在以下的讨论中,笔者将结合两个研究实例,来说明在不同法学学科之间进行交叉研究的重要性。

研究实例10　刑事被害人的权利保障问题。按照传统的刑事法理论,犯罪是具有社会危害性的违法行为,对于这种严重违法行为,国家需要将其从民事侵权行为中区分开来,按照国家追诉的原则进行侦查、提起公诉并追究刑事责任。在这一理论前提下,被害人不具有刑事起诉者的地位,检察机关既代表全体社会成员也代表被害人本人提起公诉,从而维护包括被害人在内的所有社会成员的利益。但是,犯罪学的研究成果表明,这一理论在一些情况下是不成立的。因为无论是警察还是检察官，在刑事追诉方面经常出现消极不作为的问题，也就是任意地作出不立案、撤销案件、不起诉、撤回起诉等放弃刑事追诉的决定，使刑事案件根本无法进入司法程序，被害人所具有的复仇、赔偿的欲望无法得到满足和缓解，甚至造成被害人受到“第二次伤害”。另外，在法庭审判阶段，由于中国目前定罪与量刑程序完全合而为一，法院通过一个完整的审判过程既解决被告人有罪无罪的问题，又解决有罪被告人的量刑问题，因此，被害人对于量刑问题并没有充分表达观点、提出建议的机会。尤其是在作出有关从轻、减轻、免除刑事责任以及适用缓刑的场合，被害人更是因为被剥夺了参与讨论量刑的机会，而产生受到不公正对待的感觉。至于执行阶段的减刑、假释、保外就医、监外执行等有利于罪犯的决定，就更是将被害人隔离在司法裁决的制作过程之外了……这些来自经验事实的问题都显示，对被害人权利保障问题的研究不能仅仅局限于刑事诉讼这一狭窄视野之内，而应当从刑法、犯罪学、人权法、侵权法等多个角度思考问题。这种交叉研究可能有助于我们提出一些新的假设。例如，在那些有被害人的犯罪中，犯罪的概念是否应当得到一定的修正，除了“社会危害性”以外，“私人侵权性”是否应成为这类犯罪的基本特征？又如，既然警察、检察官都无法完全代表被害人的利益，法院在审判中又在制作影响被害人利益的裁决，那么，未来的刑事诉讼构造是否应从目前的“三方构造”走向未来的“四方构造”？再如，与被告人不同，被害人在刑事诉讼中的权利经常需要警察、检察官以积极作为的方式来得到保障，而在警察、检察官作出消极不作为之决定时，被害人是否应获得一些特殊的救济机会？我们对待被害人与被告人是否应采取一些有区别的人权保障政策……

由此可见，刑事被害人的权利保障作为刑法学、刑事诉讼法学、犯罪学、民法学、人权法学等多个法学学科所共同关注的问题，只有得到多视角的考察和解释，才有可能取得研究上的突破。通过这种交叉研究，研究者会发现一些过去所忽略的大问题，并对这种问题产生的原因形成新的认识。

研究实例11　刑事附带民事诉讼问题。按照过去封闭式的研究方式，法学者对刑事附带民事诉讼问题的研究，一般会按照如下模式来展开：刑事附带民事诉讼的概念、性质、意义；附带民事诉讼存在的正当理由；刑事附带民事诉讼的若干模式；中国附带民事诉讼的现状和问题；改革刑事附带民事诉讼制度的基本设想……但是，假如研究者只是局限在刑事诉讼的范围内讨论附带民事诉讼问题，那么，对这一问题的研究就几乎寸步难行了。因为“附带民事诉讼”本身就不属于纯粹的刑事诉讼问题；有关“精神损害赔偿”问题的讨论又属于典型的民法侵权法问题；而对被害人的经济赔偿问题又涉及犯罪被害人学上的基本假定。而一旦我们转换了研究思路，从多学科交叉的角度考察刑事附带民事诉讼问题，那么，一系列崭新的研究课题就很容易出现在我们面前：对被告人刑事责任的追究与民事侵权责任的追究，同样来自犯罪行为的发生这一基本事实，既然如此，为什么需要同时建立刑事追诉和民事诉讼两种制度，而不是采取一种诉讼解决两种法律责任的办法？既然刑事诉讼与民事诉讼在诸多方面具有较大的差异，如所采取的基本原则、诉讼构造、是否容许缺席审判以及证明标准等都不相同，那么，为什么不能将民事侵权之诉完全从刑事诉讼中独立出来呢？又假如附带民事诉讼的制度设计是具有正当性的，那么，法院在裁决附带民事诉讼请求时能否剥夺附带民事诉讼当事人的参与机会，以至于在作出民事诉讼裁决时享有无限的自由裁量权？

不难看出，多学科的交叉研究会帮助法学者戴上一副“火眼金睛”，去发现普通人在狭隘的学科分类下所无法发现的真问题，并有可能提出一些过去不可能提出的假设命题。这种对真问题的发现和思想命题的提出，是法学创新的起点和基础，也是法学者有可能做出较大学术贡献的契机。事实上，按照科学研究的一般规律，研究者有可能做出开创性学术贡献的机遇至少有以下两个：一是通过经验性实证研究，发现某一定律、原则和理论的例外；二是运用交叉研究方法，发现一般研究者由于研究领域所限所忽略的大问题。前者往往是研究者可遇不可求的，多多少少会有点偶然和侥幸的因素，而后者却是几乎每一个研究者都可以做到的。

当然，可以运用交叉科学知识进行开创性研究的课题还远不止前面所分析过的几个问题。刑事诉讼法学者还可以尝试从不同学科的角度分析一下问题：违反程序法的法律后果问题，涉及宪法、民法、行政法、刑法、刑事诉讼法等多个学科；国家赔偿问题，涉及宪法、行政法、民法、民事诉讼法、刑事诉讼法等不同学科；刑事被告人权利的宪法化问题，涉及宪法、人权法、行政法、刑法、刑事诉讼法等不同学科；刑事诉讼与民事诉讼的交叉问题，也就是司法实践中所说的“先刑后民”问题，涉及刑法、民法、刑事诉讼、民事诉讼等多个学科的理论；警察权的法律限制问题，涉及宪法、行政法、刑法、刑事诉讼法等不同的学科领域……

法律的生命有机体理论

论述到这里，似乎有关刑事诉讼法学研究范式的问题已经大体说清楚了，有关的反思也应该告一段落。不过，笔者感到意犹未尽的是，要推动包括刑事诉讼法学在内的各个法律学科在研究范式上的重大转型，使之遵循社会科学的一般研究规律和研究方法，我们还需要作出一种理论上的总结。按照笔者多年来的观察和思考，一种“法律的生命有机体理论”，应当成为法学研究方法转型的哲学基础，也应成为解释这种方法论转型运动的富有说服力的正当依据。

所谓的“法律的生命有机体理论”，其实是通过借鉴社会学上的功能主义学派的基本假定而提出的。按照斯宾塞的功能主义理论，整个社会都属于一种生命有机体。任何有机体都有一种结构，既有许多相互关联的部分有机组成的，如头、四肢、心脏等，这些部分在整个有机体的生命中发挥着各自的功能。同样，社会也有一种结构，它的相互关联的组成部分是家庭、宗教、军队等。一般说来，各个组成部分都是相互关联的，也都发挥着特定的功能。正是这些组成部分的相互关联及其所发挥的功能，才使整个社会形成一种有机的系统，也成为可以分析、解释和预测的生命有机体。①

其实，法律制度也属于一种生命有机体。法律也是由不同的部分所

① [美]伊思·罗伯逊著：《社会学》（上册），黄育馥译，商务印书馆1990年版，第22页。

组成的,其中的各个部分也都发挥着特定的功能。诸如权利、义务、责任、侵权、救济等基本法律概念和范畴构成了横贯不同法律部门的组成部分,诸如法官、陪审员、律师、检察官、警察、行政官员等法律职业者构成了实施法律制度的推动者;而诸如民事诉讼、仲裁、行政诉讼、刑事诉讼等不同诉讼的形态,则构成法律制度在法律争端发生时能够得到解释和实施的主要途径……这些似乎都在说明,无论是不同的法律部门、不同的法律职业还是不同的诉讼形态,都处于一种有机的法律系统之中,它们的性质、功能都可以从整个法律制度的形态上得到一定的解释。值得注意的是,作为有机体的法律制度和法律系统,在一定程度上是有着生命力的,也就是有着产生、孕育、发展、成熟和消失的规律。按照霍姆斯的说法,"我们的法律经历了大约一千年的发展,就像一株植物的发育一样,每一代都不可避免地决定了下一步,心智正如事物一样,完全遵守自生自发的规律"。[1]

法律的生命有机体理论不仅认为法律制度本身是一个有机的系统,而且更加强调法律制度与其所赖以生存的社会发生着有机的联系。事实上,法律制度作为一种规范人的社会行为的规则体系,其产生、变革和消失从来都不是偶然的和不确定的,而是有其所赖以发生的合理依据的。法律制度是一个社会基本生活习惯的表层反映,是一个民族感性、性格和价值信仰的综合显现,是一个社会基本政治力量对比关系的真切图像,也是一个社会经济发展状况的测量标尺。正是法律制度存在于特定的社会、政治、经济、宗教信仰、文化传统之中,并直接与这些社会因素

① 小奥利弗·温德尔·霍姆斯:《法律的道路》,载[美]斯蒂文·J. 伯顿主编:《法律的道路及其影响——小奥利弗·温德尔·霍姆斯的遗产》,张之梅、陈绪刚译,北京大学出版社2005年版,第416页。

发生着有机的联系这一点，决定了那种将法律制度与其所赖以存在的社会因素隔离开来的观点，既是肤浅和幼稚的，也是充满幻想和不切实际的。从这一意义上看，法律制度确实有着形成一定的“自生自发的秩序”的可能性，也有着一定的不以人的主观意志为转移的生命力。

正是法律的生命有机体理论，为我们从事法学研究的学者提供了法学研究范式转型的最深刻依据。由于法律制度本身就是一个生命有机体，并直接受制于特定的社会、政治、经济、文化传统等因素，因此，我们对这一有机体应有一种最起码的“敬畏”态度，而决不能动辄提出一些带有“人定胜天”性质的观点。因为既然制度的形成有其内在的机理和多方面的原因，即使某一规则在法律条文中被修正甚至被废除，这种制度连同其所赖以存在的社会因素也不会因此而立即消失，那么，我们在对待修改立法、司法改革问题还能像以往那样充满理想主义的冲动吗？

其实，对于这一点，勒内·达维德也早已从比较法学的角度提出过明确的忠告：

“立法者大笔一挥，法律条文就可变更。但此外也还存在着一些不能随意变更的其他要素，因为它们是同我们的文明和思想方式密切联系着的：立法者对它们就像对我们的语言或我们的推理方式一样，无法施加影响。”①

从这一意义上看，无论是“对策法学”，还是“引进法学”“移植法学”，都将推进立法之完善、司法之改革、制度之革新作为法学研究的目

① [法]勒内·达维德：《当代主要法律体系》，漆竹生译，上海译文出版社 1983 年版，第 23 页。

标和归宿，而忽略了法律的生命有机体问题，无视法律制度所赖以存在的社会、政治、经济、文化传统等诸多复杂的因素。当然，笔者并不反对法律制度的改革和司法制度的改良。法律的生命有机体理论所主张的是将法律制度本身视为一个有生命的系统，将法律制度与其他社会因素结合起来做出审慎的考虑。法学者即使要从事对策研究，或者直接参与一场推动法律制度变革的社会运动，也至少应当以问题的存在和发现为前提，并运用科学的方法进行分析、解释和预测。那种带有价值判断和价值选择的“规范研究”，由于带有较强的主观性和不可验证性，因而应当受到严格的学术限制。正因如此，笔者才在本文中竭力主张法学者应将解释作为法学研究的基本学术定位，强调法学者须具备最基本的问题意识，并以问题的发现作为整个研究的起点和基础，强调法学研究应当按照科学的实证方法来展开，避免那种动辄以一种带有意识形态意味的宣言或者主义作为论证前提的所谓“思辨研究”。同时，笔者还认为法学者应当运用社会科学的基本研究成果，尝试从社会学、经济学、政治学等不同的角度来解释法律问题，避免那种“同仇敌忾”“万众一心”地推动立法修改和司法改革的做法。因为这种研究最多只能算作推动法律变革的社会运动，而不具有科学研究的基本属性。不仅如此，本文还主张打破法学学科的界限，从学科交叉的角度发现真问题和作出新的学术解释。这也就意味着对于法律制度内部的诸多部门来说，应当将其视为有着内在联系的法律系统，而不应孤立地对待任何法律现象和问题。只有这样，真正的问题才有可能被发现，问题的成因也才有可能得到全面、深刻的解释，各种试图解决问题的方案究竟是否可行也才能够得到科学的检验。建立在经验事实基础之上的这种法学研究，也才有可能符合社会科学的一般研究规律。

近一百年以来,中国社会一直处于剧烈的历史转型之中。迄今为止,中国社会的政治、经济、社会、文化价值体系等方面的转型仍然在进行之中。而与此相伴而生的就是频繁的、变幻莫测的法律移植运动。中国最初曾从日本、德国引进了大陆法系的法律制度和法律研究范式,又从前苏联东欧国家移植了社会主义法律体系,并间接地受到大陆法系法律制度的影响,后来又从英美引入了普通法的概念、理论和一整套思维方式,并受到大陆法系最新理论的影响。在这种移植西方法律制度、引进西方法律理论的时代背景下,法学者不可避免地要受到西方法学的深刻影响,有着从事"移植法学""引进法学"的冲动。而又由于中国本土的法律制度基于种种复杂的原因,在很多方面还存在不完善、不合理的地方,因此,推动立法修改、司法改革和法律制度的革新也一直是中国社会所面临的基本问题。于是,研究者不免又有着从事"对策法学"的客观要求。但无论如何,法学者应当逐渐与立法专家发生职业上的分离,法学家应当成为一群以学术为业的职业法学研究者,立法工作也应当更多地由民意代表、政治家以及那些职业立法专家来担当。对于法学家们来说,一个永恒的学术使命应当是发现问题、分析成因、提出假设、论证观点,从而提出一系列具有普遍解释、预测能力的法律思想。这是法学家最有可能做出的学术贡献,也是法学家能够与社会学家、经济学家、历史学家相提并论并可以引以为傲的学术资本。在身处历史性的转型过程中,在面临各种诱惑的情况下,法学家们应当耐得住寂寞,固守学术职业规范,在法学研究中坚持社会科学的基本方法,并最终提出开创性的法学理论和思想。这将是法学家们为这个社会所做出的最大也最有价值的贡献。

附录七

制度问题与理论问题的区分*

迄今为止，几乎所有法学方法都在刑事诉讼法学研究中得到了运用，并使这一学科的研究取得了不俗的成绩。那种旨在探求法律条文背后之"法理精神"的思辨法学研究方法，曾受到众多学者的青睐，被视为研究刑事诉讼价值问题的必备方法。通过运用这种方法，刑事诉讼法学界反思了结果本位主义的价值理论，提出了旨在探究法律程序之内在价值的程序正义理论，引入了法律程序的诉讼成本和诉讼效益理念。这种研究对于弘扬正当程序理念、克服"重实体、轻程序"的倾向，具有积极的推动作用。刑事诉讼法学界对比较法学方法的运用也给予了高度的重视。

曾几何时，法学界在讨论刑事诉讼和证据问题时，已经形成了"言必称英美法和大陆法"的研究习惯。通过对两大法系国家各种诉讼制度的

---

* 本文系笔者《刑事诉讼法学研究的回顾与反思》(《法学家》2009 年第 5 期) 一文的第一部分。笔者在此基础上做了修改。

比较分析，研究者力图揭示这些国家所具有的不同制度模式，发现制度变迁的某种规律，并从中发现对中国刑事司法改革富有启发性的灵感。伴随着中国刑事诉讼法制的发展历程，法解释学方法也较早地被应用到法学研究过程之中。对于这种经常被冠以“注释法学”或“法教义学”的方法，研究者往往用来解释法律条文的立法原意，对于那些语言表述较为模糊和抽象的法律条文，则作出较为准确、具有可操作性的解释。

不仅如此，那种旨在研究法律实施效果及其问题的实证方法，也在刑事诉讼法学研究中逐渐兴起。特别是在1996年《刑事诉讼法》的修订工作完成之后，面对《刑事诉讼法》在实施过程中出现了越来越多的问题，中国刑事诉讼研究者“大兴调查研究之风”，深入到基层法院、检察机关、公安机关和律师执业机构，掌握了不少鲜活的案例和第一手的素材，对中国法律实践乃至中国社会的复杂性有着更为深入的认识。这种研究对于克服那种唯西方法制马首是瞻的教条主义倾向，具有积极的意义。可以说，中国今天的刑事诉讼法学研究，逐渐具有了面向本土问题的学术格局。

近二十年来，面对中国刑事诉讼的法典化水平不高、刑事诉讼法的实施效果不尽如人意的现状，法学界一直将“刑事诉讼法的修改与完善”视为刑事诉讼法学研究的首要课题。1979年，在“文革”结束之后出现的法制建设运动中，新中国第一部《刑事诉讼法》被立法机关颁布实施了。从20世纪80年代中后期开始，法学界发动了一场“刑事诉讼立法运动”，这场运动到90年代中期达到了顶峰，并最终促成了1996年《刑事诉讼法》的修订成功。而在1996年“修改后的《刑事诉讼法》”生效实施不到十年的时间里，刑事诉讼法学界又针对刑事司法实践中存在的诸多问题，“同仇敌忾”地提出了“《刑事诉讼法》再修改”的目标和方案。

这种对策研究直接或间接地促成了2012年《刑事诉讼法》的出台。可以说，在长达20余年的时间里，从事某一部门法研究的学者如此孜孜不倦地推动着《刑事诉讼法》的修改和再修改工作，并就此投入了大量的学术资源，取得了数量不菲的研究成果，这本身就是一个值得反思和研究的问题。这种以推进法律的制定、修改和完善为目标的“对策法学”或“法律对策学”，目前已经成为在刑事诉讼法学研究中占据垄断地位的研究方法。

对策法学的长期盛行，造成了20世纪末一度兴起的思辨法学的逐渐式微，也使刑事诉讼法学界形成一种注重实用和功利的风气。在这种风气的影响下，比较法学成为一种旨在移植和引进西方法制的研究活动，实证研究的成果往往是一份份旨在发现法律实施问题的调查报告，项目试验的研究则被视为一种有效影响刑事诉讼立法进程的实用研究方法。研究者想当然地认为，法学研究无非是“发现问题”“解释问题”和“解决问题”的综合活动。研究者在发现问题的基础上，尽量找到问题形成的原因，并最终提出从立法层面解决问题的方案或对策。至于立法方案的来源，则要么是西方国家的“普遍法制经验”，要么是在中国司法实践中行之有效的改革经验。于是，一种类似于工程科学的研究“策论”的学问，在刑事诉讼法学研究中大行其道。

然而，如果研究者不带有任何成见的话，就不难发现中国司法实践中普遍存在着刑事诉讼程序失灵和程序法律规避的问题。无论是侦查机关、检察机关还是法院，都对书本法律中确立的程序规则视而不见，而有意无意地奉行一套在现实中行之有效的“潜规则”。近年来，法学界所讨论的合议制被架空、逮捕和取保候审的功能出现异化、疑罪从无规则名存实亡、两审终审制形同虚设等方面的问题，以及几乎所有程序性违法行为难以都受到制裁的问题,都足以显示,成文法难以得到实施的问题才是刑事诉讼法制所面临的最大挑战。这一问题的出现,固然与刑事诉讼法典化水平不高、刑事诉讼立法存有疏漏有着密切的关系,但更主要的原因却应当在成文法以外的因素中去寻找。比如说,在现行的“公检法三机关相互配合、相互制约”的司法体制中,就暗含着司法裁判机构缺乏足够权威的问题,使司法终局裁判原则难以得到实现,这在一定程度上造成众多程序规则实施上的困难。又比如说,目前的“公检法三机关”绩效考核制度,造成办案机关和办案人员对案件的某种实体结局具有直接的利害关系,而现行的司法财政拨款制度,使办案机关的经费直接或间接地来源于通过办案所罚没的赃款、赃物,从而带来办案机关与案件的处理具有经济利益上的牵连,甚至一些公安机关在案件进入法庭审判阶段之前,就先行组织所谓的“立功嘉奖大会”或者“公开逮捕大会”,以至造成在法庭之外先行定罪的局面……这些情况对于刑事诉讼法的实施都带来负面的影响。再比如说,刑事诉讼法作为“宪法的适用法”和“动态的人权法”,向来都属于一个国家宪法政治状况的“风向标”。而在我国现行的政治体制框架下,刑事诉讼法的有效实施似乎会遇到一系列的体制困难。

成文法难以得到有效实施的问题,就如同公民权利无法获得救济的问题一样,已经成为中国走向法治之路的重大障碍。对于这一问题,立法机关即便“博采众长”,广泛移植西方各国的刑事诉讼制度,颁布一部较为理想的刑事诉讼法典,也无助于刑事诉讼问题的解决。其实,刑事诉讼法制中的问题并不是单纯通过研究刑事诉讼程序所能解决的。要真正地发现问题和寻找问题的成因,我们需要站在法律之外,从政治、经济、文化以及社会转型的视角,作出新的理论分析。而要做到这一点,就需要引进社会科学的研究方法。

所谓社会科学的研究方法,简单说来就是按照社会科学研究的一般规律研究社会问题的方法。按照这一方法,研究者应当将法律问题视为一种社会问题,不仅要关注“书本中的法律”,更要关注“社会生活中的法律”,也就是法律在社会中的实施状况。无论是立法活动、司法活动还是法律改革,都属于研究者所要研究的“法律现象”。将社会科学方法引入到法学研究中来,意味着研究者要以科学的态度展开自己的研究。具体说来,研究者通过观察和思考已经发生过的经验事实,从中发现根据现有理论无法得到解释的问题;研究者透过对问题的研究,进行“概念化的处理”,提出某一假设或者命题;研究者通过将所提出的假设和命题放入不同的经验事实中进行检验,对其得到论证的部分,确立为理论,并将那些无法得到验证的部分,予以否定;研究者提出的理论要么对某一制度、实践、改革问题的深层结构作出了模式化的概括,要么对某一长期反复发生的问题作出了因果关系意义上的解释,提炼出了某一具有解释力的理论变量,揭示了某种因果律;研究者与本领域最前沿的理论进行学术对话,假如推翻了某一既有的理由,或者提出了某一主流理论的例外,就意味着这项理论研究取得了创新性成果,在不同程度上推进了理论的发展。

从20世纪90年代以来,一些学者就已经开始在刑事诉讼法学研究中运用社会科学方法,并取得了一定的成果。例如,对于刑事诉讼构造的研究,在总结和反思“职权主义”与“当事人主义”的二元构造理论的基础上,研究者提出了刑事诉讼横向构造与纵向构造的理论分类,并出现了“线性结构”与“三角结构”、“流水作业模式”与“以裁判为中心的模式”的理论概括,甚至就连“侦查中心主义”与“裁判中心主义”的概念也已经为法学界所普遍使用。又如,通过对刑事和解制度的重新解读,一些研究者将其与普通法国家兴起的恢复性司法运动进行了比较,在此基础上作出了概念化的努力,一种以“对抗性司法”与“合作性司法”为核心的新的诉讼模式理论开始出现,而“合作性司法”则被进一步区分为“最低限度的公力合作”“公力合作”与“私力合作”等三个模式。再如,通过总结基层司法机关所进行的量刑制度改革的经验,研究者发现包括无罪推定、程序正义在内的正当程序理论,以及现行的“以被告人权利保护为中心”的诉讼制度,其实大都是围绕着控制定罪问题而确立的,甚至就连证据法也主要是为避免定罪权的滥用而存在的。然而,实践中自生自发的量刑程序改革却已经显示,上述理论和制度并不适用于那种相对独立的量刑程序。于是,一种以量刑控制为中心的程序理论开始出现。

目前,社会科学方法在刑事诉讼法学研究中仅仅得到初步的运用,还远远没有达到成熟的程度。作为一种方法论上的探索,这种方法的运用并不意味着全面替代其他研究方法,而是强调研究者在过去仅仅从内部视角观察刑事诉讼问题的基础上,完全可以从外部的视角重新审视这些问题,将这些问题视为一种社会现象,并对其作出理论上的解释。而要做到这一点,研究者还需要有意识地进行学术范式的转变,使研究方法能够有效地服务于创新性的法学研究。首先,研究者应当区分“法制问题”与“理论问题”。我们之所以动辄产生通过修律来“解决问题”的想法,是因为这里所说的“问题”不过是法律制度中存在的问题而已,而根本谈不上“理论问题”。要在刑事诉讼法学研究中做出超越西方学者的学术贡献,就要学会将“制度问题”转化为“理论问题”。例如,我们可以将“刑讯逼供屡禁不止”这一制度问题,转化为“宣告无效的制裁方式在中国难以落地生根”这一理论问题;我们可以把“证人不出庭作证”这一制度问题,转化为“法庭审判为什么流于形式”这一理论问题;我们还可以从“律师会见难”这一制度问题出发，发现更深层次的“诉讼权利如何获得救济”这一理论问题……

其次，研究者应当区分“法制”与“法学”。我们之所以经常将法律制度的改良和完善视为法学研究的目的，是因为我们误以为法学理论仅仅是一种规范性的理论，也就是旨在为法制完善提供理论指引的根据。其实，法学理论除了为法律制度提供深层理论依据的功能以外，还具有对法律问题作出解释的作用。通过对问题及其成因作出令人信服的解释，研究者可以总结制度的模式，从理论上总结制度变迁的规律。这种表面看来与规范性理论格格不入的解释理论，恰恰可以为法律制度提供最深刻的理论依据，也是法学得以与其他社会科学进行学术对话的前提。毕竟，无论是自然科学还是社会科学，都只有在解释的层面上才可以展开基本的科学对话，而在“应然”或者规范的层面上，科学是难以有其发挥作用的空间的。因此，一种独立的“法学研究”应当将“法制”问题视为研究和解释的对象，而不应仅仅立足于对“法制完善”的服务上，否则，这种研究将无法摆脱“法制之附庸”的地位。

最后，研究者还应区分“政治”与“学术”。几乎所有从事部门法学研究的学者都有一种充当“立法专家”的情怀，也就是将推动某一法律的立法进程、推动司法体制的改革甚至促成政治体制变革作为自己法学研究的最高成就。结果，这些学者在不经意间将“学术”视为实现某种政治抱负的工具。过去，法学研究曾经受到过“阶级分析方法”的严重影响，并被深深地打上政治的烙印。如今，政治对学术的赤裸裸干预已经不复存在了。然而，众多研究者却依然乐于充当“立法项目顾问”或者“社会活动家”，而疏于从事带有独立性的学术活动，更谈不上做出超越时空的学术贡献。迄今为止，中国在社会转型过程中出现了层出不穷的问题，中国在法制转型过程中也出现了许多具有研究价值的素材，这本应当是涌现思想家和法学大师的最佳时代。但对于那些拥有政治抱负、放弃基本学术立场的学者而言，要想作出学术上的创新，甚至作出超越西方学者的学术贡献，恐怕是没有多少可能性的。

参考书目

[美]艾尔·巴比:《社会研究方法》,邱泽奇译,华夏出版社 2005 年版。

[英]波普尔:《无尽的探索》,邱仁宗译,江苏人民出版社 2000 年版。

[法]勒内·达维德:《当代主要法律体系》,漆竹生译,上海译文出版社 1983 年版。

[法]埃米尔·迪尔凯姆:《自杀论》,冯韵文译,商务印书馆 1996 年版。

费孝通:《江村经济》,商务印书馆 2001 年版。

费孝通:《乡土中国 生育制度》,北京大学出版社 1998 年版。

[美]戈尔丁:《法律哲学》,齐海滨译,三联书店 1987 年版。

[美]汉密尔顿等:《联邦党人文集》,商务印书馆 1995 年版。

胡适:《读书与治学》,生活·读书·新知三联书店 1999 年版。

黄仁宇:《万历十五年》,生活·读书·新知三联书店 2006 年版。

黄宗智:《经验与理论:中国社会、经济与法律的实践历史研究》,中国人民大学出版社 2007 年版。

黄宗智:《实践与理论:中国社会、经济与法律的历史与现实研究》,法律出版社 2015 年版。

[德]拉德布鲁赫:《法学导论》,朱林译,中国大百科全书出版社 1997 年版。

[美]伊思·罗伯逊:《社会学》(上册),黄育馥译,商务印书馆 1990 年版。

[美]约翰·罗尔斯:《正义论》,何怀宏等译,中国社会科学出版社 1988 年版。

林毅夫:《论经济学方法》,北京大学出版社 2005 年版。

[美]罗伯特·K. 默顿:《社会研究与社会政策》,林聚任等译,三联书店 2001 年版。

孙隆基:《中国文化的深层结构》,广西师范大学出版社 2004 年版。

唐德刚:《晚清七十年》,岳麓书社 1999 年版。

[法]托克维尔:《论美国的民主(上、下)》,董果良译,商务印书馆 1993 年版。

张五常:《佃农理论》,(香港)花千树出版有限公司 2000 年版。

张五常:《科学说需求》,(香港)花千树出版有限公司 2001 年版。

张五常:《卖桔者言》,(香港)花千树出版有限公司 2000 年版。

徐中约:《中国近代史》,(香港)世界图书出版公司 2008 年版。

◇ ◇ ◇

图书在版编目(CIP)数据

论法学研究方法 / 陈瑞华著. ——北京：法律出版社，2017.4（2022.12重印）
ISBN 978-7-5197-0022-5

Ⅰ.①论… Ⅱ.①陈… Ⅲ.①法学—研究方法 Ⅳ.①D90-3

中国版本图书馆CIP数据核字（2016）第230840号

论法学研究方法
LUN FAXUE YANJIU FANGFA

作　　者：陈瑞华
责任编辑：高　山
装帧设计：B&M设计工作室
出版发行：法律出版社
编辑统筹：学术·对外出版分社
责任校对：邓颖君
责任印制：陶　松
经　　销：新华书店
开　　本：710毫米×1000毫米　1/16
印　　张：24.25
字　　数：287千
版　　本：2017年4月第1版
印　　次：2022年12月第5次印刷
印　　刷：天津嘉恒印务有限公司
书　　号：ISBN 978-7-5197-0022-5
定　　价：65.00元

销售电话：010-83938349　客服电话：010-83938350　咨询电话：010-63939796
地　　址：北京市丰台区莲花池西里7号(100073)
网　　址：www.lawpress.com.cn
投稿邮箱：info@lawpress.com.cn
举报盗版邮箱：jbwq@lawpress.com.cn
凡购买本社图书，如有印装错误，我社负责退换。电话：010-83938349